高职高专营销类专业能力本位系列教材
编写指导委员会

高职高专营销类专业能力本位系列教材

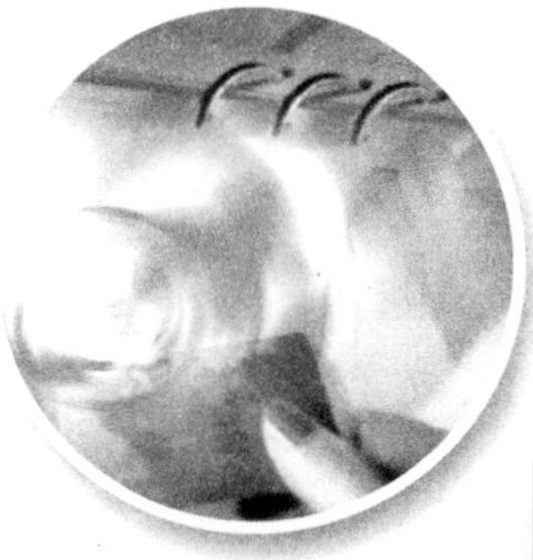

网络营销实务

WANGLUO YINGXIAO SHIWU

主　编：刘迎春

副主编：伍燕青　曾　艳

暨南大學出版社
JINAN UNIVERSITY PRESS
中国·广州

图书在版编目（CIP）数据

网络营销实务/刘迎春主编．—广州：暨南大学出版社，2009.10（2011.8重印）
（高职高专营销类专业能力本位系列教材）
ISBN 978－7－81135－345－7

Ⅰ．网…　Ⅱ．刘…　Ⅲ．电子商务—市场营销学—高等学校：技术学校—教材　Ⅳ．F713.36

中国版本图书馆CIP数据核字（2009）第127789号

出版发行：暨南大学出版社

地　址：中国广州暨南大学
电　话：总编室（8620）85221601
营销部（8620）85225284　85228291　85228292（邮购）
传　真：（8620）85221583（办公室）　85223774（营销部）
邮　编：510630
网　址：http：//www.jnupress.com　http：//press.jnu.edu.cn

排　版：广州市天河星辰文化发展部照排中心
印　刷：广州市怡升印刷有限公司

开　本：787mm×1092mm　1/16
印　张：14
字　数：360千
版　次：2009年10月第1版
印　次：2011年8月第2次
印　数：3001—6000册

定　价：29.00元

总 序

“十一五”期间，教育部、财政部决定实施国家示范性高等职业院校建设计划，通过重点建设100所国家示范性高职院校，带动全国高职院校深化改革，提升高等职业教育的整体建设水平。这标志着我国高等职业教育进入了一个追求内涵发展的新历史阶段。这是科学发展观在我国高等教育领域的具体体现，对促进我国高等职业教育更好更快发展具有重大的战略意义。

在人数与规模上，高职教育已占有我国高等教育的半壁江山。经过多年的发展，高职教育已从当初规模化建设转向突出内涵发展，转向深入课程改革与提升学生的核心专业能力培养上来。在当前全国各类学校争创示范院校的形势下，我国高等职业教育正在进行一场颠覆性变革。如何进行内涵建设，提高课程教学质量，是当前所有高职院校面临的一项重要课题。

随着我国生产力水平的不断提高，市场竞争日益激烈，传统的营销方式越来越不能满足经济发展的需要，市场向营销工作提出了更高要求，也向营销人才培养提出了更高要求。2006年以来，广东交通职业技术学院开始在全院各专业中大力推行基于工作过程和岗位能力的课程教学改革。我们通过工学结合基地建设、专家讲座、说课比赛、教学示范、教学观摩、教学评价、教师培训、教案评比等一系列工作，将教学改革逐步推进，并在各专业与一线教师中深入开展。根据我院“航标灯精神”和“铺路石品格”的人才培养理念，各专业对原有的专业课程体系进行了根本性的改造，并取得了初步的成效。

为了满足实际教学的需要和进一步巩固改革成果，在充分调研与分析的基础上，我们组织近二十所高职学校的百余位专业老师及多名知名企业的专业人士共同编写了这套营销类专业能力本位系列教材。我们力求将知名企业实践与理论有机结合起来，以就业岗位为导向，强调分析企业实际工作过程与岗位关键能力训练。重点结合近年来国内尤其是广东的知名企业营销工作来进行内容提炼与编排。充分听取和吸收企业人员的意见，每一本教材都有企业顾问参与编写或是进行审核。合理补充新知识与新内容，充分体现高职教育的特点。每一个案例、技能训练活动、习题等都精益求精，强调实践性与可操作性。真正把教师备课、授课、辅导答疑、学生考证、企业实际工作内容、岗位能力训练等教学、实训环节有机地结合起来。其编写特色主要体现在以下几个方面：

1. 突出能力本位。力求面向专业培养方向和岗位工作要求，不断强调学生岗位业务操作能力和自我学习、思维能力以及创造性解决问题的能力，促进学生就业以及后续发展。

2. 内容新颖。借鉴国内外最新教材与成果，案例取材主要为近几年国内尤其是广东省内的知名企业实践经验，内容突出岗位实际操作，融会最新理论与实践成果。

3. 合作交流。本系列教材由全国近二十所高职院校近百名专业教师与企业专业人士共同合作编著而成，相互交流学习，集思广益，共同编写，具有较强的实战性与适用性。

4. 配套产品丰富。本系列教材除有电子课件外，还有教学用视频、习题、考卷、知名企业的一手岗位训练内容等，为一线教师提升教学质量提供方便。

衷心希望这套系列教材能有助于进一步深化高职院校营销类专业教学改革，为新形势下高职营销人才培养作出一份贡献。同时，也希望广大教师与读者多提宝贵意见。

广东交通职业技术学院院长　陈周钦

2009 年 2 月

前言

随着网络的普及，网络化生存是现代人最重要的生存方式。

“网络营销实务”是电子商务专业的核心专业课程，是经济管理类相关专业的主干课程；网络化生存是现在和将来人们生活的主要方式，所以也应该是其他专业学生的重要选修课程。开设该课程的目的主要是培养学生基于网络的营销意识和技能。

通过本课程的学习使学生掌握网络营销的基本方法和应用技能，具备一定的网络营销活动的组织、管理、运营、策划等能力；成为一个能熟练运作好企业网站、经营好个人网店，能胜任以阿里巴巴、淘宝等为平台的电子商务企业网络营销岗位的工作，既掌握互联网营销的基本理论和知识，又诚实守法的网络营销应用型人才；同时，能激发学生的创业热情，掌握网上开店的技能，是实现学生“以创业带动就业”的主要途径之一，体现了以做为主、边做边学和“教、学、做”相结合的理念。

《网络营销实务》强化技能操作，通过网络营销的“做”，带动营销相关知识和理论的“学”，最终实现“教、学、做”合一。

全书一共分为三个层次的项目群：初级项目群（网络应用与网络营销基本能力）；中级项目群（企业营销专项与岗位适用能力）；高级项目群（网络营销管理和可持续发展能力）。共涉及十个模块，其中初级项目群涉及模块一（网络营销概述）、模块二（网络营销环境）、模块三（网络营销产品、价格、渠道策略）；中级项目群涉及模块四（网络营销调研）、模块五（网站优化）、模块六（网站推广）、模块七（网络在线服务）、模块八（网络促销）；高级项目群涉及模块九（网络广告）、模块十（网络营销管理）。

为此，本教材努力体现如下特色：

1. 以工作任务为中心，设计教材内容，体现很强的高职课程的特色，符合高职类教材的要求和发展趋势。

2. 运用案例配合理论教学。本教材的理论讲解尽量在有限的篇幅内安排案例，有的理论是由案例引出，有的理论是由案例诠释，尽量深入浅出，提高教与学的互动性。

传统的教学只能给学生以感性的认识和直观的了解，无法让学生学以致用、亲身实践。

《网络营销务实》中安排的相关实训和实习则能解决以上问题，改变传统教学的局限，让学生全面实践课堂所学知识，学以致用，活学活用；切实锻炼学生的操作技能；强化学生市场经济意识，提升网络化生存的能力，培养市场经济所需的经营与管理素质。

本教材由刘迎春担任主编，伍燕青、曾艳担任副主编。其中模块一和模块六由刘迎春撰写，模块二、三、四、五由曾艳撰写，模块七、八、九、十由伍燕青撰写，最后由刘迎春统稿。在编写的过程中，得到了大量企业人士和暨南大学出版社的帮助，在此致以诚挚谢意。

本教材的编写从内容到形式都有不少新的尝试，由于时间仓促，疏漏之处在所难免，敬请专家和读者批评指正。

编者

2009 年 8 月

目 录

模块一　网络营销概述

●能力要求

1. 掌握网络营销的含义
2. 掌握网络营销与传统营销的联系与区别
3. 了解网络营销和电子商务的关系

●引入案例

江苏威特集团网络营销的成功之路

江苏威特集团（以下简称“威特”）是一家生产销售汽车离合器总成、压盖总成等汽车配件的外向型企业集团。近几年来，每年的出口总额一直保持在900万美元以上，其中自营出口额达500万美元，市场的外向度由1997年的46%上升到之后的89%，国际市场由1997年的15个国家和地区发展到之后的50多个国家和地区，产品一直供不应求。这些业绩的取得与“威特”务实而有效的网络营销工作是分不开的。

多年的外向型经营实践，使“威特”深刻地认识到要大胆试验、大胆实践新兴的商业模式和营销手段，将先进的科学技术成果运用到传统的营销工作中去，以赢得可贵的商机。

（1）做独立网址的网站，自行维护网站资料。从1997年开始，“威特”根据国际市场情况和客户的要求，在因特网上设置了自己的主页，并很快将其升级为具有独立域名的网站，同时还配备了对应的英文网站。通过学习，“威特”具备了网站维护的基本能力，其网站先后改版6次，上载产品图片300余张，页面修改了190多次（页），使网站真正成为集团经营活动的橱窗。这不仅给访问者带来了有商业价值的信息，增加了访问量和潜在的商业机会，还使老客户能时刻感受到企业的勃勃生机。

（2）借助网络媒体，高强度、低成本、有针对性地宣传网站。

第一，在国内外知名网站的电子公告牌上进行轮番宣传，保证每月都有“威特”

网站的最新消息，因为这些网站的访问者大都是商贸界人士，有些商务网站所提供的信息与服务和他们的业务非常接近，其访问者甚至就是潜在客户。

第二，加入商业信息库，提高被检索的几率。许多综合型的商务网站上都有一些开放的商业信息库，供企业自由登录，“威特”有选择地登录并且使这些数据库中的信息与网站保持同步更新。

第三，向客户群定期发送电子邮件。经过多年的网上操作，“威特”收集到了大约1 000个左右的E-mail。这些客户群往往也是集团网站的忠诚访问者，他们的反馈对“威特”产品的改进、市场的拓展有着非同寻常的参考作用，而获得这些意见的成本几乎可以忽略不计。几年来，“威特”向16万人次发送邮件2 000多次，其成本不过几百元。

第四，为不同的人群设计不同的宣传主题。同样是一条新产品的促销信息，只有设计一些精确的主题，有针对性地宣传才能取得较好的效果。

(3) 强化商贸队伍建设，促进网络信息力向现实的市场生产力转化。

精心培养属于自己的“土专家”，在应用和实践中锻炼和培养人才。“威特”的“土专家”一方面能务实地应用各种网络技术来拓展商务；另一方面能和客户真正地进行实质性的沟通。“土专家”再把这些技能扩散到业务部门，逐步形成一个团队。集团80%的业务员都具备网络商务的应用技能，经常网上操作的有5人，队伍的战斗力空前加强。网络营销技能已经被“威特”列入业务人员考核、聘用的常规项目。

网络营销团队的工作除了上面介绍的网络宣传外，重点还有以下两个方面：

第一，收集、分析、加工商贸信息。其渠道和网络宣传的渠道基本接近，涉及国外的主要通过外文的商业目录网站进行或按搜索引擎进行。

第二，即时处理信息和函件。凡是主动发到“威特”的邮件或者正常的往来邮件均在半个工作日内回复，以保证尽可能多地获得商贸机会，使信息力真正地转化为生产力。

（资料来源：网络营销知识网站）

引例提到的“威特”拥有一个自己培养出来的网络营销团队，这是它的重要优势所在。同时也说明了网络以及随之发展起来的网络营销在现代企业发展中的重要作用。

1.1 互联网基础知识

20世纪90年代初，Internet的飞速发展在全球范围内掀起了互联网应用热潮，世界各大公司开始针对其开放、信息流通快、成本低的特点，纷纷开展以互联网为基础的信息服务，拓展公司的业务范围，并按照互联网的特点积极改组企业内部结构，探索符合新形势下的营销方式和方法。网络营销由此诞生。

互联网是一种集通信技术、信息技术、时间技术为一体的网络系统，人们在网络世界里用点击率投票，网民们的目的是要了解自己想要知道的信息，获取多角度的新闻资料以便自行判断事实的真相；对正在、已经和将要发生的事情发表自己的看法，争取个人所代表的群体利益。对企业而言最为重要的一点是网民能购买产品并与公司发生互动，而不只是使其吸收同样可以在电视和报纸上看到的品牌定位资讯。由于国内互联网从学术交流开始，人们习惯于免费，在商业化以后，各网络服务商也只能采取低价策略，网络上蜂拥而至的各种信息潮促进了互联网的发展。

互联网在中国的发展

互联网的发展只有短短30多年的历史，中国的互联网历史就更短了。1989年11月，在中国科学院的主持下，中国科学院计算技术研究所联合北京大学和清华大学正式启动了中关村地区教育与科研示范网络（简称NCFC）的建设。1994年4月20日，NCFC工程连入互联网的64K国际专线开通，实现了与互联网的全功能连接。这是我国最早的国际互联网络。

需要强调的是，“互联网”与我们通常所说的“网站”是两个不同层次的概念。互联网是由成千上万能彼此通信的设备组成的网络，是基于TCP/IP协议实现的。TCP/IP协议由很多协议组成，不同类型的协议又被放在不同的层，其中位于应用层的协议就有很多，比如FTP、SMTP、HTTP。只要应用层应用HTTP协议，就称为万维网（World Wide Web）。这个万维网也就是我们日常所接触到的网站，如新华网、人民网、新浪网等。

随着互联网的覆盖范围迅速扩大、网络应用的迅速普及，新的应用层出不穷。BBS（论坛）、电子邮件和即时通信成为互联网的三大基础应用。

（1）BBS。

1978年1月，网络史上的第一个BBS问世。1994年5月，坐落在中国科学院计算技术研究所院内的国家智能计算机研究开发中心开通了曙光BBS站，这是中国内地的第一个BBS站。随后陆续开通的有北京大学的“一塌糊涂”、清华大学的“水木清华”、南京大学的“小百合”等高校论坛。

（2）电子邮件。

电子邮件是网络使用者必用的工具之一。30多年前的某一天，美国工程师汤姆·林森把世界上第一封电子邮件从他的一台电脑发送到相邻的另外一台电脑。从此，电子邮件风靡全世界，大大缩短了人们沟通的距离。1987年9月14日，北京计算机应用技术研究所的研究员发出了中国第一封电子邮件：“Across the Great Wall we can reach every corner in the world.”（越过长城，走向世界），开创了中国人使用互联网的历史。电子邮件是互联网应用最广的服务，通过网络的电子邮件系统，用户可以用非常低廉的价格、以非常快速的方式与世界上任何一个角落的网络用户通信。电子邮件以其快速、便捷、免费等特性已然成为网民们通信的主要方式之一，极大地改变了人们的交流方式。

（3）即时通信。

除了电子邮件，另外一个重要的网络通信应用——即时通信更是成为网民们通信和交流的首选。即时通信工具包括QQ、MSN、SKYPE等，可以让远隔重洋的人们通过文字、语音或者视频进行实时的交流，相比电话等传统通信工具，即时通信工具有着方便、多样化和廉价等优势。

另外，搜索引擎是互联网发展过程中催生的又一大新兴技术。

互联网极大地融合了全球信息，丰富了人们获取信息的途径，扩展了人们搜索信息的范围，这些优点的背后带来的却是信息量的过分庞大，以至于用户难以从这些海量信息中获取有用的数据。搜索引擎便是这种新需求的产物，它以一种智能的、高效的方式，帮助人们在互联网巨大的信息库中搜索出想要的内容，使得互联网这种海量信息的特性真正被人们所用。

1990 年，加拿大蒙特利尔的几名学生发明了 Archie。Archie 是互联网上用来查找其标题可以满足特定条件的所有文档的自动搜索工具，尽管功能简单，却是搜索引擎的始祖。如今搜索引擎，像 Google、百度等，功能强大，具备一定的智能化的搜索方式。“Google 一下”、“百度一下”已经成为网络搜索的代名词，成为网络信息获取的代名词。

除了一些传统的应用、基础的应用之外，互联网上的新兴应用层出不穷。根据 CNNIC 发布的《第 22 次中国互联网络发展状况统计报告》显示，目前排名前十位的网络应用是：网络音乐、网络新闻、即时通信、网络视频、搜索引擎、电子邮件、网络游戏、博客/个人空间、论坛/BBS 和网络购物。在互联网影响越来越多人的同时，也逐渐深入到人们生活中越来越多的方面，深刻地改变着人们的生活。

每日打开电脑上网浏览新闻网页已经成为绝大部分网民关心家事、国事、天下事的主要途径。据 CNNIC 的统计，2008 年 6 月底，我国网民的网络新闻使用率高达 81.5%，成为我国互联网的第二大应用。

2008 年以来，随着包括奥运会在内的我国一系列重大新闻事件的报道和美国大选等国际重大新闻的报道，互联网在新闻传播领域中的影响越来越大，已经成为最具发展潜力的主流媒体。网络媒体在北京奥运会的报道中大显神威；在奥运火炬登顶珠峰的活动中，记者利用具有即拍即传功能的手提电脑，通过无线方式接入互联网，将刚刚拍摄的照片传送到新华社后方大本营进行实时报导。调查显示，在北京奥运会召开期间，有超过 2 亿的网民在网上关注奥运会，互联网已经成为网民了解奥运信息的主要渠道。

（资料来源：中国教育和科研计算机网）

一、Internet 的起源

Internet 即是通常所说的互联网，是指全球最大的、开放的、基于 TCP/IP 协议的众多网络相互连接而成的计算机网络。

Internet 的原型是 1969 年美国国防部远景研究规划局（ARPA）为军事实验而建立的网络，名为 ARPANET（阿帕网），初期只有四台主机，其设计目标是当网络中的一部分因战争原因遭到破坏时，其余部分仍能正常运行；20 世纪 80 年代初期，ARPA 和美国国防部通信局成功研制了用于异构网络的 TCP/IP 协议并投入使用；1986 年，在美国国会科学基金会的支持下，用高速通信线路把分布在各地的一些超级计算机连接起来，以 NFSNET 接替 ARPANET，进而经过十几年的发展形成 Internet。其应用范围也由最早的军事、国防领域，扩展到美国国内的学术领域，进而迅速覆盖了全球的各个领域，运营性质也由以科研、教育为主逐渐转向商业化。

1994 年 4 月 20 日，NCFC 工程通过美国 Sprint 公司连入 Internet 的 64K 国际专线开通，实现了与 Internet 的全功能连接。

二、Internet 的主要功能

Internet 是一个涵盖极广的信息库，还是一个覆盖全球的枢纽中心。通过它，可以了解来自世界各地的信息；收发电子邮件；和朋友聊天；进行网上购物；观看影片片断；阅读网上杂志；还可以聆听音乐会。我们可以将其功能简单概括如下：

1. 信息传播

Internet 上传播的信息形式多种多样，世界各地用它传播信息的机构和个人越来越多，网上的信息资料内容也越来越广泛和复杂。目前，Internet 已成为世界上最大的广告系统、信息网络和新闻媒体。现在，Internet 除商用外，许多国家的政府、政党、团体还用它进行政治宣传。

2. 通信联络

Internet 有电子函件通信系统，可以利用电子函件取代邮政信件和传真进行联络，甚至可以在网上通电话，乃至召开电话会议。

3. 专题讨论

Internet 中设有专题论坛组，一些相同专业、行业或兴趣相投的人可以在网上提出专题并展开讨论，论文可长期存储在网上，供人调阅或补充。

4. 资料检索

由于有很多人不停地向网上输入各种资料，特别是美国等许多国家的著名数据库和信息系统纷纷上网，Internet 已成为目前世界上资料最多、门类最全、规模最大的资料库。

三、Internet 提供的常见服务

目前，Internet 已成为世界许多研究和情报机构的重要信息来源。Internet 创造的电脑空间正在以爆炸性的势头迅速发展。

Internet 提供的服务包括 WWW 服务、电子邮件（E-mail）、文件传输（FTP）、远程登录（Telnet）、新闻论坛（Usenet）、新闻组（News Group）、电子布告栏（BBS）、Gopher 搜索、文件搜寻（Archie）等，全球用户可以通过 Internet 提供的这些服务，获取 Internet 上提供的信息。

1. 收发 E-mail（E-mail 服务）

电子邮件（E-mail）服务是 Internet 所有信息服务中用户最多和接触面最广泛的一类服务。电子邮件不仅可以到达那些直接与 Internet 连接的用户以及通过电话拨号可以进入 Internet 结点

的用户，还可以用来与一些商业网以及世界范围的其他计算机网络（如 BITNET）上的用户通信联系。电子邮件的收发过程和普通信件的工作原理是非常相似的。

电子邮件和普通信件的不同在于它传送的不是具体的实物而是电子信号，因此，它不仅可以传送文字、图形，而且连动画或程序都可以寄送。电子邮件当然也可以传送订单或书信。由于不需要印刷费及邮费，所以大大节省了成本。通过电子邮件，如同杂志般贴有许多照片的厚厚的样本都可以简单地传送出去。Internet 为用户提供完善的电子邮件传递与管理服务。

2. 共享远程的资源（远程登录服务 TELNET）

远程登录是指允许一个地点的用户与另一个地点的计算机上运行的应用程序进行交互对话。远程登录使用支持 Telnet 协议的 Telnet 软件。Telnet 协议是 TCP/IP 通信协议中的终端机协议。

Telnet 使你能够从与 Internet 连接的一台主机进入 Internet 上的任何一个计算机系统，只要你是该系统的注册用户。

3. FTP 服务

FTP 是文件传输最主要的工具。它可以传输任何格式的数据。用 FTP 可以访问 Internet 的各种 FTP 服务器。访问 FTP 服务器有两种方式：一种访问是注册用户登录到服务器系统；另一种访问是用“隐名”（anonymous）进入服务器。

Internet 上有许多公用的免费软件，允许用户无偿转让、复制、使用和修改。充分利用这些软件资源，能大大节省我们的软件编制时间，提高效率。用户要获取 Internet 上的免费软件，可以利用文件传输服务（FTP）这个工具。FTP 是一种实时的联机服务功能，它支持将一台计算机上的文件传到另一台计算机上。工作时用户必须先登录到 FTP 服务器上。使用 FTP 几乎可以传送任何类型的文件，如文本文件、二进制可执行文件、图形文件、图像文件、声音文件、数据压缩文件等。

4. 高级浏览 WWW

WWW（World Wide Web），是一张附着在 Internet 上的覆盖全球的信息“蜘蛛网”，镶嵌着无数以超文本形式存在的信息，WWW 是当前 Internet 上最受欢迎、最为流行、最新的信息检索服务系统。它把 Internet 上现有资源统统连接起来，使用户能向在 Internet 上已经建立 WWW 服务器的所有站点提供超文本媒体资源文档。这是因为 WWW 能把各种类型的信息（静止图像、文本声音和音像）集成起来。WWW 不仅提供了图形界面的快速信息查找，还可以通过同样的图形界面（GUI）与 Internet 的其他服务器对接。

WWW 已经实现的部分是，给计算机网络上的用户提供一种兼容的手段，以简单的方式去访问各种媒体。它是第一个真正的全球性超媒体网络，改变了人们观察和创建信息的方法。

WWW 诞生于 Internet 之中，后来成为 Internet 的一部分。而今天，WWW 几乎成了 Internet 的代名词。

5. 其他服务

（1）Gopher。

它是菜单式的信息查询系统，提供面向文本的信息查询服务。有的 Gopher 也具有图形接口，在屏幕上显示图标与图像。Gopher 服务器对用户提供树形结构的菜单索引，引导用户查询信息，使用非常方便。

（2）广域信息服务器 WAIS。

WAIS（Wide Area Information System）用于查找和建立有索引的资料（文件）。它从用户指明的 WAIS 服务器中，根据给出的特定单词或词组找出同它们相匹配的文件或文件集合。

（3）网络文件搜索系统 Archie。

在 Internet 中寻找文件常常犹如大海捞针。Archie 能够帮助你从 Internet 分布在世界各地的计算机上浩如烟海的文件中找到所需文件，或者至少对你提供这种文件的信息。

由于 Internet 在发展过程中信息量巨大，而没有更多的人员投入 Archie 信息服务器的建立，因此，基于 WWW 的搜索引擎已逐步取代了它的功能，随着 Internet 网络信息技术的日渐完善，Archie 的地位将被逐渐削弱。

1.2　网络营销的含义和特点

一、网络营销的含义

网络营销概念的同义词包括：网上营销、互联网营销、在线营销、网络行销等。网络营销就是以互联网为主要平台开展的营销活动。网络营销作为一种新鲜事物，尚未在业界获得公认的、完善的定义，如何定义网络营销其实并不是最重要的，关键是要理解网络营销的真正意义和目的，也就是充分认识互联网这种新的营销环境，利用各种互联网工具为企业营销活动提供有效的支持。

无论其注重网络后台技术、网络推广技巧，还是关注市场营销本身，理解网络营销的含义，都要明确注意以下几点：

（1）网络营销是以达成交易为目的的。

美国营销协会对市场营销的定义是："营销是计划和执行关于商品、服务和创意的观念、定价、促销和分销，以创造符合个人和组织目标的交换的一种过程。"在营销的潜在交易中，至少有一方正在考虑如何从另一方获得其所渴求的反应，以达成交易事实。网络营销以营销为本质，同样需要以达成交易为核心。

（2）网络营销建立在互联网技术基础之上。

网络营销的技术基础主要是以计算机网络技术为代表的信息技术。计算机网络是现代通信技术与计算机技术相结合的产物，它把分布在不同地理区域的计算机与专门的外部设备用通信线路互联成一个规模大、功能强的网络，从而使众多的计算机可以方便地互相传递信息，共享硬件、软件、数据信息等资源。与网络营销密切相关的计算机网络主要有三种：互联网、外联网以及内联网。

（3）网络营销是一种营销手段。

网络营销不单纯是网络技术，而是市场经济下的营销活动，分清这一点至关重要。网络营销理论建立在整合营销理论、"软营销"理论和直复营销理论的基础上，无一不在发挥着不同传播工具的优势，使企业与消费者的信息沟通实现低成本，从而达到赢利的目的。网络营销从一开始就注定只是营销的一种手段，一种新方法。随着科技发展和人们生活方式的改变，企业营销将朝着以网络营销为主，与线下传统的营销密切配合，共同达成营销任务的方向发展。

从营销的角度来理解网络营销，可以得出以下结论：第一，网络营销不是网上销售。销售是营销到一定阶段的产物，销售是结果，营销是过程；网上销售的推广手段不仅靠互联网，传统电视、户外广告、宣传单亦可。第二，网络营销不仅限于网上。一个完整的网络营销方案，除了在网上做推广外，还有必要利用传统方法进行线下推广。这可以理解为关于自身的营销，就像关于广告的广告一样。

二、网络营销的特点

网络营销具有传统营销所不具备的许多独特的、十分鲜明的特点：

1. 跨时空

网络的连通性决定了网络营销的跨国性；网络的开放性决定了网络营销市场的全球性。在此之前，任何一种营销理念和营销方式，都是在一定的范围内寻找目标客户。而网络营销是在一种无国界的、开放的、全球的范围内寻找目标客户。市场的广阔性不仅给网络经济理论和网络营销理论的研究提供了无限的发展空间和无尽的研究课题，而且这种市场的全球性带来的是更大范围成交的可能性、价格和质量的可比性。

2. 交互性

所谓交互性，是指企业通过互联网与顾客进行实时的沟通，向顾客传递高效有用的信息，并更有效、更明确地了解和挖掘顾客的潜在需求。互联网是展示商品、了解顾客需求、进行个性化的产品设计、提供商品信息和服务的最佳工具。

3. 整合性

在网络营销的过程中，将对多种资源、多种营销手段和营销方法进行整合。一方面，网络营销可将商品信息传播与收款、售后服务有机联系起来，形成一种全程营销；另一方面，企业可以借助互联网将不同的营销活动进行统一的设计规划，以一致的姿态向消费者传达信息。

4. 高效性

计算机可以储存大量的信息，代消费者查询可传送的信息数量与精确度，远超过其他媒体，并能因应市场需求，及时更新产品或调整价格，因此能及时有效地了解并满足顾客的需求。

5. 经济性

企业利用互联网进行信息交换，努力降低交易成本，把价值让渡给目标顾客，尽量减少顾客的成本。对企业而言，可以减少印刷与邮递成本，采取无店面销售，免交租金，节约水电与人工成本，以及减少由于迂回多次交换带来的损耗。对于消费者而言，可以节约大量用于“货比三家”的时间、脑力和体力成本，顾客可以足不出户地在家采购。

6. 技术性

网络营销是建立在以高新技术作为支撑的互联网的基础上的，企业实施网络营销必须有一定的技术投入和技术支持，改变传统的组织形态，提升信息管理部门的功能，引进懂营销与计算机技术的复合型人才，才能具备未来市场竞争的优势。

三、网络营销的功能

网络营销的功能很多，主要具有六大功能：

1. 进行信息发布

发布信息是网络营销的主要方法，也是网络营销的一种最基本的职能。无论哪种营销方式，都要将一定的信息传递给目标人群。而网络营销利用网络世界所具有的强大的信息发布功能，打开了古往今来任何一种营销方式都无法比拟的发布空间。

网络营销可以把信息发布到全球任何一个地点，既可以实现信息的广覆盖，又可以形成地毯式的信息发布链；既可以创造信息的轰动效应，又可以发布隐含信息。信息的扩散范围、停留时间、表现形式、延伸效果、公关能力、穿透能力都是最佳的。

更加值得提出的是，在网络营销中，网上信息发布以后，可以能动地进行跟踪并获得回复，可以进行回复后的再交流和再沟通。因此，信息发布的效果明显。

2. 即时调查商情

网络营销中的商情调查具有重要的商业价值。对市场和商情的准确把握，是网络营销中一种不可或缺的方法和手段，是现代商战中对市场态势和竞争对手情况的一种电子侦察。

在激烈的市场竞争条件下，主动地了解商情，研究趋势，分析顾客心理，窥探竞争对手的动态是确定竞争战略的基础和前提。通过在线调查或者电子询问调查表等方式，不仅可以省去大量的人力、物力，还可以在任何时候、任何地点，在线即时生成网上市场调研的分析报告、趋势分析图表和综合调查报告。其效率之高、成本之低、节奏之快、范围之大是以往其他任何调查形式所做不到的。这就使广大商家有了一种市场的快速反应能力，为企业的科学决策奠定了坚实的基础。

3. 品牌价值拓展和延伸

网络营销的重要任务之一就是在互联网上建立并推广企业的品牌，知名企业的网下品牌可以在网上得以延伸，一般企业则可以通过互联网快速树立品牌形象，并提升企业整体形象。网络品牌建设是以企业网站建设为基础，通过一系列的推广措施，达到顾客和公众对企业的认知和认可。在一定程度上说，网络品牌的价值甚至高于通过网络获得的直接收益。实践证明，互联网不仅拥有品牌、承认品牌，而且在重塑品牌形象、提升品牌的核心竞争力、打造品牌资产方面，具有其他媒体不可替代的效果和作用。

4. 开拓销售渠道

传统经济时代的经济壁垒阻挡不住网络营销信息的传播和扩散。一个具备网上交易功能的企业网站本身就是一个网上交易场所，网上销售是企业销售渠道在网上的延伸，网上销售渠道建设也不限于网站本身，还包括建立在综合电子商务平台上的网上商店，以及与其他电子商务网站不同形式的合作等。

5. 促进销售

营销的基本目的是为增加销售提供帮助，网络营销也不例外。大部分网络营销方法都与直接或间接促进销售有关，但促进销售并不限于促进网上销售。事实上，网络营销在很多情况下对于促进网下销售也十分有价值。

6. 促成良好的顾客关系和顾客服务

良好的顾客关系是网络营销取得成效的必要条件，通过网站的交互性、顾客参与等方式，在开展顾客服务的同时，也增进了顾客关系。互联网提供了更加方便的在线顾客服务，从形式最简单的FAQ（常见问题解答），到邮件列表，以及BBS、聊天室等各种即时信息服务，一对一的信息沟通所引导的顾客服务对于提高顾客满意度，以及最终推进网络营销效果具有重要影响。

王老吉捐款1亿元背后的新闻营销

2008年5月18日晚，在多个部委和央视联合举办的赈灾募捐晚会上，加多宝集团（主营王老吉罐装饮料）以1亿元的捐款成为国内单笔最高捐款的企业之一，他们的善举顿时成为人们关注的焦点。

第二天，在一些网站论坛上，不断地流行着这样一个名为“封杀王老吉”的帖子："王老吉，你够狠！"号召大家“买光超市的王老吉！上一罐买一罐”，加多宝集团被网友视为“最有责任感”的企业。这个热帖被各大论坛纷纷转载。从百度上不难看出，“王老吉”的搜索量在5月18日之后直线上升。接下来不断出现王老吉在一些地方断销的新闻。王老吉几乎一夜间红遍大江南北，一些人在MSN的签名档上开始号召大家喝罐装王老吉。

王老吉选择了正确的地方。央视乃国家电视台，是国内最权威、收视率最高的电视台，是全国公众获取信息的主要渠道，也是中国了解世界、世界了解中国的重要窗口。王老吉在央视“爱的奉献——2008抗震救灾募捐晚会”的直播现场举牌捐款1亿元人民币，其宣传效果可想而知。

1.3　网络营销与传统营销

一、网络营销与传统营销的比较

网络营销是在传统营销的基础上发展起来的新生事物，它与传统营销有着千丝万缕的联系，但是网络营销的独特之处又决定了它与传统营销有着本质的不同。

1. 网络营销与传统营销的联系

（1）都是企业的一种经营活动。

二者所涉及的范围不仅限于商业性内容，不仅是产品生产出来之后的活动，而且还要扩展到产品制造之前的开发活动。企业应清楚地看到，无论用什么手段开展营销活动，首先要了解顾客和潜在顾客的需求，然后采取一定的措施满足用户的需求。无论是网络营销还是传统营销，都要以此为目标。

（2）都需要通过组合发挥功能。

现代企业的市场营销目标已不仅仅是某个目标，更重要的是要追求某种价值的实现。要实现某种价值，不是单靠某种手段就能实现的，还要开展各种具体的营销活动，需要启动多种关系，更需要制定各种策略，并组合运用，才能最终实现所要达到的目的。因此，搞好营销需要一种综合能力。

（3）都把满足消费者需求作为一切活动的出发点。

这里所说的消费者需求在市场营销观念中频繁提到，在科特勒的教材中将消费者需求分为负需求、无需求、潜在需求、下降需求、不规则需求、充分需求、超饱和需求以及不健康需求。需要注意的是，二者不能仅仅停留在满足消费者的现实需求上，还应包括潜在的需求。

2. 网络营销与传统营销的区别

与传统的市场营销相比，网络营销较之传统营销方式，从理论到方法上都有了很大变化。网络营销与传统营销的区别有以下几点：

（1）从产品定位方面看。

理论上一般商品和服务都可以在网络上进行销售，实际上我国网络营销目前的情况并不是这样，只有电子产品、音像制品、书籍等较直观和容易辨识的商品销售不错。从营销角度来看，即使不通过网络达成最终的交易，通过网络进行营销的宣传和沟通的作用仍然是不可忽视的。那么究竟哪些产品更适合在网上交易，哪些产品更适合通过网络进行宣传和沟通，哪些产品需要采用线上线下相结合的方式进行销售以及如何进行定位等，正是目前网络营销中需要关注的问题。

（2）从价格竞争方面看。

与传统营销方式如电视或平面媒体广告相比，由于减少了批发商、零售商等中间环节，节省了中间营销费用，网络营销的费用较低，从而产生了较大的竞争优势。同时，网络营销虽然减少了销售的中间环节，但是商品的邮寄和配送费用也会在一定程度上影响商品的销售成本和价格。

（3）从销售渠道方面看。

二者在销售渠道上的区别是十分明显的，网络营销具有“距离为零、时差为零”的优势，改变了传统的迂回模式，可以采用直接的销售模式，实现零库存、无分销商的高效运作。离开了网络，网络营销就不可能进行，而传统的渠道是多样的，所以在网络不能达到的地方，传统营销还是具有相对优势的。

（4）从销售促进方面看。

由于网络传播的广泛性和快速性以及网络营销的互动性，使网络营销方式具有更丰富的内涵和实现方式。在促销方式上可以采用电子邮件、网络广告等方式，也可以借鉴传统营销中的促销方式。在经济性方面，网络营销为消费者提供的促销服务并不需要消费者亲自到商场进行采购，顾客足不出户就可以在促销期间挑选、购买自己所需要的商品和服务。

（5）从营销策略方面看。

网络营销的决策内容更多、响应速度更快、影响更大。当然，一旦出现负面新闻，同样容易形成较大的负面影响。因此，这对企业的危机管理提出了更高的要求。

二、网络营销的优势与劣势

1. 网络营销的优势

与传统的营销手段相比，网络营销无疑具有许多明显的优势：

（1）有利于取得未来的竞争优势。

中国的许多家庭购买电脑都是为了供孩子学习，使他们能跟上时代的脚步，而好奇心极强的孩子们大都对电脑甚为着迷，如果能抓住他们的心，十几年以后，当他们成长为消费者时，早先为他们所熟知的产品无疑会成为他们的首选，也就是说，抓住了现在的孩子，也就抓住了未来的消费主力，也就能顺利地占领未来的市场。从长远来看，网络营销能带给商家长期的利益，在不知不觉中培养一批忠实顾客。

（2）决策的便利性、自主性。

现在的人们生活在信息充斥的社会中，无论是报纸、杂志，还是广播、电视，无不充满着广告，人们不得不被动地接受各种信息，在这种情况下，广告的到达率和记忆率之低也就可想而知了。网络营销则全然不同，人们不必面对广告的轰炸，只需根据自己的喜欢或需要去选择相应的信息，如厂家、产品等，然后加以比较，作出购买的决定。这种轻松自在的选择，不必受时间、地点的限制，浏览的信息可以是国内外任何网站的信息，这样灵活、快捷与方便的购物方式是商场购物所无法比拟的，尤其受到许多没有时间或不喜欢逛商场的人士的欢迎。

（3）成本优势。

在网上发布信息，将产品直接向消费者推销，可缩短分销环节，发布的信息谁都可以自由地索取，可拓宽销售范围，这样可以节省促销费用，从而降低成本，使产品具有价格竞争力。大多数访问者是对此类产品感兴趣的顾客，受众准确，避免了许多无用的信息传递，也可节省费用，还可根据订货情况来调整库存量，降低库存费用。

（4）良好的沟通。

可以制作调查表来收集顾客的意见，让顾客参与产品的设计、开发、生产，使生产真正做到以顾客为中心，从各方面满足顾客的需要，避免不必要的浪费。而顾客对参与设计的产品会倍加喜爱，如同是自己生产的一样。商家可设立专人解答疑问，帮助消费者了解有关产品的信息，使沟通人性化、个别化。

（5）优化服务。

网络营销的一对一服务，可以留给顾客更多自由考虑的空间，避免冲动购物，可以更多地比较后再作决定。网上服务可以是24小时服务，而且更加快捷。在顾客咨询和购买的过程中，商家便可及时地提供服务，帮助顾客完成购买行为。通常售后服务的费用占开发费用的67%。提供网络服务可降低此项费用。

（6）多媒体效果。

网络广告既具有平面媒体的信息承载量大的特点，又具有电波媒体的视听效果，可谓图文并茂、声像俱全，而且广告发布不需要印刷，节省纸张，不受时间、版面限制，顾客需要可随时索取。

2. 网络营销的劣势

凡事有利有弊，网络营销也不例外。

（1）缺乏信任感。

人们仍然信奉眼见为实的观念，买东西还是要亲眼瞧瞧、亲手摸摸才放心。网上购物，人们看不到实物，没有质感，万一上当怎么办？打官司，费时又费钱，赢了也多是得不偿失，还不如买的时候费点事。网上购物要发展，保证质量是一个重要的方面。

（2）缺乏生趣。

网上购物面对的是冷冰冰、没有感情的机器，没有商场里优雅舒适的环境氛围，缺乏三五成群逛街的乐趣，也没有精美的商品可供欣赏，有时候，逛街的目的不一定非得是购物，它可以是一种休闲和娱乐，是一种享受。网上购物还存在着无法试用的不便，消费者没有实地的感受，也无法从推销者的表情上来判断真假，实物总是比图像来得真实和生动。所以，对许多人来说，网上购物缺乏足够的吸引力。

（3）技术与安全性问题。

尽管电子商务日趋普及和完善，但网络依然存在着其安全的脆弱性。目前我国网络发展水平不高，覆盖率低，即便是北京、上海这样的大城市，也才达到8%和2%，其他城市就可想而知了。加上硬件环境较低、人员水平参差不齐，以及信息管理与分析能力缺乏，在很大程度上制约了网络的发展。金融结算体系还不能完全适应电子商务的需要，无法消除用户对交易安全性的顾虑。如果通过电子银行或信用卡付款，一旦密码被人截获，消费者损失将会很大，这也是网络购物发展所必须解决的大难题。

（4）价格问题。

网上信息的充分，使消费者不必比较价格，只需浏览一下商家的网页即可货比三家，而对商家而言，则易引发价格战，使行业的利润率降低，或是导致两败俱伤。对一些价格存在一定灵活性的产品，如有批量折扣的，在网上不便于讨价还价，可能贻误商机。

（5）广告效果不佳。

虽然网络广告具有多媒体的效果，但由于网页上可选择的广告位以及计算机屏幕等限制，其色彩效果不如杂志和电视，声音效果不如电视和广播，使广告创意有很大的局限性。

（6）被动性。

网上的信息只能等待顾客上门索取，不能主动出击，实现的只是点对点的传播，而且它不具有强制收视的效果，主动权掌握在消费者的手中，他们可以选择看与不看，商家的活动无异于守株待兔。

作为一种全新的营销和沟通的方式，网络营销还有待于完善和发展。随着网络技术的发展和 Internet 的普及，网络已成为除报纸、杂志、广播、电视四大媒体之外的第五大媒体，成为商家做广告的选择之一。

1.4　网络营销与电子商务的关系

网络营销伴随着互联网的发展和普及，逐步成为企业的整体战略规划的一个重要组成部分。电子商务是随着企业的发展，为迫切开拓产品新的销售渠道应运而生的。两者都是互联网与企业信息化结合的产物，既紧密相关又有本质区别。网络营销不等于电子商务，主要体现在以下三方面：

1. 概念的角度不同

网络营销是企业整体营销战略的一个组成部分，无论是传统企业还是互联网上的企业，都离不开网络营销，网络营销本身不是一个完整的商业交易过程，而只是促进商业交易的一种手段。

电子商务是指整个贸易的电子化，它是利用 Internet 进行的各种商务活动的总和，我们可以将电子商务简单地理解为电子交易，电子商务强调的是交易行为和方式。

2. 研究的范围不同

网络营销是企业整体营销战略的一个组成部分，注重的是以互联网为主要平台来进行营销活动。

电子商务的核心是电子化交易，强调的是交易方式和交易过程的各个环节。其中发生在电子交易过程中的网上支付和交易之后的商品配送等问题并不是网络营销所能包含的内容，同样，电子商务体系中所涉及的安全、法律等问题也不适合全部包括在网络营销中。

3. 关注的重点不同

营销的本质在于信息的沟通，同样，网络营销的重点在交易前阶段的宣传和推广，亦即产品、企业的信息传播和互通。无论是传统企业还是基于互联网开展业务的企业，都需要网络营销，但网络营销本身并不是一个完整的商业交易过程，而是为促成交易提供支持，尤其在交易发生之前，网络营销发挥着主要的信息传递和推广的作用。

电子商务完成的标志是实现了电子化交易。从定义来看，它强调的是交易行为和交易方式，注重的是电子与商务的结合。从某种意义上说，电子商务可以被看作是网络营销的高级阶段，一个企业在没有完全开展电子商务之前，同样可以开展不同层次的网络营销活动。

电子商务与网络营销是密切相关的，网络营销是电子商务的组成部分，开展网络营销并不等于一定实现了电子商务（指实现网上交易），但实现电子商务一定是以开展网络营销为前提的，因为网上销售被认为是网络营销的职能之一。

1.5　网络营销现状

一、企业发展网络营销的现状

网络营销是人类经济、科技、文化发展的必然产物，它不受时间和空间限制，在很大程度上改变了传统营销的形态和业态。网络营销对企业来讲，使企业提高了工作效率，降低了成本，扩大了市场，给企业带来了社会效益和经济效益。

国外的网络营销已经基本替代了市场营销或者称为线下的现实营销，作为一种主流的营销手段而跻身于管理的中心。网络营销的主流是生产制造实体企业，当然中间商、代理商同样需要使用网络工具进行销售，这是现代市场发展的必然趋势。

目前，网络营销已开始被我国企业采用，各种网络调研、网络广告、网络分销、网络服务等营销活动，正异常活跃地介入企业的生产经营中。根据国家信息中心有关统计数字表明，截至 2008 年 12 月 31 日，中国 WWW 网站数量为 287.8 万，比 2007 年增长 91.4%，其中企业网站数达到 60% 以上。权威调查机构 iResearch 预计，2011 年中国中小企业的数量将达到4 660

万，其中拥有网站的企业数量将达到363万。另外，2009年年中中国网民规模达到3.38亿人，网络普及率达到25.5%，超过全球平均水平；网民规模较2008年增长了4 000万人，年增长率为41.9%。中国网民规模依然保持着快速增长之势，网络购物市场的增长趋势明显。目前网络购物的用户人数已经达到7 400万，年增长率达到60%。比较国外的发展状况，我国网络购物比例略低于韩国和美国，韩国网民的网络购物比例为60.6%，美国为71%。

我国加入互联网的企业几乎都涉及网络营销，其中以计算机行业、通信行业、金融行业较为普遍，计算机行业占34%，通信行业为23%，金融行业为11%，其他为32%。尽管如此，与发达国家相比，我国企业的网络营销发展的总体水平较低，仍停留在起步阶段，从企业的营销角度来看网络营销的发展，其差强人意之处具体表现在：

（1）网络竞争意识不强，对网络营销认识不清。

绝大部分企业还只是把竞争焦点定位于实体市场，没有充分意识到知识经济时代抢占网络信息这一虚拟市场对赢得企业未来竞争优势的必要性与紧迫性，把网络看得过于神秘，总以为只有工程师、电脑技术人员才能使用这一高科技产物。

（2）上网企业数量少，分布不均衡。

目前，国内上网企业数量较少，至2005年年底，全国560万家企业（含乡镇企业）中，上网企业所占的比例不足1.5%，且集中分布在北京、广州、上海等几个大城市。上网企业数量少，浏览的客户就会少，网络给企业创造的效益就会减少，从而形成恶性循环。

（3）网络利用率不高，营销方式单一。

大部分上网企业的网络营销仅仅停留在网络广告与网络促销上，而且网络促销也只是将企业的厂名、品名、地址、电话挂在网上而已，很少有企业拥有自己独立的域名网址，并对企业形象及产品作具体、系统的介绍，网络利用率低。甚至有不少企业上网是只为了赶时髦、追潮流，把网络仅仅当作一种方便、快捷、价廉的通信联络方式。网络调研、网络分销、网络新产品开发、网络服务等营销活动，涉及者寥寥无几，网络对企业营销的巨大优势与潜力远远没有被挖掘出来。

（4）网络营销产品少、范围不广。

目前，我国企业网上营销的产品主要集中于电脑及其配件、软件、图书、汽车等有限的几类产品，面向大众的服装、食品、日用品、家电等产品上网营销者甚少。

（5）网络营销策略水平不高，效益不佳。

对网络营销这一特殊营销方式的营销策略缺乏系统研究，还处于实践摸索阶段，没有形成一套适合我国国情的网络营销策略。不少企业还只能沿用过去传统实体的市场营销策略，网络营销效益不高。据悉，目前全国开通网上购物的商业企业，迄今尚无一家赢利，不少网上商店开张不久即宣布倒闭，少数几家也是依靠现时的实体商场的信誉而勉强维持。

（6）网络营销主体以散户为主。

国内企业的网络营销主要集中在阿里巴巴网站和百度网站等大型企业聚集地，而其他的网络营销主体大部分是散户式的小型中间商和代理商，他们多数没有实体店，通过寻找优势资源为顾客牵线搭桥，主要依靠所能获得的价格优势进行竞争。

二、从网络市场的角度看网络营销的现状

从网络市场及消费者的角度来看，网络营销的发展在我国将面临一系列有待解决的问题，对此我们应有清醒的认识。

（1）网络营销谈不上更方便。

我国城市不存在欧美国家的空心化现象，市民的居住范围主要局限于市区，再加上近几年大中城市的商场建设大热，市郊生活小区配套设施齐全，国内消费者并不存在需要花两三个小时车程才能购物的痛苦经历，亲临现场购物同样方便。

（2）网络营销算不上更快捷。

目前我国的快运业务在收费、托收、运输、送货等各方面都还与国外快递业务存在着极大差距，何况国内快运公司多数用的是失业下岗的业余人员，无论员工素质还是管理规范方面都差强人意。

（3）其交互性能的顾虑。

我国市场经济起步时间不长，一方面，消费者的消费习惯还比较保守，有待引导；另一方面，企业的信用并不能轻易使消费者放心。所以，即便是交互性能再好，没有亲眼所见，也很难激发消费者的购买欲望，从而产生交易行为。

（4）在线结算及信用消费的安全隐患。

国内的信用消费开始逐步发展壮大起来，随之而来的金融体系的安全保障问题越来越受到重视，消费者对于资金的安全以及由于在线结算的一系列诸如退换货物、保修费用等完全依赖网络技术建设保障的问题提出了更高的要求。目前由于缺乏相应的保障制度和相应的管理体系，致使经营者和消费者均无法得到保障。

在认清现实困难的同时，我们也应该充满信心地分析了解网络营销，把握其规律，掌握其特点，展望其良好的发展前景。毋庸置疑，随着网络技术的不断发展，网络营销将成为企业管理中一个不可缺少的组成部分，成为市场营销的主体。

●阅读资料

阿里巴巴（Alibaba. com）是全球企业间（B2B）电子商务最好的品牌之一，是目前全球最大的网上交易市场和商务交流社区之一。阿里巴巴成立于1998年年末，总部设在杭州市区，并在海外如美国硅谷、伦敦等设立分支。良好的定位、稳固的构成、优秀的服务使阿里巴巴成为全球首家拥有220万商人的电子商务网站，成为全球商人网络推广的第一网站，被商人们评为“最受欢迎的企业间网站”。杰出的成绩使阿里巴巴受到各界人们的关注。

阿里巴巴创始人、首席执行官马云被著名的“世界经济论坛”选为“未来领袖”，被美国亚洲商业协会选为“商业领袖”，是50年来第一位成为《福布斯》封面人物的中国企业家，并曾多次应邀为全球著名高等学府麻省理工学院、沃顿商学院、哈佛大学讲学。

2002年5月，马云荣登日本最大的《日经》杂志封面人物，该杂志高度评价阿里巴巴在中日贸易领域里的贡献：“阿里巴巴已达到收支平衡，成为整个互联网世界的骄傲。”全球400

家著名新闻传媒对阿里巴巴的追踪报道从未间断，被传媒界誉为“真正的世界级品牌”。

2003年非典爆发，网络商务价值突显，阿里巴巴成为全球企业首选的商务平台，网站的各项指标持续高速发展，其中代表商务网站活跃程度和网站质量的重要指标——每日新增供求信息量比2002年同期增长了3至5倍。通过对阿里巴巴140万中国会员的抽样调查，发现在非典时期三个月内达成交易的企业占总数的42%，业绩逆势上升的企业达52%，更进一步巩固了阿里巴巴全球第一商务平台的地位。

全球著名检测权威网站Alexa. com针对全球商务及贸易类网站进行排名调查，阿里巴巴网站位列第一。

“倾听客户声音，满足客户需求”是阿里巴巴生存与发展的根基，调查显示，阿里巴巴的网上会员近五成是通过口碑相传得知阿里巴巴并使用阿里巴巴的；各行业会员通过阿里巴巴商务平台双方达成合作者占总会员比率近五成。

来自世界的梦幻组合团队是阿里巴巴大厦的基石，完美坚固的团队组合，坚定不移的目标信念，使这家要走102年（20世纪末算一年，22世纪初算一年，可以说阿里巴巴要走过三个世纪）的企业实现了自己的使命：让天下没有难做的生意！

阿里巴巴目前已融合了B2B、C2C、搜索引擎和门户，在中国内地拥有16个销售和服务中心，在中国香港和美国设有分公司。截至2006年12月31日，公司拥有超过3 500名的专职雇员。成为全球首家拥有超过800万网商的电子商务网站，遍布220个国家和地区，每日向全球各地企业及商家提供810万条商业供求信息。

阿里巴巴集团旗下有9个网站，分别是中国站、国际站、日文站、淘宝网、支付宝、中国雅虎、雅虎口碑网、阿里软件、阿里巴巴、阿里妈妈。

阿里巴巴网站历时短短几年就成为最受欢迎的网站，其发展之迅速，理念之独特，是非常值得学习和借鉴的，下面将简单介绍该公司的发展历程：

◆2003年5月，阿里巴巴投资1亿人民币推出个人网上交易平台——淘宝网(Taobao. com)，打造全球最大的个人交易网站；2004年7月，又追加投资3. 5亿人民币，2005年10月，再次追加投资10亿人民币。截至2005年12月31日，淘宝网在线商品数量超过1 663万、注册会员数突破1 390万，2005年第四季度成交额达30. 3亿人民币，占中国C2C市场70%的份额，遥遥领跑中国个人电子商务市场。

◆2003年10月，阿里巴巴创建独立的第三方支付平台——支付宝，正式进军电子支付领域。目前，支付宝已经和国内的工商银行、建设银行、农业银行和招商银行，国际的VISA国际组织等各大金融机构建立了战略合作，成为全国最大的独立第三方电子支付平台。截至2005年12月的数据，通过支付宝在淘宝网的日均交易额就已超过2 000万人民币，而且其增势依然迅猛。

◆2005年8月，阿里巴巴和全球最大门户网站雅虎达成战略合作，阿里巴巴兼并雅虎在中国的所有资产，阿里巴巴因此成为中国最大的互联网公司。目前阿里巴巴旗下拥有如下业务：B2B（以阿里巴巴网站为主）、C2C（淘宝、一拍）、电子支付（支付宝）、门户+搜索（雅虎）。

◆2007年7月28日，阿里巴巴集团启动香港上市程序，向香港联交所上市委员会正式递交了第一次上市申请，使阿里巴巴旗下B2B（企业间电子商务）公司在香港上市。

◆作为阿里巴巴集团旗下的子公司，阿里巴巴公司是中国领先的B2B电子商务公司。从总的用户访问量来看，针对全球进出口企业的国际贸易网站（www. alibaba. com）和针对国内贸易买家和卖家的国内贸易网站（www. alibaba. com. cn）是最受欢迎的B2B网络贸易平台。阿里巴巴公司为全世界的中小企业提供有效的B2B电子商务解决方案。

◆阿里巴巴国际站领先的网上B2B交易市场，全球买家和进口商在此寻找来自中国和其他制造业国家的供应商。截至2006年12月31日，阿里巴巴国际站拥有来自200余个国家和地区超过300万名的注册用户。

◆阿里巴巴中国站是中国领先的B2B网上交易市场。截至2006年12月31日，阿里巴巴中国站在中国地区拥有超过1 600万名的注册用户。

◆阿里妈妈（www. alimama. com）是一个全新的广告交易平台，它首次引入“广告是商品”的概念，让广告第一次作为商品呈现在交易市场里，让买家和卖家都能清清楚楚地看到，广告不再是一部分人的专利。阿里妈妈让买家（广告主）和卖家（网站主）可以轻松找到对方！

●技能训练

案例分析：

五金小店的网络营销

原本并不起眼的深圳田贝四路，一夜之间名声大噪，一跃成为香港客户主要的五金采购基地；其原因仅仅是因为这条街的私营老板曾少如，在去年年底给公司做了一次网络推广。

“现在的生意越来越难做，我不得不尝试新的营销方式，”曾少如告诉记者，“目前我把大部分精力都放在了网络营销上。”

短短几年时间，曾少如所在街区的五金店开得密密麻麻、拥挤不堪，想要在同样水平的竞争对手中胜出，困难可想而知。

曾少如手下有8个打工仔，加上他和妻子两人，这家10人规模的五金店每月开销是1万元。也就是说，曾少如一个月的毛利润超过1万才有赢利的可能。按照五金行业10%的毛利润来算，他每个月的营业额就得上10万元。一边是市场空间骤缩，一边是每个月账面上的支出哗哗地往外流，曾少如如坐针毡。

此时，朋友谭智给曾少如提了个醒儿：何不做一个公司的网站并开展一次网络营销？但是，用惯了“土枪土炮”的曾少如对此一无所知，让他换脑袋又谈何容易？

但毕竟不能坐等“安乐死”，40岁出头的曾少如只好从头开始学习。网站是一个企业的名片，网络营销是将这张名片迅速推出去并吸引客户的综合工程。一般包括搜索引擎、发送个性化E-mail和行业网站链接，在具体操作时不同方式又有不同的技巧。

“时效性是打动我的重要原因，我决定试一试。”曾少如和谭智达成了协议：谭的创思科技免费为曾做一个网站，曾则以付费方式请谭做网络推广，并先以发送E-mail试刀。鉴于盲目群发会有垃圾邮件之嫌，所以采用有针对性的个性化发送，这也是目前最普及的方式。

此次营销针对香港地区，谭从公司资源库的16万客户中选择了3.7万个，曾在其中精选了5 000个，再由谭用公司自制的软件分三次发送。

根据目前市场的行情，发送一条E-mail的费用是短信的10倍左右，也就是将近1元左右。

个性化发送E-mail后的第一天，公司就接了几十个电话，并且网站的浏览量每天维持在几十人左右。重要的是，“这几十人都是潜在的客户”。

让人意想不到的是，“经过这一次推广，销售额的确有了明显的提升。来光顾的香港人增加了好几倍，也使这条街人气旺了起来”。

（资料来源：中国网络营销传播网）

请根据以上案例，分析说明网络营销的优势。

模块二　网络营销环境

●能力要求

1. 了解网络营销环境的含义
2. 掌握网络环境所具备的特征
3. 掌握分析消费者特征的方法
4. 掌握网络团购客户购买行为

●引入案例

逆风起舞实达外设再续神话

作为中国IT行业的民族品牌，实达曾创造了“从16个人到16个亿”的神话。1996年8月8日，实达电脑A股在沪市上市，到2007年4月因出现连续3年亏损而被迫暂停上市。实达外设是实达集团的核心子公司，支撑和维系着实达集团的主营业务。面临暂停上市的危机，实达外设如何应对?

实达外设选择了硅谷动力作为网络平台，开设一系列企业网站，分别把“实达外设酝酿产业再造”、“实达加大核心产业发展”等作为专题进行宣传，通过实达集团、实达外设的发展历程、实达外设产品群、实达外设先锋服务品牌、媒体报道等相结合的形式，全面报道实达外设的辉煌历史和光明前景。

在外界不利的环境下，实达外设选择了网络，通过网络营销进行信息整合，向目标顾客传递企业声音，有效消除了外界的猜测和质疑，维护了实达外设品牌的知名度和美誉度，增强了用户的信心，赢得了顾客的信任和支持；另一方面，吸引了业界对实达外设的关注，为企业的发展创造了良好的外部环境，从而为今后的发展打下基础。

2.1　网络营销环境概述

一、网络营销环境的含义

企业的网络营销环境是一个综合的概念，由多方面因素组成，有些企业可以控制，有些企业无法预计，更加无法控制。那些企业外部的、企业本身无法控制的、广泛存在的外部变量，如网上和网下的人口统计因素、经济环境、政治环境等，称为宏观环境。而那些企业内部的、可控的或者说可以通过各种方式方法直接或者间接产生影响的部分，如企业的生产流程、设备、人力资源情况和财务情况等，称为网络营销的微观环境。环境既可以创造机会，也可能给企业带来严重的威胁。分析网络营销环境的目的，就是为了要发现机会，防止或者避开威胁。

另一方面，企业开展网络营销需要网络技术支持，这就形成了网络营销的直接环境，由互联网所形成的环境包括计算机网络、网络营运商、各类上网终端。

二、网络营销的宏观环境及其作用

网络营销的宏观环境是指对企业网络营销活动没有直接作用而对企业网络营销决策产生潜在影响的一般性因素，包括经济环境、自然环境、政治法律环境、科学技术环境、社会文化环境等。宏观环境对企业短期的利益可能影响不大，但是对企业长期的发展具有很大的影响。所以，企业要重视宏观环境的分析研究。下面将从经济环境、自然环境、政治法律环境、科学技术环境、社会文化环境、网上人口环境六个方面进行分析。

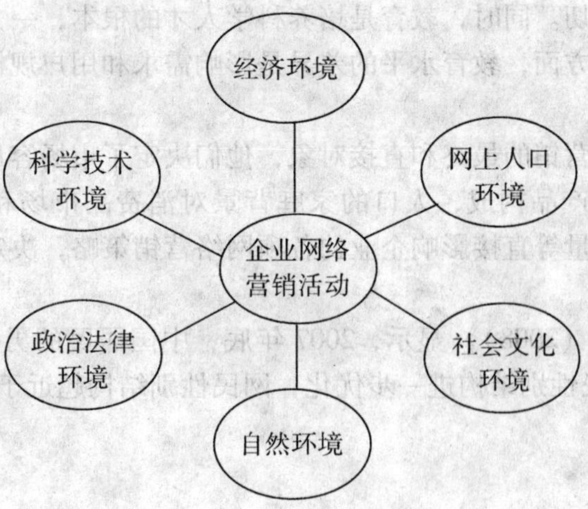

图 2－1　网络营销的宏观环境构成要素

1. 社会文化环境

企业需要关注的第一个因素是人口，因为市场是由人组成的。而对于网络营销而言，网民是其关注的焦点。营销人员感兴趣的是在不同城市、地区和国家网络人口的规模和增长率、年龄分布和教育水平、家庭类型、地区特征和运动这一系列与销售密切相关的内容。社会文化环境通过网络消费者的思想和行为来影响企业的网络营销活动。因此，营销企业必须重视人文和社会环境的研究。

2. 经济环境

市场不仅需要人口，而且需要购买力。实际经济购买力取决于现行收入、价格、储蓄、负债和信贷。营销者必须密切注意表现在收入和变化中的消费者支出模式的主要趋势。另外，经济环境中的经济体制、经济增长、经济周期、经济发展阶段以及经济政策体系等大方面的内容对于企业的经营效果将有直接影响。

3. 自然环境

自然环境是指一个国家或者地区的客观环境因素，主要包括自然资源、气候、地形、地质、地理位置等。营销活动要受到自然环境的影响，这种影响对企业的生存和发展起着决定性的作用。网络营销的产品要针对消费者的消费地理环境来设计，使之符合地理环境的要求；同时，营销管理者还必须要注意自然环境面临的种种难题和趋势，如资源短缺、环境污染严重、能源成本上升等。

4. 政治法律环境

政治法律环境是指一个国家或地区的政治制度、方针政策、法律法规等方面。这些因素常常制约和影响企业的经营行为，尤其还将影响企业较长期的投资行为。有时，这些法律可为企业创造新的机会。

5. 科学技术环境

科学技术发展是网络营销的技术基础，没有强大的信息和网络技术作支撑，也就谈不上网络营销。当今世界，企业环境的变化与科学技术的发展有着非常大的关系，特别是在网络营销时期，两者的关系更为密切。同时，教育是培养科学人才的根本，一方面决定了网络技术和网络营销发展的高度；另一方面，教育水平的差异是影响需求和用户规模的重要因素。

6. 网上人口环境

具有购买能力的人是营销的最终和直接对象，他们决定了市场容量和市场潜量的大小，人口结构影响着消费结构和产品构成，人口的家庭背景对消费品市场和发展趋势有着明显的影响。网络人口的结构、数量等直接影响企业的各项网络营销策略，决定着网络营销方向。

（1）网民性别结构。

根据《中国统计年鉴（2008）》显示，2007 年底，中国居民的男女性别比为 51.5：48.5。与 2007 年相比，中国网民性别结构进一步优化，网民性别结构趋近于总人口中的性别结构。

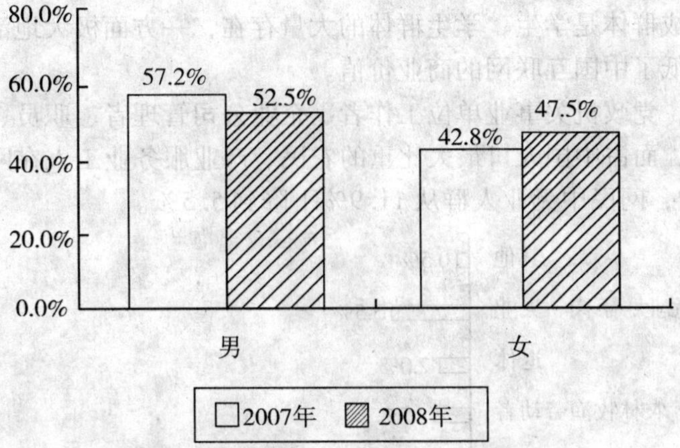

图 2－2　2007—2008 年网民性别结构对比

（资料来源：第 23 次中国互联网络发展状况统计报告）

（2）网民年龄结构。

与 2007 年相比，10～19 岁的网民所占比重增大，成为 2008 年中国互联网最大的用户群体。

2008 年 40 岁及以上的网民所占比重略高于 2007 年。近年来，网民中高龄群体比例不断上升，增长率已经超过了网民总体的增长速度，显现了我国网民结构在年龄上不断优化的趋势。

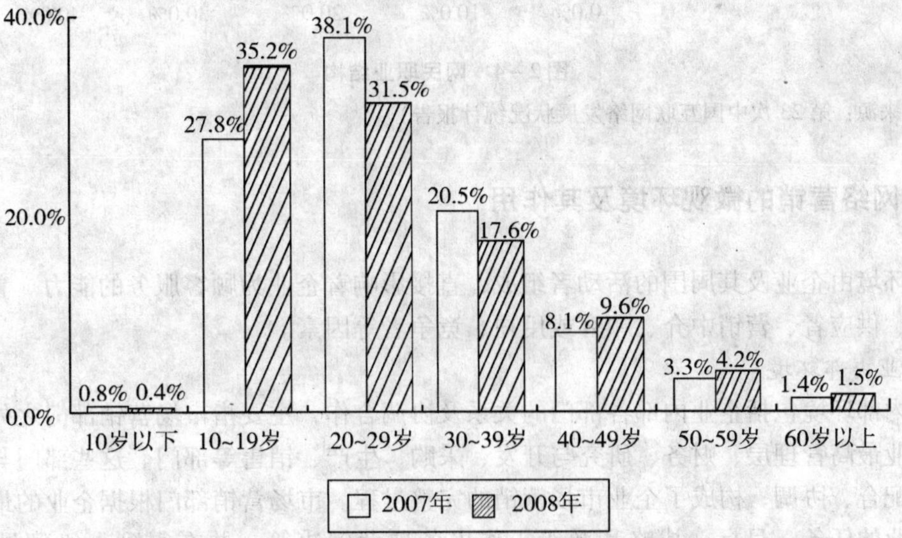

图 2－3　2007—2008 年网民年龄结构对比

（资料来源：第 23 次中国互联网络发展状况统计报告）

(3) 网民职业机构。

网民的最大构成群体是学生，学生群体的大量存在，一方面极大地活跃着中国的互联网应用；另一方面也降低了中国互联网的商业价值。

除了学生之外，党政机关事业单位工作者、企业公司管理者、职员、专业技术人员等文职人员占有较大比重，而占中国人口最大比重的农民、产业服务业工人在网民中所占比重还比较低；与2007年相比，网民中无业人群从11.9%下降到5.5%。

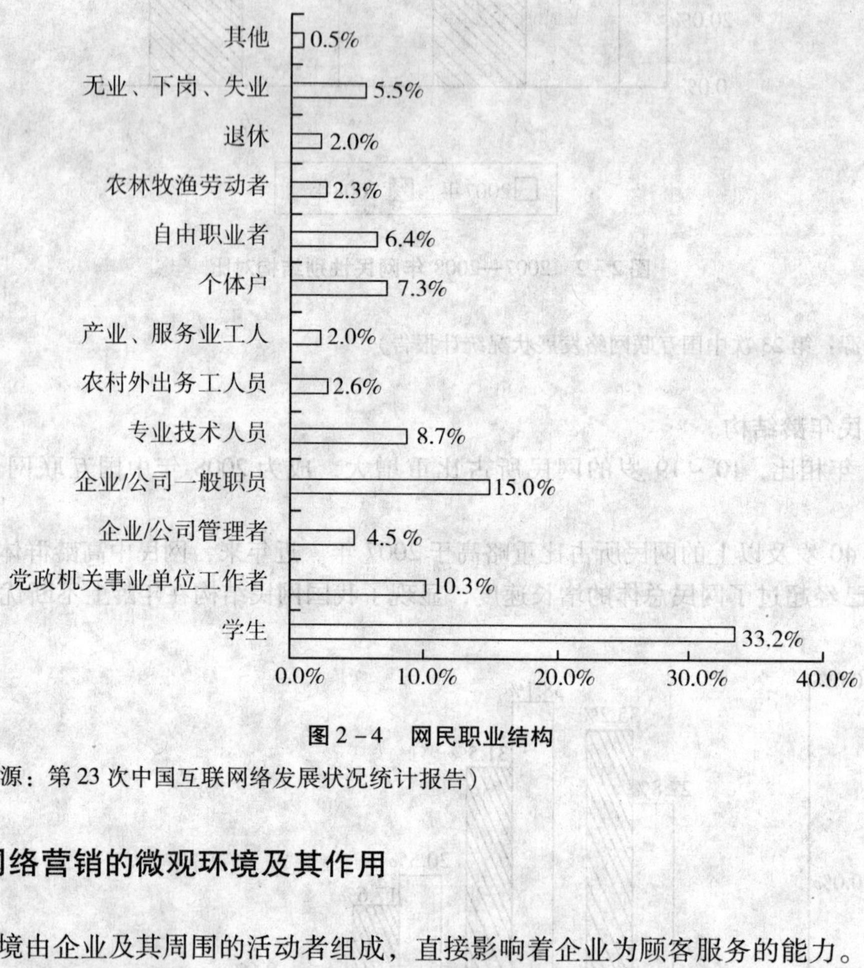

图2-4　网民职业结构

（资料来源：第23次中国互联网络发展状况统计报告）

三、网络营销的微观环境及其作用

微观环境由企业及其周围的活动者组成，直接影响着企业为顾客服务的能力。它包括企业内部环境、供应者、营销中介、顾客或用户、竞争者等因素。

1. 企业内部环境

企业内部环境包括企业内部各部门的关系及协调合作，主要指市场营销部门之外的某些部门，如企业最高管理层、财务、研究与开发、采购、生产、销售等部门。这些部门与市场营销部门密切配合、协调，构成了企业市场营销的完整过程。市场营销部门根据企业的最高决策层规定的企业的任务、目标、战略和政策，作出各项营销决策，并在得到上级领导的批准后执行。

有些人初次接触市场营销的环境分析，往往都忽视对企业内部环境的分析，只会一味照着“消费者的需要”这个口号，大刀阔斧地对顾客进行调查分析。事实上对于企业内部管理、营销、制造、研发、财务以及人力资源各方面的分析缺一不可。这些才是企业得以存在的根本，不考虑企业内部环境就无法开展任何工作。

2. 供应者

供应者是指向企业及其竞争者提供生产经营所需的原料、部件、能源、资金等生产资源的公司或个人。企业与供应者之间既有合作又有竞争，这种关系既受宏观环境影响，又制约着企业的营销活动，企业一定要注意与供应者搞好关系。供应者对企业的营销业务有实质性的影响。

3. 营销中介

营销中介是协调企业促销和分销其产品给最终购买者的公司。主要包括中间商，即销售商品的企业如批发商和零售商；代理中间商（经纪人）；服务商，如运输公司、仓库、金融机构等；市场营销机构，如产品代理商、市场营销咨询企业等。

由于网络技术的运用，一部分商品不再按原来的产业和行业分工进行，也不再遵循传统的商品购进、储存、运销业务的流程运转。网上销售，一方面使企业间、行业间的分工模糊化，形成“产销合一”、“批零合一”的销售模式；另一方面，随着“凭订单采购”、“零库存运营”、“直接委托送货”等新业务方式的出现，服务于网络销售的各种中介机构也应运而生。一般情况下，除了拥有完整分销体系的少数大公司外，与营销企业合作的商业中介组织多，中介服务能力强，业务分布广泛合理，营销企业对微观环境的适用性和利用能力就强。

4. 顾客或用户

顾客或用户是企业产品销售的市场，是企业直接或最终的营销对象。网络技术的发展极大地消除了企业与顾客之间的地理位置的限制，创造了一个让双方更容易接近和交流信息的机制。互联网络真正实现了经济全球化、市场一体化。它不仅给企业提供了广阔的市场营销空间，同时也增强了消费者选择商品的广泛性和可比性。顾客可以通过网络，得到更多的需求信息，使他的购买行为更加理性化。虽然在营销活动中，企业不能控制顾客与用户的购买行为，但它可以通过有效的营销活动，给顾客留下良好的印象，处理好与顾客和用户的关系，促进产品的销售。

5. 竞争者

竞争是商品经济活动的必然规律。在开展网上营销的过程中，不可避免地要遇到业务与自己相同或相近的竞争对手。研究对手，取长补短，是克敌制胜的好方法。

（1）竞争对手的类型。

①愿望竞争者：指满足消费者目前各种愿望的竞争者。

②一般竞争者：指以不同的方法满足消费者同一需要的竞争者。

③产品形式竞争者：指满足消费者某种愿望的同类商品在质量、价格上的竞争者。

④品牌竞争者：指能满足消费者某种需要的同种产品的不同品牌的竞争者。

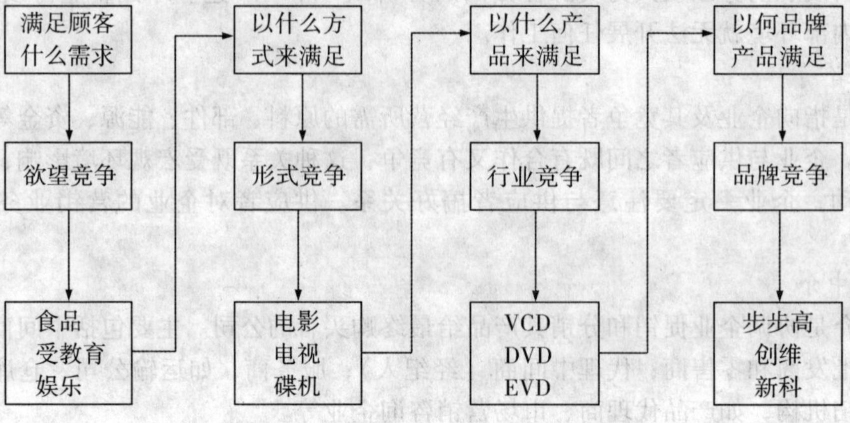

图 2－5　竞争对手类型图

(2) 研究竞争对手的方法。

在虚拟空间中研究竞争对手，既可借鉴传统市场中的一些做法，更应有自己的独特之处。首先要利用全球最好的八大导航网查询竞争对手的信息，这八大导航网是 yahoo、AltaVista、infoseek、excite、hotbort、webcrawler、lycos、planetsearch。

研究网上的竞争对手主要从其主页入手，一般来说，竞争对手会将自己的服务、业务和方法等方面的信息展示在主页上。从竞争的角度考虑，应重点考察以下八个方面：

①站在顾客的角度浏览竞争对手网站的所有信息，研究其能否抓住顾客的心理，给浏览者留下好感。

②研究其网站的设计方式，体会它如何运用屏幕的有限空间展示企业的形象和业务信息。

③注意网站设计细节方面的东西。

④弄清其开展业务的地理区域，以便能从客户清单中判断其实力和业务的好坏。

⑤记录其传输速度特别是图形下载的时间，因为速度是网站能否留住客户的关键因素。

⑥查看在其站点上是否有别人的图形广告，以此来判断该企业在行业中与其他企业的合作关系。

⑦对竞争对手的整体实力进行考察，全面考察对手在导航网站、新闻组中宣传网址的力度，研究其选择的类别、使用的介绍文字，特别是图标广告的投放量等。

⑧考察竞争对手开展网上营销需要做的工作，而定期监测对手的动态变化则是一个长期性的任务，要时时把握竞争对手的新动向，在竞争中保持主动地位。

总之，每个企业都需要掌握、了解目标市场上自己的竞争者及其策略，力求扬长避短，发挥优势，抓住有利时机，开辟新的市场。

2.2　网络营销系统

网络营销是企业以现代营销理论为基础，应用互联网技术和功能，最大限度地满足用户需求，以达到开拓市场、增加赢利的目标的经营过程。网络营销是直销营销的最新形式，是由因特网替代了传统的媒介，其实质是利用互联网对产品的售前、销售、售后各环节进行跟踪服务，它自始至终贯穿在企业经营的整个过程中，包括市场调查、用户分析、产品开发、营销策略、信息反馈等方面。也就是说，网络营销就是以互联网作为传播手段，通过对市场的循环营销传播，满足消费者需求和企业需求的过程。

网络营销系统主要由基于Intranet（企业内联网）的企业管理信息系统（Management Information System，MIS）、网络营销站点、企业经营管理人员以及作为信息传播手段的互联网（Internet）所组成。

1. 互联网（Internet）

Internet 产生、发展的历史并不长，但是它带给人类社会的影响却是巨大的。在今天，只要有一台与 Internet 相连的计算机，不论它是一台 PC、Macintosh，还是一台 Unix 工作站，也不论它采取何种方式连入 Internet，任何人都可以通过它访问处于 Internet 上任何位置的 Web 站点。在 Internet 上，用户可以与一些素不相识但志趣相投的朋友成立讨论组；可以与天南地北的网友们聊天（Internet Relay Chat）；可以在网上参加各种会议；也可以与全球各地区的游戏迷们玩游戏（MUD）；可以在第一时间了解到某公司的最新产品（通过 World Wide Web）；还可以在网上选购国内外某公司的商品（Internet Shopping）等。只要用户能想到的，几乎都能在 Internet 上实现。

2. 企业内部网络（Intranet）

Intranet 是将 Internet 的技术应用于企业内部的信息管理和信息交换的平台，通常都用于大型（跨国）连锁集团公司内部经营管理或营销信息沟通的过程，但使用的范围局限在企业内部成员的开放互联、资源共享，从而达到改善企业内部信息服务，增强各部门之间的信息交流与合作，提高企业整体效益。为方便企业与业务紧密的合作伙伴进行信息资源共享，可在 Internet 上通过防火墙（Fire Wall）来阻止那些与企业业务不相关的人员和非法人员进入企业的网络系统，只有那些经过授权的成员才可以进入该网络系统，一般将这种网络系统称为企业外联网（Extranet）。如果企业的信息可以对外界完全公开，那么企业的网络就可以直接连接到 Internet 上，实现信息资源最大限度的开放和共享。

Intranet 在企业内部管理中的主要作用是加强组织内部的信息交流，彼此相互沟通，提高工作效率。Intranet 的这些作用可在以下几个企业内部经营管理环节中得到充分的应用：

（1）增强快速下达机构内部管理信息（或指令）的能力。

Intranet 通过 E-mail、浏览器、BBS、专用网址等手段将企业内部的各种新闻、通知、管理指令、营销策略等信息迅速地传达给组织的有关成员。这种信息的发布没有时间、地域的限制，但可以考虑等级层次的限制，最大限度地沟通了企业内部的信息联系。

（2）制定营销策略和增强对市场的快速反应能力。

在市场营销管理方面，Intranet 可统一销售和服务策略，规范分布在各地的销售点的营销行为，随时反映市场变化情况，增强企业对市场变化的快速反应能力。同时也可使企业的计划、生产、经营、管理和设计人员及时了解市场需求变化的情况，及早采取相应的对策或措施。

（3）加强内部沟通，提高管理效率。

在 Intranet 的支持下，企业的全体成员能参与经营管理，决策不再是少数高层管理人员的“专利”，企业的下层管理人员或其他管理部门的业务人员也可以了解相关部门的工作质量，集思广益，反馈具体情况，提出合理化的建议。企业则可根据具体情况，及时作出相应的调整，使企业的工作效率得到空前的提高，从而使企业更具活力。

3. 网络营销站点

网络营销站点是建设在企业 Intranet 系统上的具有网络营销功能的，能链接到 Internet 网上的 WWW 站点。网络营销站点起着承上启下的作用，它可以直接链接到 Internet，使企业的用户或者供应商可以直接通过 Internet 链接到企业的营销网站，方便了解企业的有关信息，并直接通过网站与企业进行交易。另外，它将市场信息和企业内部的管理系统连接在一起，将市场需求信息传送到企业内部的管理系统，让企业内部的管理系统根据市场的需求变化来组织企业的经营管理活动。网络营销站点还可以将企业有关的经营管理信息在网站上进行公布，使那些与企业业务相关的企业或消费者可以直接了解该企业的经营情况，以增强该企业的可信度。

4. 网络营销系统的营运

建设好网络营销系统后，企业的业务流程将根据市场需求的变化进行重组。为适应业务流程的变化，企业必须重新规划其组织机构，重新设立业务岗位和培训有关业务人员。其中有些机构和岗位需要削减，如原来的用户服务中心的电话接线员就可以大大减少，因为用户可以直接通过企业的网络营销系统获得帮助；有些机构和岗位需要新建，如将商品销售改为网上直销后，增加了销售送货这一商品流通问题；有些机构和岗位则需要进行业务知识的扩展与更新，如企业使用网络营销系统后，产品销售部门的业务人员则要变常规的市场营销方式为网络营销方式，需要学习有关网络营销的知识以及网上营销的技能技巧，来适应这一全新的营销方法。

2.3 网络个人客户购买行为分析

网友的网购经历

以前一直对网上购物心存疑虑，看照片文字买东西怎么也不如在商店手能摸着真东西踏实。所以那时候虽然天天上网，却也没想过要享受一下这“高科技”带来的便利。

去年，一位朋友托我给他买一本有关农业技术的书，实在是懒得去书店了，便找到一家名气“响当当”的网上书店搜索，还真有两本相关的书。一看价格，一本 1 块 5、一本 5 块钱，虽然不打折，可也真不贵。于是经过了颇为烦琐的注册过程，才把这两本书订了下来。

第二天，我想今天该送来了吧？第三天，我琢磨着：怎么也该到了……大概到了第十天，我把买书的事已经忘得一干二净了。传达室来电话，有给我送东西的。我边走边纳闷儿：怎么会有人给我送东西？

出去一看，传达室门口站着一个推 28 自行车的黑瘦汉子，见我出来东张西望，便谨慎地问：“您是×××吗?”我说是。

汉子转身从自行车后一铁盒子里拿出一密封塑料袋，递过来：“这是您在××网上书店买的书，一共 10 元钱。”

一语惊醒梦中人，原来是我在网上买的书，居然给送来了，我喜出望外，连忙付了钱。

撇下送货郎，沉浸在第一次网上成功购物的兴奋和喜悦中回到电脑前，撕开包装一看，傻了：一本薄薄的书竟然定价为1.5元！我倒！急忙看收据，上面赫然写着：运费5元，我又倒！书价：5元，我再倒！每单要收5元运费，活该我没看清楚，可书价从1.5元变成5元，这也太离谱了，况且我订了两本书却只收到一本。再出去追送货的自行车汉子怕是没戏了，打个电话吧。

客服中心的小姐倒是很客气，听我说完后不紧不慢地解释：只有一本书是因为另一本没货，怕您着急就把有货的先送去了。至于价格看来的确是弄错了，差3块5给送一趟也太麻烦了，就存在您的账户里，下次买东西可以再用。

见人家这么客气，我当然也不好意思再胡搅蛮缠了。不过后来再也不敢在这家书店买东西了，一来是觉着如果等儿子上学了才收到《育儿宝典》什么的也就没什么用了，二来呢，自己在银行已经有个户头，而且银行还给利息。

2001年年底，我在另一个网站的一次购物中发生的事情以及后来客服部门的反应却让我认识到，这个网站的服务也不是以前我以为的那么“卓越”。

2001年年底，该网站推出了消费多少钱送什么东西的活动，我经不住诱惑，到“打折区”疯狂搜索，花了半个晚上，选了几十样东西，终于凑够了×98元钱。选好了中意的赠品，我激动地点下“发送”……

只见页面上显示：“错误：您的订单未下成功，请您返回重下。”只好返回一一检查，确认没有任何问题了，再点“发送”……如此反复10次，“错误”依旧。但就是不说明是什么“错误”，可怜我点酸了手、看酸了眼，也没弄明白原因。一气之下，退出，查信。信箱里赫然10封“×××客户服务中心：第××××号订单信息”，心中大喜，这是成功下订单的表现啊，一面埋怨自己不该把人家祖宗八辈骂了个狗血喷头，一面迫不及待地打开一封信看：“尊敬的客户：您好！感谢您订购××网的产品。非常抱歉，由于系统繁忙，您的订单未下成功，请您返回重下。××网客户服务中心。”我……（此处省略2000字）

因为已经是夜里12点，“热线”电话自然是没人接。只好写明情况，发了封邮件过去。第二天一看，还真回信了：“亲爱的朋友：您好！感谢您的E-mail。请问您是团体购买还是个人？如果是团体购买，请您提供您的购买金额和大致数量并留下您的联系方式，我们将有专人再次与您联系。如果您是个人购买，请您直接汇款到‘北京市××区×××路××号××大厦20层××公司财务部（邮编：××××××）’。（请在汇款人留言中注明购买‘礼品卡’字样，还有您的E-mail地址，非常重要。因为我们将通过电子邮件将礼品卡号和密码发送给您。）欢迎您再次到××网购物。祝您愉快！”

我倒！是我弱智还是谁缺心眼儿，云里雾里的，说什么呢这是？

过了半个钟头，又来信了：“亲爱的朋友：您好！感谢您的E-mail。抱歉给您添了麻烦，我们通知技术部门做了测试，没有发生您说的情况。如果您方便请您将收到的确认邮件用‘转发’的形式发给我们以便查询。表示感谢！欢迎您再次到××网购物。祝您愉快！"

唉！我真傻，真的，我以为只有"冬天"的时候快倒闭的网站才会作出损害顾客利益、对顾客投诉询问不管不问的事情来，我哪儿知道，名气"响当当"、服务很"卓越"的网站也会让我伤透了心。不过我也没办法，因为我只是小小的、无力的芸芸消费者中的一个而已。我所能做的，只是静静地等着、看着。因为冬天还没有过去，风还在吹着……

就在前几天，碰巧看到那家名气"响当当"的网站上有便宜的《围城》VCD卖，我也是贼心不死，准备登录上去买一套。填完用户名和密码，点击确定，屏幕上出现一行小字：对不起，没有这个用户。

我的3块5毛钱!!

（资料来源：人民网）

一、网络消费需求的内容

互联网戏剧性地改变着人们的生活，越来越多的人加入网上购物大军，形成庞大的网络市场。网络购买者是网络营销的主要个体消费者，也是推动网络营销发展的主要动力，它的现状决定了今后网络营销的发展趋势和道路。搞好网络营销就要做好对网络消费者的分析，要弄清楚"谁在购买（who）"、"购买什么（what）"、"怎样购买（how）"和"为什么购买（why）"的问题。

1. 谁在购买

中国互联网信息中心2008年的统计数据分析，将网络消费者分为网络依赖群、网络商务群、网络社交群、基础应用群、自我展示群、非主流网游群、网络浅尝者等七大群体。

（1）网络依赖群。

此群体占网民总规模的近11%，他们在各种网络应用上的群体特征值都高于总体平均水平，他们使用的网络应用最多，每周上网时间也最长。他们是互联网的最忠实的用户，这种网民又被称为冲浪型顾客，他们访问的网页是其他网民的4倍。冲浪型网民对常更新、具有创新设计特征的网站很感兴趣。

（2）网络商务群。

此群体占网民总体的6.7%，是网民中最小的一个群体。此群体与网络依赖群比较接近，但是在上网时长、网络应用数量上都远低于网络依赖群，应用上的一个重大区别在于此群体几乎不访问论坛。同时他们在电子商务、在线炒股、旅行预订等应用上的特征明显强于搜索引擎、即时通信、电子邮件等基础应用。这类顾客需要的是方便、直接的网上购物。他们每月只花少量时间上网，但他们进行的网上交易却占了网上总交易的一半。零售商们必须为这一类型的人提供真正的便利，让他们觉得在你的网站上购买商品将会节约更多的时间。

（3）网络社交群。

此群体占网民总体的12.3%。他们在具有社交特征的应用上的比例明显高于其他群体，他们在即时通信、博客、论坛/BBS、交友网站等社区类网络应用上的渗透率明显偏高。而他们在网上购物方面仅占网上总交易的7%。

（4）基础应用群。

此群体在网民总体中所占比重达到21.5%，是最大的一个群体。此群体在搜索引擎、电子邮件、即时通信等互联网基础应用上的比例远高于总体水平，而在其他应用上的使用率却明显偏低。统计资料显示，他们的网络购物量同样不到总数的10%。

（5）自我展示群。

此群体占总体的12.6%。此群体中的用户100%拥有博客，而在其他应用上他们的使用率明显低于总体。此群体平均使用5.3个应用，每周上网12.27个小时。

（6）非主流网游群。

此群体中的网民100%玩网络游戏，他们占总网民规模的近18%，此群体除了游戏之外，在其他应用上的指数都低于总体。

（7）网络浅尝者。

此群体占总体的18.2%，是规模仅次于基础应用群的一个群体。此群体在各个应用上的群体特征都不突出，他们上网时间最少，使用的网络应用数量最少，同时他们也是网龄最短的群体，但是他们却是年龄最大的群体，平均年龄达到32岁。此群体显示了互联网向高年龄群体扩张的趋势。那些著名传统品牌的公司应对该群人保持足够的重视，因为网络新手们更愿意相信生活中他们所熟悉的品牌。

目前，网上销售商面临的挑战是如何吸引更多的网民，如何努力地将网站访问者变为消费者。因此，营销人员应该将自己的注意力集中在以上几类网民中，从中确定自己的潜在消费群体，这样才能做到有的放矢。

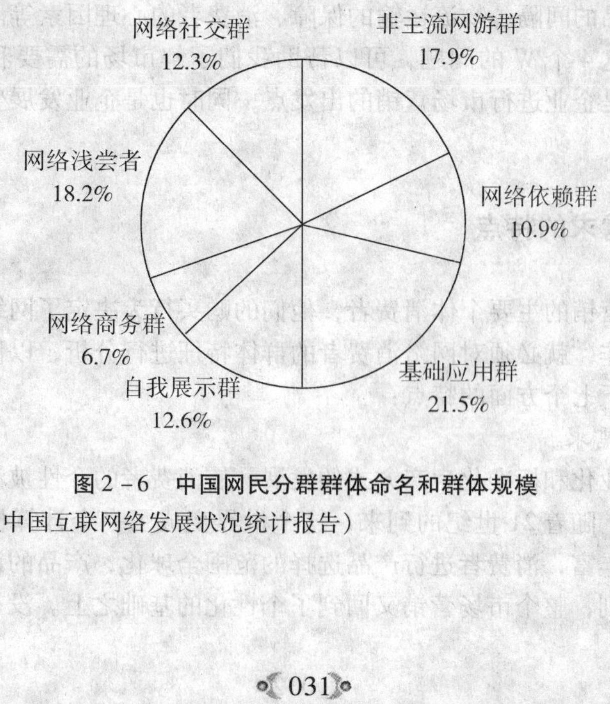

图2-6 中国网民分群群体命名和群体规模

（资料来源：第23次中国互联网络发展状况统计报告）

2. 购买什么

购买什么是对网上畅销商品的分析。目前网上畅销的商品包括图书、影视音乐制品、旅游服务（代订飞机票、酒店）、游戏卡、Q币、小额日用日杂品、钟表首饰、化妆品、箱包、手机、数码等，尤其以女人和年轻人为使用对象的商品为主。实践表明，现在越来越多的人开始通过互联网购买商品和劳务了。

3. 怎样购买

这是对网上购物过程的分析。网络消费者在网上消费的过程实质上就是一个收集信息、比较信息和进行信息决策的过程。消费者在线购买大致归结为以下三个阶段：

（1）售前。

消费者首先要通过互联网，寻找和发现大量能够满足自己要求的产品信息。价格仍然是大多数网络消费者在寻找过程中的比较重点。智能代理程序的出现和使用，使消费者能迅速找到产品或服务的最低价格。

（2）售中。

找到所需要的产品和服务后，买卖双方就价格、交货时间等问题进行交互式的协商和谈判，然后消费者就要选择结算方式，如货到付款、邮寄付款或是买方用在线支付结算方式向卖方支付等。

（3）售后。

对于网络销售，同样要注重售后过程。优质的售后服务可以提高顾客的满意度和忠诚度。提供给网络消费者必要的服务支持，满足其合理的退货和索赔要求，可以增强企业与客户的长期联系，实现企业长期营销的良好效果。

4. 为什么购买

这是对影响消费者购买因素的分析。价格优惠、便利又及时是人们选择网上购物的理由。影响网络消费者购买决策的因素当然还有很多，如网上所售商品的品种、电子支付的安全性问题、从付款到拿到商品的间隔、物流运输的保障、消费者的心理因素等。

分析网络消费者这4个W的问题，可以帮助我们了解市场的需要和欲望，消费者线上和线下的行为及其区别是企业进行市场营销的出发点，同时也是企业发展生产、满足消费者需要的直接途径。

二、网络消费需求的特点

网络用户是网络营销的主要个体消费者，他们的购买行为决定了网络营销的发展趋势，要做好网络市场营销工作，就必须对网络消费者的群体特征进行分析，以便采取相应的对策。网络消费需求主要有以下七个方面的特点：

1. 个性化的消费需求

在近代，由于工业化和标准化生产方式的发展，使消费者的个性被淹没于大量低成本、单一化的产品洪流之中。随着21世纪的到来，这个世界变成了一个计算机网络交织的世界，消费品市场变得越来越丰富，消费者进行产品选择的范围全球化，产品的设计多样化，消费者开始制定自己的消费准则，整个市场营销又回到了个性化的基础之上。没有一个消费者的消费心理是一样的，每一个消费者都是一个小的消费市场，个性化消费成为消费的主流。

2. 消费者需求的差异性

不仅是消费者的个性消费使网络消费需求呈现出差异性，对于不同的网络消费者，因其所处的时代环境不同，也会产生不同的需求，不同的网络消费者，即便在同一需求层次上，他们的需求也会有所不同。因为网络消费者来自世界各地，有不同的国别、民族、信仰和生活习惯，因而会产生明显的需求差异性。所以，从事网络营销的厂商，要想取得成功，就必须在整个生产过程中，从产品的构思、设计、制造，到产品的包装、运输、销售，认真思考这些差异性，并针对不同消费者的特点，采取相应的措施和方法。

3. 消费的主动性增强

在社会化分工日益细化和专业化的趋势下，消费者对消费的风险感随着选择的增多而上升。在许多大额或高档的消费中，消费者往往会主动通过各种可能的渠道获取与商品有关的信息并进行分析和比较。或许这种分析、比较不是很充分和合理，但消费者能从中得到心理的平衡以减轻风险感或减少购买后产生的后悔感，增加对产品的信任程度和心理上的满足感。消费主动性的增强来源于现代社会不确定性的增加和人类需要心理稳定和平衡的欲望。

4. 消费者与厂家、商家的互动意识增强

传统的商业流通渠道由生产者、商业机构和消费者组成，其中商业机构起着重要的作用，生产者不能直接了解市场，消费者也不能直接向生产者表达自己的消费需求。而在网络环境下，消费者能直接参与到生产和流通中来，与生产者直接进行沟通，减少了市场的不确定性。

5. 追求方便的消费过程

在网上购物，除了能够完成实际的购物需求以外，消费者在购买商品的同时，还能得到许多信息，能得到在各种传统商店没有的乐趣。今天，人们对现实消费过程出现了两种追求的趋势：一部分工作压力较大、紧张程度高的消费者以方便性购买为目标，他们追求的是时间和劳动成本的尽量节省；而另一部分消费者，是由于劳动生产率的提高，所以自由支配时间增多，他们希望通过消费来寻找生活的乐趣。今后，这两种相反的消费心理将会在较长的时间内并存。

6. 消费者选择商品的理性化

网络营销系统巨大的信息处理能力，为消费者挑选商品提供了前所未有的选择空间，消费者会利用在网上得到的信息对商品进行反复比较，以决定是否购买。对企事业单位的采购人员来说，可利用预先设计好的计算程序，迅速比较进货价格、运输费用、优惠、折扣、时间效率等综合指标，最终选择有利的进货渠道和途径。

7. 价格是影响消费心理的重要因素

从消费的角度来说，价格不是决定消费者购买的唯一因素，却是消费者购买商品时肯定要考虑的因素。网上购物之所以具有生命力，重要的原因之一是网上销售的商品价格普遍低廉。尽管经营者都倾向于以各种差别化来减弱消费者对价格的敏感度，避免恶性竞争，但价格始终对消费者的心理产生着重要的影响。因为消费者可以通过网络联合起来向厂商讨价还价，产品的定价逐步由企业定价转变为消费者引导定价。

三、影响网络个人客户购买行为的因素

对于个人客户而言，消费者的购买行为模式是基本相似的，如图 2－7 所示。消费者在线上和线下受到营销刺激和其他外部刺激，在消费者个人千差万别的文化、社会、心理特征的作用下作出购买决策，从而产生购买行为。

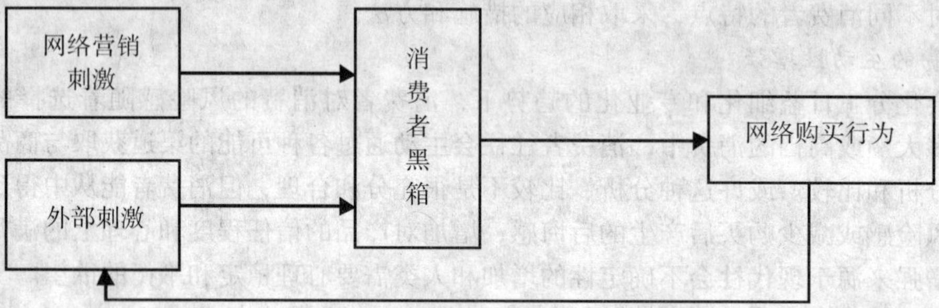

图 2－7　网络购买者的行为模式

（一）影响网络消费者购买行为的内在因素

网络消费者及购买行为，永远是网络营销者关注的一个热点问题。传统营销学所提供的理论认为，一个人的购买选择受到四种主要心理因素的影响，它们是动机、知觉、学习、信念和态度。在分析网络购买者的心理因素时也应当从这四方面着手。

1. 动机

心理学研究表明，人产生某种需求而又未得到满足时，心理上就会产生不安和紧张状态，成为一种内在的驱动力，心理学上称为动机。有了动机就要寻找或选择目标，当目标确定后，就要进行满足需求的活动。而当需求得到满足，行为结束，人的心理紧张消除，然后又有新的需求，产生新的动机，引起新的行为，这样周而复始。

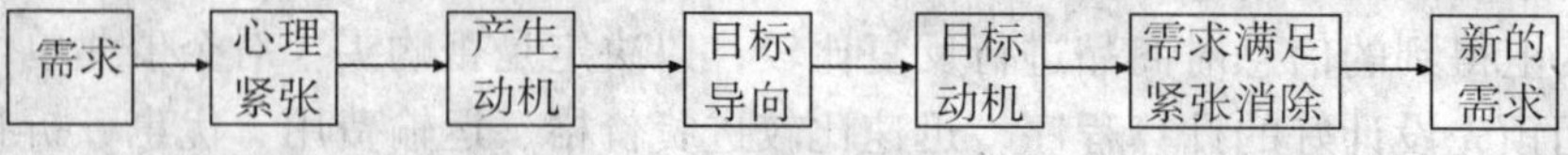

图 2－8　影响网络消费者购买行为的内在因素

心理学家已经提出人类动机理论，最流行的是马斯洛理论，这种动机理论是网络消费者行为分析和网络营销战略确立的依据。下面介绍马斯洛需求层次理论在网络需求分析中的应用。

（1）生理的需求。

对于网络消费者来说，作为一种先进的购物方法，网络购物目前尚不普及，且购物者需要一定的设备条件，如计算机、调制解调器、互联网等。能够上网购物的人多数已经解决基本生活用品的购买问题，因此，他们的注意力往往不在这一层次的需求中。

(2) 安全的需求。

生理需求满足后，就产生了第二层次的需要，即安全的需求。网络消费者希望能够通过网络的查询，寻找最适合自己情况的这类产品，他们的购买动机是建立在对在线商场推销的商品的客观认识的基础上的。众多网络购买者大多是中青年，具有较高的分析判断能力。理智购买动机的最大特点就是安全，其次是具有客观、周密和易于控制的特点。

(3) 社交的需求。

当生理与安全的需求获得适当满足之后，则产生第三层次的社交需求，包括欲望，希望得到人们的支持，希望得到别人的友谊和爱情。社交的需求更侧重于人的感情，它使人产生一种归属感，渴望自己归属于一个群体，成为其中的一员并得到关心，同时自己也愿意去关心别人。Internet 能提供电子邮件、公告板、聊天室等传递信息、发表言论的条件和场所，在 Internet 上，人们可以利用上述的各种网上工具向其他人敞开心扉，毫无顾忌地流露自己的感情，开展网络社交活动。因此，Internet 对有这种需求的消费者产生了巨大的吸引力。1999 年末，"网虫"们对电子贺年卡的疯狂热情能充分反映了消费者对社交的强烈需求。

(4) 尊重的需求。

上述三类需求得到适当满足后，便产生了尊重的需求。它包括自我表现尊重与受人尊重。前者包括独立、自由、自信、自尊、自豪等；后者包括地位、荣誉、威望、被尊重等。在这方面，人们要求网络营销商提供各种饰品、化妆品的销售；提供适合自身需要的旅游信息服务；提供个人主页或企业主页的宣传；提供婚礼服务、会议服务等方面的综合服务等。

(5) 自我实现的需求。

这是最高层次的需求，包括充分地发挥一个人的潜力，实现个人的理想与抱负。人总是希望自己的才能和潜力能够最大限度地发挥出来，希望自己的工作称职，在事业上有所成就。因此，人们对网络信息服务商提出了更高的要求。网络虚拟市场不仅仅是推销实体商品，为商品的流转创造更便利的条件和场所，也不仅仅是推销服务，成为诸如预订机票、预订旅游服务的场所，在这个网络虚拟市场活动的商家应提供更多、更好的信息服务，为人们创造更广阔的就业空间，为企业创造充分发展的市场机遇。

在上述五个层次的需求中，第一、第二、第三层次属于低级需求，第四、第五层次则属于高级需求。

2. 知觉

知觉可定义为个人选择、组织并解释信息的投入，以便创造一个有意义的万物图像的过程，知觉不但取决于物质刺激物的特征，而且还依赖于刺激物同周围环境的关系及个人所处的状况。

知觉一般经历三种过程：选择性注意、选择性扭曲和选择性保留。

(1) 选择性注意。

对网络营销的真正挑战在于必须寻找人们会注意哪些刺激物。调研结果表明，人们会更多地注意以下几方面的刺激物：

第一，人们会更多地注意那些与当前需要有关的刺激物。比如，一位想购买计算机的网络消费者会注意所有网上的计算机广告，因为他有购买计算机的动机。

第二，人们会更多地注意他们期待的刺激物。比如，这位网上计算机的购买者如对联想或者方正品牌有消费偏好，则他可能会期待网上多出现这两个品牌计算机的广告，对于其他品牌计算机的广告则一带而过。

第三，人们会更多地注意跟刺激物的正常大小相比有较大差别的刺激物。比如，这位网上计算机的购买者会更多地注意减价 1 000 元的联想和方正计算机的广告，而不大注意只减价 50 元或者 100 元的其他计算机广告。

（2）选择性扭曲。

即使是消费者注意的刺激物，也并不一定会与预期的方式相吻合。选择性扭曲就是人们将信息加以扭曲，使之合乎自己意向。一位在网上购买计算机的人也许听说了推销员所讲的竞争对手计算机品牌的一些优缺点。但是，只要他已倾向于某个品牌的计算机，他就极有可能扭曲其他品牌产品的特点，断定自己选择的品牌计算机最好。

（3）选择性保留。

选择性保留是倾向于保留那些能够支持其态度和信念的信息。由于存在选择性保留，这位网上计算机购买者很可能只记住联想和方正计算机的优点，而忘记了竞争对手同类产品的优点。网络营销人员在网上将产品信息恰到好处地传递给目标市场的过程中，需要选用大量戏剧性手段和重复手段。

3. 学习

学习是指由于经验而引起的个人行为的改变。人类行为大都来源于学习，人们要行动就得学习。对网络营销人员来说，关于学习的理论实际价值在于，他们可以通过把学习与强烈驱使力联系起来，在网络营销过程中运用各种形式的刺激性暗示和提供积极强化印象等手段来建立网络消费者对本企业产品的需求。

在网络营销中，一家新公司完全能够采用跟竞争对手相同的驱使力并提供相似的诱因形式而进入市场，因为购买者大都容易把其对原先的品牌忠诚转向与之相类似的品牌（推广），而不是转向与之相异的品牌。公司也可以设计引用一套不同的驱使力的品牌，并提供强烈的暗示诱导来促使购买者转向它的品牌（辨别）。

4. 信念和态度

通过行为和学习，人们获得了自己的信念和态度，它们又转过来影响人们的购买行为。

（1）信念。

信念是指一个人对某些事物所持有的描绘性思想。比如，消费者也许认为一台联想计算机有着较多的存储功能，坚实耐用、价格低廉。人们根据自己的信念作出行动，当人们对某种商品的品牌树立了信念，那么，其他公司同类产品的宣传不会从根本上影响他们的选择。

从事网络营销的公司非常关注人们在头脑中对其产品和服务所持有的信念，这些信念树立起产品和品牌的形象。如果一些网络消费者对网络营销公司产品的信念是错误的，并阻碍了他们的购买行为，网络营销者就要发动一场促销活动去纠正这些错误信念。

（2）态度。

态度是指一个人对某些事物或观念长期持有的好与坏的认识上的评价、情感上的感受和行动倾向。网上的计算机购买者可能持这样的态度："买最好的计算机"，"联想公司制造世界上最好的计算机"。于是，联想公司的计算机对这位计算机购买者来说印象最深刻，因为它同这位消费者既有的态度完全一致。从事网络营销的公司如能研究人们对其产品和品牌的各种态度，就会获益匪浅。

（二）影响消费者网上购物的外在因素

网络消费者的心理因素是影响其购物行为的内在因素。除此之外，网络消费者的购物行为还受到以下外在因素的影响：

1. 商品价格因素

从消费者的角度来说，价格不是决定消费者购买的唯一因素，但消费者在购买商品时肯定要考虑这个非常重要的因素。对一般商品来讲，价格与需求量之间经常表现为反比关系，同样的商品，价格越低，销售量越大。网上购物之所以具有生命力，重要的原因之一就是网上销售的商品价格普遍低廉。

根据 CNNIC 的最新统计数据，在有过网上购物经历的消费者中间，43.67%的原因是由于网上购物的价格便宜。

2. 产品因素

产品是影响消费者购买的重要因素之一。由于网上市场不同于传统市场，网络消费者也有别于传统市场的消费需求特征，因此，网上销售的产品一般要考虑产品的新颖性、购买参与程度等。

（1）商品的新颖性。

追求商品的时尚和新颖是许多消费者，特别是青年消费者重要的购买动机。这类消费者特别重视商品新的款式、格调和社会流行趋势，而对商品的使用程度和价格高低不大计较。这类消费者一般经济条件比较好，青年人居多，他们是新式高档消费品、新式家具、时髦服装的主要消费者。

（2）考虑产品的购买参与程度。

如果对消费者要求参与的程度比较高，且要求消费者现场购物体验产品，一般不宜在网上销售，但这类产品可以采用网络营销推广的功能来扩大产品的宣传，辅助传统营销活动。

3. 选购时机

这里所说的购物时间是指购物时间的限制和购物时间的节约。网络虚拟商店一天 24 小时开业，随时准备接待客人，没有任何时间的限制。顾客早上 5 点或晚上 12 点购物都没有问题。网络购物为人们上班前和下班后购物提供了极大的方便。

根据 CNNIC 的最新统计数据，用户进行网络购物居首位的原因是节省时间。

4. 选购的便捷性

“货比三家”是人们在购物时常常使用的操作方法。在网络购物中，“货比三家”已不足为奇。人们可以“货比百家”、“货比千家”，甚至“货比万家”，商品挑选的余地大大扩展。而且，消费者可以从两个方面进行商品的挑选，这是传统的购物方式难以做到的。网络为消费者提供了众多的检索途径，消费者可以通过网络，方便快速地搜寻全国乃至全世界相关的商品信息，挑选满意的厂商和满意的产品。另外，消费者也可以通过公告板，告诉千万个商家自己所需要的产品，吸引千万个商家与自己联系，从中筛选符合自己要求的商品或服务。在这样大的选择余地下，精明的消费者自然倾向于在网上选购价廉物美的商品了。

5. 选购的安全性与可靠性

影响消费者网上购物的另一个重要因素，就是安全性与可靠性。对于现阶段的网络营销来说，最重要的问题还是安全问题。网上消费者一般需要先付款后收货，与过去一手交钱，一手交货的现场购物方式不一样，有一种失去控制的感觉。目前，网络购物的安全性和可靠性问题确实还有待改进，这给不少的网络购买行为带来了隐患。

2.4 网络团购客户购买行为分析

一、网络团购行为

网络用户们俗称的团购，就是团队购买，又叫集团购买。团购是近年来出现的新型消费模式，它既不同于个体消费市场的消费购买，也不同于组织市场的生产性购买，但它们彼此之间关联密切。

网络集团客户购买（又称电子商务集团客户），是指通过互联网周期性地购买数量较大的消费性购买，购买后的商品不再进入流通领域。目前网络营销面临的团购客户主要有两类，即稳定型团购、非稳定型团购。这样定义是依据主要集团客户的稳定程度，也就是说，要考虑他们是某个既有的组织，还是若干个人客户为了某一购买目的而形成的临时组合。

二、稳定型网络团购客户购买行为分析

网络稳定型团购客户主要指以自己消费为最终目的而通过电子商务手段进行购买的各种稳定组织。所谓“稳定”，其含义指它们的存在和运转是为了某个特定社会目的，它们都在某个社会领域中扮演一定的社会角色，购买是为了维持其正常的运转而进行的一种长期的、持续的行为。

所以，那些在购买前组成、在购买后即解散的以购买本身为目的的松散临时组织，以及中间商都不包括在这类客户中。

1. 网络稳定型团购客户购买行为的特点

网络营销中的稳定型集团客户包括政府机关，生产、商业组织，以及文化、卫生、教育等社会组织。它们的购买行为主要有以下特点：

（1）购买目的非常明确（不可诱导性）。

作为组织，团购客户或多或少地都要进行一定的内部管理，管理学的相关理论和操作流程完全适用于团购客户。一般而言，为了完成一定的目标，它们所需购买的商品数量和品种、购买的时间都经过预算和计划，实际的购买行为常常只是既定计划的实施。即便生产企业要进军其他行业，或者社会组织要发挥新的职能，其目标也是事先经过严格规划的，不会出现购买中的随机现象。所以，尽管商业网站能够为诱导个人网络客户的购买欲望而大做文章，偶然被激发起购买欲而进行购买的事在团购客户身上却不易发生。这成为电子商务中个人客户和团购客户的显著差别之一。

（2）购买数量大。

稳定型团购客户购买的数量往往较为巨大，这可以从两个层面来理解。首先，相对于个人客户来看，由于这些客户都是某一领域内的社会组织，它们的购买是为了满足其正常运转的需

要，所以理所当然地要购买较多商品。第二，由于这些客户的存在一般不会是昙花一现，他们的购买行为往往是要重复的。

因此，就长期而言，他们的购买总量是巨大的。如果考虑组织规模扩大的潜在可能性，甚至可以说他们的购买量是无限的。

（3）购买制度化。

既然团购客户购买是经常性的行为，而电子化交易方式存在的"虚拟性"更呼唤规范化、程序化的操作流程，那么，形成一定的制度是自然的事。不过，这里所考察的制度除了正式制度外，还应包括非正式的制度。前者如形成一定的招投标程序，后者如索要回扣等。可见，制度的形成并非总是发挥积极的作用。尤其是在一个习惯势力强大、社会风气不正的经济环境中，消极的非正式制度发挥的作用更为明显。即便是为了提高效率而制定的正式制度也有可能在一段时间后不再适应环境的变化而渐渐失去作用，甚至成为购买的阻力。

（4）路径依赖。

网络经济学的基本原理揭示了客户路径依赖的现象，简言之，就是网络客户往往会较长时间地选择某个供给者作为供应商，而存在转移的惰性。对团购客户而言，缺乏转移的动力或许更多的是出于成本的考虑。如上所述，团购客户的购买是长期行为，在此过程中，双方逐渐建立起信任和了解，交易成本和风险都得以渐渐降低。如果购买者想要更换供应商，就必须重新开始上述搜寻、接触、了解的过程。所以，只要供给者与其他供应商相比较而言，其劣势不是非常令人不满意，团购客户一般不愿意重新选择进货渠道。

（5）对价格相对来说不太敏感。

这一特点形成的原因主要有两个。首先，正如上面已经论证的那样，团购客户的购买是为了满足其正常运转的需要，购买的目的是非常明确的，这就决定了所购买商品的需求价格弹性对他们而言是比较小的。无论价格发生的变动如何，他们都必须在既定时间购买若干数量的商品。否则，组织运行难以维系。当然，客户都有一个对未来价格的预期，如果他们预期未来同类商品的价格会上涨，可能会多购买一些商品，但由于稳定型团购客户的购买以自己消费为目的，所以不会出现囤积居奇的现象，由价格因素导致的某类产品的积聚终究是有限的。

其次，由于组织中具体经办购买的个人花费的购买成本是团购的钱，而其所费的搜寻成本却有相当一部分是自己的，比如时间、精力等，这是"软性"的，是组织无法完全量化和给予精确报偿的，所以购买人员往往会有节省这方面搜寻成本的倾向。在对方提供的大致可以接受的合理报价范围内，购买人员可能不会计较。当然，随着管理手段的日趋高明和制度建设的完善，组织可以设法避免其购买人员的这种机会主义利己倾向，但这种效果毕竟是有限的。所以，相对于个人客户而言，团购客户对价格不敏感的现象从一定意义上来说总是存在的，如此概括其特点是恰当的。

（6）容易产生寻租行为。

经济租是指资源用于非竞争性配置带来的报酬大于竞争性配置带来的报酬的部分。在团购中，经济租掌握在购买人手中。既然购买人可能为了节约自己的搜寻成本而在寻盘时马虎了事，他们为了私利而牺牲组织的利益去接受寻租，也是容易发生的事。这并不是说寻租不可避免，这里所要强调的仅仅是寻租出现的可能性总是存在。这也是推动团购走制度化道路以加强管理、杜绝漏洞的外在动因之一。

2. 影响网络稳定型团购客户购买行为的因素

网络稳定型团购客户具有电子化和集团性两个总体特征，故而对其购买行为发生影响的多种因素也与这二者相关。除去价格、配套服务的条件等传统因素外，其特定因素主要有以下几个方面：

（1）信息的透明度和对称性。

对于买卖双方而言，掌握及时、全面的信息是交易成功的前提条件之一。在电子商务环境下，团购者能够通过网络在相对较短的时间内获取各种所需的信息，这是有利条件。但是，信息的庞杂，有时令人无所适从或难分真伪。购买者必须进行识别，以去粗取精。

不过，稳定型团购客户的购买往往由专人负责，并且形成制度化、程序化的管理，购买的产品种类也有一定的稳定性，这为购买者积累经验、进行鉴别，从而降低信息不对称带来的风险提供了可能性。资深购买人员对于某类商品的行业状况、主要供应商情况都应该是成竹在胸的。此外，专业的咨询服务网站往往会提供某行业或某种产品的集成信息，这种信息服务已经经过整理，浏览者可以在此基础上进一步对其进行梳理。从这些意义上来说，稳定型团购客户的购买比个人客户的网上购物更有可能规避信息不对称带来的风险。

（2）交易安全性。

由于稳定型团购涉及的数量和金额比零散的个人客户或那些临时形成的非稳定型团购客户更为巨大，网络交易安全性的重要更加不言而喻。付款与发货发生了时间和空间上的分离，这客观上为不确定风险的出现提供了可能性。

不过，由于团购客户的购买或多或少存在路径依赖现象，供求双方相互了解信赖的基础较之个人网上客户更为坚实，网络交易过程中的风险更多的是来自外部的攻击，比如，第三者对双方银行账号的窃取。防止此类风险，应是购买双方关注的重点。

（3）产品特性。

并非所有商品都适于集团网上购买，上网进行交易的商品应具有的特征是易于鉴别。具有技术型号的机械电子设备，能让客户在线试读的工具书，国家制定标准规格的农产品、工业原料，或者一些知名品牌的食品、饮料（比如可口可乐）等都是网络团购客户购买的理想对象。而一些需要客户亲自体验后才能决定是否购买的商品显然不宜在网上购买。

三、非稳定型团购客户购买行为分析

非稳定型集团客户也即人们常说的团购客户，主要是指由于共同的需求而临时聚集在一起进行网络集体购买的个人客户的松散集合。

1. 非稳定型团购客户的特点

参与这种集团的成员之前往往没有任何联系，但有着相同的需求。他们的聚集仅仅是想要以某种优势购买一种商品，购买完成后，这个集体自行解散。这种客户的特点有：

（1）集团主体的不稳定性。

这种集团客户本身是不稳定的，表现在：首先，人们很难预料这类集团客户会在何时、何地产生。当然，供应商可以根据以往的经验在一定时期内对未来市场有一个大概的估计，但是，精确的数据不像稳定型集团客户的数量、需求量等指标那样容易获得。比如，研究生入学考试将近，学生们会开始购买复习参考书，其中有些人会组成一个集体进行团购以节省费用，但是，出版商无法预测何时、何地这样的集团客户会与他们联系，他们也无法确定未来卖给这些客户的参考书数量占总出售量的比例是多少。所有的估计只能是模糊的，根据以往的经验所作出的；第二，或许是更主要的，加入集团的单个客户数量是不确定的。这在电子商务环境下表现得尤为明显。许多人可以通过 BBS 加入某一个购买团体，但在一定时期内，这一团体的组织者往往很难预料最后究竟会有多少人来参与购买活动。由于网络的便捷性，参加者数量的积累有时是很快的，这种不稳定性就更为明显。

（2）加入团体的限制性。

应该注意到，非稳定型集团客户的形成并非“不稳定”到漫无边际的地步。所谓加入团体的限制性，当然首先指只有那些欲购买某一既定产品的潜在个人客户才会在网上加入这样的一个购买团体。事先没有购买动机的人或许会临时决定加入（这与稳定型集团客户显然不同），但这种潜在的客户也并非毫无限制，他们的数量受到其他因素的制约。

一个重要的限制因素是地域。虽然网络打破了人们地域上的隔阂，但很难想象一个杭州的客户会通过互联网去加入四川的某个购买团体购买商品。加入非稳定型电子商务团购的人常常是生活或工作在某个区域内的人，或者干脆是某一局域网的用户。只有如此，团购完成后，商品分发才有可行性。

另一个限制因素是信任程度。如果大家虽有共同的需求，也看到了倡议者关于组成集团进行购买的建议，却对他缺乏信任感或毫不了解，那么集团的最终形成就很难成功。人们一般不太愿意把钱交托给一个自己不信任的人去购买，同时也没有人愿意为不了解的人垫付资金。理想的状态是加入集团的人与团购倡议者互相有一定的了解基础，然后通过一定的制度安排来保证整个团购和分发过程顺利进行。

（3）购买目标的明确与单一。

非稳定型团购客户的购买是一种临时性的、一次性的行为，购买目标在集团形成前就定好了。个人客户加入集团首先是冲着这种既定产品去的。所以，集团的组织倡议者应该在提出建议时就明确地描述欲购商品的各种特征，包括价格、特性、预期交易时间等。这样才能让潜在的加入者觉得心中有数，有利于集团的最终形成。

2. 客户加入非稳定型购买团体的动机分析

与网络个人客户的购买行为相似，客户加入某个购买集团同样具有一定的动机。简言之，动机就是推动人们进行某一行动的内部动力。非稳定型团购客户的加入者与个人客户相比，其动机既有相似之处，又有自己的特点。这种动机主要有需求动机和心理动机两类。

（1）需求动机。

需求动机是指人们由于各种需要而引起的购买动机。对于电子商务的非稳定型集团客户的加入者来说，马斯洛需求理论同样适用。人们加入某一集团，大抵都是为满足自己某一层次的需要。比如，学生们团购书籍是自我充实、自我提高的需要，在线加入旅行团则是为了社交的需要。有时，一个行为所满足的需要是多重的。比如，人们组成团体向同一手机销售商订购各种手机，参加者除了获得手机本身带来的效用，满足了社交需要外，还获得了一种因拥有时髦商品而带来的心理满足，满足了被尊重的需要。

马斯洛还指出，不同阶层的人对不同层次的需求的渴望程度是不同的。对于网络消费集团的参与者而言，他们通过购买行为所满足的需要一般是较高层次的。低层次的需要永远是生活的基础，往往不用上网就必须得到满足。另外，在现阶段，有能力在网上游荡的人往往具有一定的知识水平和生活基础，一般也已经基本解决了生活必需品的购买问题。

（2）心理动机。

网络非稳定型集团客户的参与者所表现出来的购买动机特点恐怕更多地集中在心理动机这方面。网络的虚拟性和无限性使得上网者的行为具有许多新特点；相应地，他们会有独特的心理体验。就心理动机而言，主要有以下几方面：

①从众心理。网络给人们提供了前所未有的交流空间，从理论上讲，人们可以通过互联网与世界上所有的人进行交流。往往上网者很容易受到别人对某一问题的看法的影响，这也就是通常所谓的从众心理。有的客户原本并没有购买欲望，只是在网络上漫无目的地游荡，但当他们在某一论坛看到别人正在就某一商品的购买问题展开热烈的讨论，并且从这些讨论中获得了对该商品相当全面的了解，或者看到了别人对该商品的赞扬时，即便他们的理智告诉他们，自己其实并不需要这件商品，他们还是有加入集团进行购买的可能性。

从众心理受到不同类型文化的深刻影响。在以西方各国为代表的个人主义文化中，人们标榜个性，崇尚自我，受他人意见影响的可能性相对较小。而在以中国为代表的集体主义文化中，群体的意见往往具有更高的权威性，跟着大多数人走，被认为更安全、更稳妥。进行网络营销的人若能熟谙此道，对症下药，其营销活动有时能够轻松得多。

②投机心理。有时，网络漫游者虽无需求，却临时决定加入某一购买集团，或许并不是出于一时的热情或者冲动，他们的这种决定可能是经过理性决策后作出的。虽然集团欲购买的商品不是他们急需的，可他们会考虑需求之外的其他因素。比如，虽然现在尚无需求，但以后会不会有？该商品未来的价格会上涨还是下跌？如果将来可能需要购买此商品，现在参加团购能获得多少优惠？等等。对这些问题一一作出理性回答后，他们可能也会加入购买。

由于这种购买并非以现时的使用为直接目的，所以称之为投机心理。投机在这里并不是一个贬义词，恰恰相反，具有这种意识的人是成熟的客户。

③好奇心。有时，团购的成员仅仅是出于某种好奇心而决定加入的。对于大多数人来说，好奇心是成就许多事情的开端。网络上的内容极其丰富，人们上网时，常常会处于一种兴奋的状态，同时，就像逛商场一样，其心情又是放松的，这就使好奇心可能很容易被激发。在这种环境下，人们很容易被某个购买集团正在讨论的商品所吸引，即便由于时间、耐心等种种因素的限制，他们无法或不愿深入了解产品具体的特性，但还是有可能抱着试试看的心理加入集团进行购买。当然，好奇心影响的往往是那些价格便宜的商品的购买过程，对于某些昂贵商品，客户更多情况下会进行理性选择，而非那么随意。

④信任感。如果客户对某一网上购买集团的组织者事先有一定的了解，或者能够确信其言行是诚实可靠的，那么，他加入购买的可能性显然要比对其不信任的情况下大得多。互联网的虚拟性质既是其优势，又是隐藏风险的所在，人们面对的仅仅是电脑屏幕，虽然是“眼见”，但还是有一种虚幻的不安全感。在这种状态下，信任感所发挥的作用就绝不可忽视。有时，或许仅仅是因为无法确定某一网上购买集团的发起人是否可信，即便潜在客户有非常强的购买欲望，他也有可能放弃加入团购的念头，而宁可多费些时间和精力去实地购买。

此外，信任感还表现在对一同参加购买集团的人的信任。如果看到集团中有自己印象中的权威人士，那么人们的心理戒备往往会放松不少，对欲购商品的考察讨论可能会相对草率或马虎。这种情况可以看成一种心理暗示。

当然，上述各动机在各个客户决定是否加入该购买集团的过程中发挥的作用是不同的。总的来说，人们决定是否加入电子商务团购主要还是看是否对该商品有需求，从众心理、好奇心、投机心理等因素发挥作用则有一定的条件和限制。

3. 影响非稳定型影响集团客户购买的因素

网络营销中的非稳定型集团客户从本质上来说是诸多个人网络客户的集合，其决策也是对参加成员各自意见的综合，力图反映大多数人的意志，所以这种集团客户购买的因素和影响个人网络客户购买的因素相似。主要有产品价格、产品特性、购买者地理位置。

（1）产品价格。

价格永远是影响客户最主要的因素之一。网上交易的最大好处或许就是环节简单，方便易行。许多中间过程的费用，如通信费、差旅费等都可以很大程度地节省。

此外，由于是团购，购买者完全有可能享受到规模经济带来的好处。网络上信息传输的及时性使得参加购买的人数可以被随时统计，参加的人数越多，购买集团在与供应商讨价还价时就越具有优势；这种优势的增大又会反过来吸引更多的人加入集团，从而形成一种良性循环。当然，并非在所有情况下购买集团的人数都是越多越好，人数过多，对价格的预期会出现较大的差别，有时很难形成统一意见，这对购买行动的最终完成显然是不利的。

（2）产品特性。

首先，能够成为网络非稳定型集团客户购买对象的产品应该具有一定的普及性，那些只有少数人需要的商品根本无法成为多数人想要购买的对象。

其次，这些产品应该具有一定的标准化。有的产品太具个性化，就没有人愿意和别人一同购买。

再次，要考虑产品购买的参与程度。这一点其实是所有电子商务行为都应考虑的因素。那些客户需要亲自体验才能决定是否购买的产品不太适合在线交易，比如眼镜、鞋子。当然，参与程度是相对的，购买集团的发起人可以采取多媒体等各种办法使得参加者获得更多的体验，扩大宣传的力度和深度。

（3）购买者地理位置。

由于非稳定型网络购买集团进行团购后还有一个将货物在集团内部进行分配的过程，所以购买者的集中程度成为一个比较重要的因素。如果集团中的成员分散在天南海北，商品最后的分发会形成极大的困难，而这最后一个步骤的失败则会决定整个购买过程是一个失败的过程。

此外，虽然理论上说人们可以随时在网上进行交流，但事实上，人们各自的上网时间总是相对固定和有限的。并且，网上的交流方式较之传统的交流自有其局限性。地理位置的接近性使得集团成员可能在其他时间进行直接的面对面的语言交流，这种看似传统的交流方式有时恰能弥补网上文字交流的不足，客户可以通过这种交流变得更理性、更沉稳。当然，这并不是说上网交流没有必要，其好处已是不言自明。

●技能训练

1. 利用搜索引擎查找生活信息；利用搜索引擎搜索商业信息；利用网络数据库查找相关信息。

2. 请在网上交易平台选购一件日常生活用品，并就此与卖主协商交易事项。将整个购买过程记录下来，考虑在选购过程中的各项影响因素。

3. 请召集并组建非稳定的购买团队进行网上采购，联系并完成团购全过程。将整个购买过程记录下来，考虑在选购过程中的各项影响因素。

4. 请试在淘宝网开设网店；在阿里巴巴开设网店。

模块三　网络营销产品、价格、渠道策略

●能力要求

1. 掌握网络营销经营产品特征
2. 了解网络营销定价特点
3. 掌握网络营销定价策略
4. 熟悉网络营销渠道特征

●引入案例

复制戴尔的网络"裁缝"

王磊是北京一家知名广播电台的节目主持人。为了能在主持重大活动时穿着得体，他一直希望能买到一件衣领和袖口为白色、而其他地方都为条纹的长袖衬衣。这种款式他虽见别人穿过，但不知在哪里才能买到。久寻无果之下，他把目光投向了互联网。通过百度搜索，他找到了一家名叫 Beyondtailors 的网站。在这个网站上，他不但找到了自己想要的款式，还在线提交了自己的肩宽、袖长等数据。15 天后，一份快递把成衣送到了他的手里。

和戴尔一样，Beyondtailors 的宗旨也是随需定制。这家公司不大，只在写字楼里租了几大间办公室。一进门，人们首先看到的是两排各色衬衫展示。再往里走就是办公区，公司分为量体、Call Center、运营三个部门，几乎没有任何库存。

总裁的办公室在最里面一间。今年 30 岁出头的董路在创办 Beyondtailors 之前，是高盛的分析师。在美国斯坦福大学商学院就读时，董路曾听过亚马逊创始人杰夫·贝索斯关于从做对冲基金到互联网创业的演讲。受其影响，董路在过腻了年薪百万的职业生活之后，于 2006 年年底辞职创办了这么一家定位独特的网站。这次转型对董路来说是一次不折不扣的冒险，因为他之前对传统服装业的了解几乎为零。但也正是因为他对原有服装流程的不了解，才成就了互联网环境下的流程创新。

Beyondtailors 的与众不同显而易见。这是一家把品牌传播、下订单和数据收集都放在互联网上的成衣定制店。

"国内的衬衫大多设计单调、质量偏低，国际品牌的衬衫虽然款式新颖、做工考究，但是价格又太高。"董路在高盛的时候了解过国外的两类服装业。一个叫 Mytailors. com，做的是网上定制衬衫服务，这类服务在国外已经发展了七八年；另一个叫 Tom James，做的是上门量体定制衬衫服务，这家企业目前年营业额能达到3亿美金，上门量体的服务人员有3 000 多人。而董路现在创建的 Beyondtailors，正是把这两类服务集中在了一起。

现在，消费者可以直接在 Beyondtailors 的网站上选择衬衫的款式。为了显示定制的优势，网站把目前流行的各种衣领、袖口、口袋的款式分别列出来，消费者可以将这些不同的元素随意组合。

除了款式以外，网站上还有各色布料的图片及相应的衬衫报价。如果消费者选择网上下单，既可以选择标准衬衫的尺码，也可以输入自己的尺寸，网站上详细介绍了量体的方法。

"当然，从目前国内消费者的接受程度来看，直接在网上下单的肯定是少数。"董路自己也承认，虽然网站功能全面，但消费者使用率并不高。"在这种情况下，上门量体迎合了消费者的消费习惯。"

上门量体时，相关人员会把衬衫的布样和款式图带给消费者，同时量体。虽然这么做会增加服务成本，但董路坚持认为这样可以在很大程度上提升客户体验，这也是 Beyondtailors 比传统裁缝店服务更周到的关键。

在传统制衣厂，裁衣时往往把数十层布摞在一起裁，个性化定制显然比这成本高得多。但董路计算过，在同等布料、同等做工的前提下，Beyondtailors 比商场可以便宜1/3。因为商场内出售的衬衫经过了房屋水电成本、物流费用和批发商的层层盘剥，而 Beyondtailors 则几乎是把衬衫从工厂直接送到消费者手里。目前，Beyondtailors 的衬衫定价从 399 元到1 080 元不等，这虽然不符合普通大众的消费观念，但还是博得了一些中高端商务人士的认可。最近，山西太原一家百货商场通过互联网找到了 Beyondtailors，表示愿意代理销售，消费者可以到这家百货商场量体，百货商场通过互联网将数据传到北京，衬衣做好后再从北京发货。

如果不考虑互联网的作用，Beyondtailors 从表面上看和高级成衣定制店扮演的角色差不多，但事实并不是这样。

从两类企业招聘员工的类型中，我们很容易看到其中的差异。北京好瑞龙服装有限公司是一家拥有高级成衣品牌服装与高级成衣定制服务，并集设计、生产与销售为一体的服装公司。这家公司最近正在招聘的员工类型分别是针织服装设计师、销售主管、设计助理、机工和导购；而 Beyondtailors 招聘的员工类型则分别是 Call Center 的坐席人员和上门量体人员，除此以外，最重要的职务是负责供应链管理的 CIO，这是董路现在最渴求的人才。

Beyondtailors 不负责衬衫的生产加工。除了推广品牌，他们只需要上门量体，然后将数据按照固定格式传给生产厂即可；除此以外，Beyondtailors 会采购布料和纽扣，根据需要送到服装加工厂。

在 Beyondtailors，用户在网上看到的所有布料都是现成的，在创业的初始阶段，董路精选了纺织厂和成衣生产厂的资源。现在要做的是把这些资源最有效地整合在一起。

作为整个供应链条的中心，Beyondtailors 需要为自身、供货商以及生产商制定一套规则，并把这套规则严格执行下去。在最初寻找制衣厂时，董路就定了三个标准：第一，质量过硬；第二，距离北京近；第三，愿意灵活地重组流程。很快，Beyondtailors 就要迎来 ERP 系统了。董路对这部分极为看重，他很清楚，这个环节的成败几乎可以决定 Beyondtailors 的未来。

“未来的 Beyondtailors 将变成一个数据库。”董路说。最近，上海的 PPG 公司依靠目录营销在互联网已经走出了这样的趋势。虽然 PPG 主要业务是标准衬衣制作，而 Beyondtailors 是定制衬衫，但两者都没有生产部分，库存很少，而且分析并挖掘数据、主动营销的理念是一样的。

“当客户有过一次定制经验后，我们会把他的数据输入到数据库中，当这个客户希望再次定制，只要直接在互联网上登录并直接提交订单就行。”董路说，“整合供应链和客户数据是一项艰苦但有价值的工作。”

引例所谈到的产品定制正是网络营销产品的特点。对于传统营销中无时无刻不被提到的“4P”，在网络营销的实践中部分地失去了线下的意义。一种新产品面市，利用了线下和线上获取的所有信息，推广期间不管是否经过网络营销途径，同期推广宣传不存在线上线下的区别，除了宣传的方式可能有区别，在产品策略方面，网络营销与传统营销几乎是完全一致的。然而，显然并非所有产品都适合在网络上进行营销，所以，网络营销产品类别、特点、品牌等的差异是必然的，这也必然导致网络营销的定价将与众不同。

3.1　网络营销产品特征和策略

传统的产品概念是指生产者通过劳动产出的具有某种形状，能提供某种用途的实体。它可以是纸张、笔墨，也可以是食品、服装、汽车等，这无疑是狭义的产品概念。它强调的是产品的物质属性。事实上，消费者购买某种产品，目的不只是为了获得产品的有形实体，更重要的是通过购买该产品来获得某方面利益（需求）的满足。甚至很多时候，消费者花钱购买的只是某种纯粹的欲望的满足而非物质形态的产品本身。比如，人们去健身房，目的更多的是为了满足自己健康、富有朝气和活力的欲望；女性去美容院，也是为了使自己更加年轻、美丽的欲望得到满足等。这样，产品概念的内涵就被大大地扩展了。

一、网络营销产品概念

在当今营销理念中，产品的含义早已经远远超越了有形实物的初级概念，扩展成为以核心产品即以基本功能为中心的产品整体。在网络营销中，产品的整体概念可分为五个层次：

第一，核心利益层次。这是指产品能够提供给消费者的基本效用或益处，是消费者真正想要购买的基本效用或益处。例如，消费者购买电脑是为了利用电脑作为上网工具；购买软件是为了压缩磁盘空间、播放 MP3 格式的音乐或上网冲浪等。由于网络营销是一种以顾客为中心的营销策略，企业在设计和开发产品核心利益时要从顾客的角度出发，要根据上次营销效果来制定本次产品的设计开发。要注意的是网络营销的全球性，企业在提供核心利益和服务时要针对全球性市场，如医疗服务可以借助网络实现远程医疗等。

第二，有形产品层次。这是产品在市场上出现时的具体物质形态。对于物质产品来说，首先，必须保障产品的品质；其次，必须注重产品的品牌；第三，注意产品的包装；第四，在式样和特征方面要根据不同地区的亚文化来进行针对性加工。

第三，期望产品层次。在网络营销中，顾客处于主导地位，消费呈现出个性化的特征，不同的消费者可能对产品的要求不一样，因此，产品的设计和开发必须满足顾客这种个性化的消费需求。这种顾客在购买产品前对所购产品的质量、使用方便程度、特点等方面的期望值，就是期望产品。为满足这种需求，对于物质类产品，要求企业的设计、生产和供应等环节必须实行柔性化的生产和管理。对于无形产品如服务、软件等，要求企业能根据顾客的需要来提供服务。

第四，延伸产品层次。这是指由产品的生产者或经营者提供的购买者有需求，主要是帮助用户更好地使用核心利益的服务。在网络营销中，对于物质产品来说，延伸产品层次要注意提供满意的售后服务、送货、质量保证等。

第五，潜在产品层次。这是在延伸产品层次之外，由企业提供能满足顾客潜在需求的产品层次，它主要是产品的一种增值服务，它与延伸产品的主要区别是顾客没有潜在产品层次，仍然可以很好地使用顾客需要的产品的核心利益和服务。在高新技术发展日益迅猛的时代，有许多潜在需求和利益还没有被顾客认识到，这需要企业通过引导和支持，更好地满足顾客的潜在需求。

产品整体概念的五个层次，清晰地体现了以顾客为中心的现代营销观念。这一概念的内涵和外延都是以消费者需求为标准的，由消费者的需求来决定的。

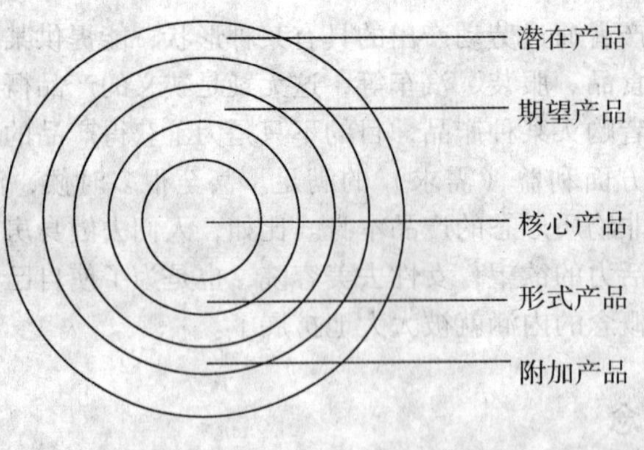

图 3－1　产品整体概念

二、网络营销产品的特点

并非所有产品都适合开展网络营销，一般而言，适合在互联网上销售的产品通常具有以下特性：

(1) 产品形式大多属于易于数字化、信息化的。

通过网络可以销售任何形式的产品，但是目前看来，最适合网络营销的产品是那些易于数字化、信息化的产品，如音乐、电子图书、信息软件、信息服务、网上咨询、远程教育和远程医疗等。经营这类产品投资小，消费者购买方便，购买过程中消费者参与程度低，只需要轻按几下鼠标，就可以完成整个购买过程，商品可以通过网络实现配送。而对于大型机械设备，网络营销的主要任务就是对企业形象进行宣传和产品品牌推广，这种专业的高参与度的购买过程相对比较复杂，不适宜于在线采购。

(2) 产品性质一般属于质量差异不大的同质产品或非选购商品。

网络的虚拟性使消费者无法在购买之前进行充分的比较和挑选，进行实地的评判，因此，适合网络营销的产品一般属于质量差异不大的同质产品或非选购的产品。因而消费者可以根据网上获得的信息就可以确定和评价产品质量，如书籍、音像制品、预订机票、名牌产品等。相对专业化的电子产品、高级时装、首饰等这类需要现场试穿试戴，需要考虑购买情境的产品不适合网络销售。

(3) 产品品牌一般是那些名牌企业的产品或名牌产品。

一般那些名牌企业的产品或者知名网站经销的产品、名牌产品，可能属于质量差异较大的异质产品，这些企业或产品已经在线下被消费者所认同或得到消费者的忠诚，消费者采购时无须花费太多的精力进行比较选择。另一方面，消费者之所以选择网络购买这类名牌产品，多数出于价格方面的考虑。购买这类名牌产品时，网络消费者认可其名牌效应，同时通过线下做足了实地的质量、款式等挑选工作，可以减少购物风险，获得价格优势。

(4) 产品的顾客群一般容量大、覆盖范围广、配送容易。

适合在网上销售或者能发挥网络营销优势的产品一般市场覆盖面和市场容量较大。如果产品的目标市场比较狭窄，就不能充分发挥出网络营销的优势，且营销效益也不佳。当然，如果网络目标市场覆盖范围很广、容量很大，但是网络营销的可到达性很差，或者物流配送体系跟不上，信息到达率很低，同样也不适合开展网络营销。

(5) 产品价格一般要有低价优势。

由于网络发展的初期使用免费和共享的形式，网络用户比较认同网络产品价格低廉的特性。实际上，通过网络营销的产品在商品销售形式、物流运输、储存、渠道等方面与传统销售有差别而呈现低成本的特点，因而网络营销一般采用低价格定价。

(6) 产品的利益最好有不可替代的垄断性。

网络营销一般应选择那些替代性不大、具有较强垄断性的产品经营，或者选择那些不太容易在网下设店经营的特殊品。

三、影响网络营销产品选择的因素

当网络作为营销体系中的一部分，与其他成分相辅相成时，对大多数的商品来说都是适合的，比如，在网上和传统媒体上对某产品进行宣传，扩大其影响力和知名度，树立品牌形象，同时利用传统的渠道进行销售，从而对整个营销活动起到推动与促进的作用。如前所述，并非所有产品都适合网上销售，一般而言，人们在选择网络营销产品时要考虑以下因素：

1. 产品的目标顾客群

不同的产品针对的目标顾客群不同，比如，大屏幕、纯平的高清晰度彩电的目标顾客群是那些收入较高、追求新奇的人；而普通彩电则主要针对农村市场。上网浏览的网民具有一定的特征，他们的特征与企业产品目标顾客群的特征的重合度，是企业是否选择该产品进行大范围网络营销的决策依据之一。重合度大，进行网络营销就会比较有效；重合度小，就应该开辟其他的方式来进行该产品的营销。此外，还应测算一下网络营销所能覆盖的目标市场的容量，容量较大时进行网络营销才会有较高的效率。

2. 产品本身的特点是否适合进行网络营销

（1）对有形产品而言，通过辨认产品的类别和是否能够通过网络来判定产品品质。

有形产品可以分为三大类：便利产品、选购产品、特殊产品，其中最适合通过网络来进行销售的是特殊产品，因为通过网络，顾客可以以较低的成本接触到稀少的销售渠道，并获取大量的产品信息。选购产品也比较适合进行网络销售，因为顾客在购买选购产品时，要反复比较产品的质量、样式和价格，而网络给他们提供了这种方便。便利产品相比较选购产品与特殊产品，更适合在传统的渠道上进行销售，因为传统的渠道比网络更加方便，而且顾客在购买时，也不需要收集相关的产品信息。而在便利产品中，急需品最不适合进行网络销售，因为通过网络销售的有形产品，必须通过一定的方式，配送给顾客，顾客不可能立即得到产品，因此顾客通过网络购买的便利产品，通常是用于日常有规律的使用，或心血来潮，一时兴起而购买，很少有顾客通过网络购买便利产品用于应急。

一些有形产品是顾客在亲自试用后才能评价该产品的好坏，并决定是否购买的，如化妆品、食品、服装等。这种产品不太适合进行大范围的网络营销，因为顾客在购买这类产品的时候更多地要依赖于自己的经验，他们更倾向于通过传统营销的方式，在传统的销售地点，也就是通常所说的卖场，亲眼看到该产品，并进行试用或试穿，然后再决定是否购买此种商品。如果在网络上进行这种产品的销售，顾客往往不适应，因而网络营销也不太容易成功。而有一些产品，顾客是可以通过网络来了解其品质的，如 CD、VCD、书籍、计算机、打印机等，顾客通过网络上提供的信息与产品技术参数，就可以较为清楚地了解到该产品的品质等级，是否符合自己的需要等。因此，通过网络营销的方式向顾客销售这种产品，成功的可能性较大。

（2）无形产品通常比较适合通过网络来销售。

如通过网络来销售软件，顾客可以在购买前进行试用，在决定购买并支付货款后，直接从网络上下载该产品，十分方便。还有一些服务，如收费信息、远程教育、远程医疗、外出旅行、机票和旅店客房预订等，消除了地域的限制，充分发挥了网络的优势，特别适合通过网绛来销售。

(3) 考量企业的物流与配送能力以确定企业经营的产品种类。

网络的优点之一就是它消除了地域的限制，但是这仅限于信息的传播和某些服务的销售。对有形产品和具有有形介质的无形产品来说，网络销售会受到企业配送能力的限制。例如，一个美国的顾客可以很轻松地通过网络了解到中国企业所生产的个人计算机的各项性能与指标，可如果这名美国顾客想要通过网上来购买该计算机，问题就出现了：也许经过很长的时间他才能收到所订购的产品。有形产品和具有有形介质的无形产品购买的实现包括两种流动：一种是金钱的流动，顾客通过一定的方式向企业支付其所购买的商品的费用；另一种流动就是实物的移动，顾客在购买了某种产品之后，该产品必须以一定的方式送到顾客手中。如果企业的物流配送体系达不到顾客所在的区域，不能交付或及时交付实物产品，企业的信誉就要受到影响，并最终导致该产品的网络营销无法进行下去。因此，在选择产品时要考虑到实物配送的问题，选择一些容易配送的产品进行网络营销。比如，CD 唱碟、书籍可以通过邮寄的方式来进行配送，一些国外的从事网络营销的商家经营该类产品，发达的邮政网络解决了他们的配送问题，成本不太高，但配送覆盖面却十分广泛。而另外的一些产品，如生活日用品、食物等，配送起来就不那么方便了。

这些在选择网络营销产品时必须考虑的因素，是由于网络技术和其他相关技术的限制所致，相信随着科学技术与社会的进步，将有越来越多的产品成为网络销售中的明星。

网上能卖网下不行

美国有个 43 岁的妇女，为她姨妈向政府申请到了一个免费的轮椅。她所做的不过是准备了一些必要的文件并填写了一些表格。为此，她还写了一篇如何向政府申请免费轮椅的报告。她在网上卖她的报告，成本仅是 2 美元，后来她每月可赚 3 万美元！

简直难以置信，如此简单的事会有市场，会有如此的潜在利益！随后，她又在报刊上做广告，这次她在赔钱。

很奇怪，这份报告只能在网上赚钱。

四、网络营销产品策略

（一）产品生命周期理论

产品的生命周期不是指其使用寿命，而是指它在市场上从诞生、成长到最后被淘汰的市场寿命。由于市场竞争越来越激烈，竞争者都努力地开发新产品，或博取众家所长进行产品的仿制和更新换代，从而加速了现有产品的淘汰、缩短了产品的生命周期。因此，适时地调整产品和营销组合策略是十分重要的。

产品生命周期可分为四个时期，即导入期、成长期、成熟期和衰退期。根据四个时期产品的不同特点，需要采用不同的产品策略。

1. 导入期的市场特点与营销策略

导入期的市场特点是消费者对该产品不了解，大部分顾客不愿放弃或改变自己以往的消费行为，销售量小，相应地增加了单位产品成本；尚未建立理想的营销渠道和高效率的分配模式；价格决策难以确立，高价可能限制了购买，低价可能难以收回成本；广告费用和其他营销费用开支较大；产品技术、性能还不够完善；利润较少，甚至出现经营亏损，企业承担的市场风险最大；市场竞争者较少。

根据这些特征，企业营销的重点是提高新产品的生命力，使产品尽快地为用户所接受，促使其向发展期过渡。采用的营销策略，通常有以下四种：

（1）高价高促销策略。

这是以高价格和高促销费用推出新产品，以便先声夺人，迅速占领市场。高价固然会影响产品销路的迅速打开，但由于支付了大量广告宣传及其他促销费用，就可在市场上塑造该产品的高质量或名牌形象，让消费者在心理上产生对该产品的信任感，认识到该产品是优质优价的，从而减缓因价高而令人却步的不利影响。采用这一策略的市场条件是：已经知道这种新产品的顾客求新心切，愿出高价；企业面临潜在竞争者的威胁，急需尽早树立名牌形象等。

（2）高价低促销策略。

这是以高价格、低促销费用来推出新产品。通过两者结合，以求从市场上获取较大利润。实施这种策略的市场条件：市场容量相对有限；产品确属名优特新，需求的价格弹性较小，需要者愿出高价；潜在竞争的威胁不大等。

（3）低价高促销策略。

这是以低价格和高促销费用来大力推出新产品。这种策略可使产品以最快的速度进入市场，并使企业获得最大的市场占有率。采用这一策略的市场条件：市场容量相当大；需求价格弹性较大，消费者对这种产品还不甚熟悉，却对价格十分敏感；潜在竞争比较激烈等。

（4）低价低促销策略。

这是以低价格和低促销费用推出新产品。低价的目的是使消费者能快速接受新产品，低促销费用能使企业获得更多利润并增强竞争力。实施这一策略的市场条件：市场容量较大；消费者对产品比较熟悉且对价格也较敏感；有相当多的潜在竞争者等。

2. 成长期的市场特点与营销策略

成长期的市场特点是消费者对新产品已经熟悉，销售量增长很快；由于大规模的生产和丰厚的利润机会，吸引大批竞争者加入，市场竞争加剧；产品已定型，技术工艺比较成熟；建立了比较理想的营销渠道；市场价格趋于下降；为了适应竞争和市场扩张的需要，企业的促销费用水平基本稳定或略有提高，但占销售额的比率下降；由于促销费用分摊到更多销量上，单位生产成本的下降快于价格下降。

由此，企业利润将逐步抵达最高峰。企业在成长期的营销对策有如下几种：

（1）根据用户需求和其他市场信息，不断提高产品质量，努力发展产品的新款式、新型号，增加产品的新用途。

（2）加强促销环节，树立强有力的产品形象。促销策略应从以建立产品知名度为中心转移到以树立产品形象为中心，主要目标是建立品牌偏好，争取新的顾客。

（3）重新评价渠道选择决策，巩固原有渠道，增加新的销售渠道，开拓新的市场，扩大产品销售。

（4）在价格决策上，应选择适当的时机调整价格，以争取更多顾客。

3. 成熟期的市场特点与营销策略

成熟期的市场特点如下：

（1）成长中的成熟期。各销售渠道基本呈饱和状态，增长率开始下降，还有少数后续的购买者继续进入市场。

（2）稳定中的成熟期。由于市场饱和，消费水平平稳，销售增长率一般只与购买者人数成比例。

（3）衰退中的成熟期。销售水平显著下降，原有用户的兴趣已开始转向其他产品和替代品；全行业产品出现过剩，竞争加剧，销售增长率下降，一些缺乏竞争能力的企业将渐渐被淘汰；竞争者之间各有自己特定的目标顾客，市场份额变动不大，突破比较困难。

成长期的企业只有通过三大改良来进行营销：

（1）市场改良策略。即开发新市场，寻求新用户。开发产品的新用途，寻求新的细分市场，刺激现有顾客，增加使用频率。重新为产品定位，寻求新的买主。

（2）产品改良策略。也称为“产品再推出”，包括品质改进策略、特性改进策略、式样改进策略、服务改进策略。

（3）营销组合改良。即指综合运用价格、分销、促销等多种营销因素，来刺激消费者购买。如降低价格、开辟多种销售渠道、增加销售网点、加强销售服务、采用新的广告宣传方式、开展有奖销售活动等。

4. 衰退期的市场特点与营销策略

衰退期的市场特点如下：产品销售量由缓慢下降变为迅速下降，消费者的兴趣已完全转移；价格已下降到最低水平；多数企业无利可图，被迫退出市场；留在市场上的企业，则被迫逐渐减少产品附带服务，削减促销预算等，以维持最低水平的经营。

对此，企业采取的策略往往有：

（1）收缩策略。

即缩短战线，把企业的资源集中使用在最有利的细分市场，最有效的销售渠道和最易销售的品种、款式上，以求从最有利的因素中获取尽可能多的利润。

（2）持续策略。

由于在衰退阶段许多竞争者相继退出市场，而市场上对此产品还有一定需求，因此，生产成本降低的企业可继续保持原有的细分市场，沿用过去的营销组合策略，将销售量维持在一定水平，待到时机合适，再退出市场。

（3）撤退策略。

当产品已无利可图时，应当果断地及早停止生产，致力于新产品的开发。否则，不仅会影响企业的利润收入，占用企业有限的资源，更重要的是会影响企业的声誉，在消费者心中留下不良的企业形象，不利于企业今后的产品进入市场。

（二）网络营销新产品的开发

1. 网络营销新产品开发概述

新产品开发是许多企业的市场取胜的法宝。在网络时代，由于信息和知识的共享，科学技术扩散速度加快，企业的竞争从原来简单依靠产品的竞争转为拥有不断开发新产品能力的竞争。而且互联网的发展，使得在今后获得新产品开发成功的难度增大，其原因如下：

（1）在某些领域内缺乏重要的新产品构思。

一些科学家认为，随着时间的推移，在汽车、电视机、计算机、静电印刷和特效药等领域内值得投资的切实可行的新技术微乎其微。目前许多的传统优势企业正面临着严重挑战，Cisco 公司在短短的 15 年就成为位列美国市场价值第三的大公司，超过了 Intel 公司，Intel 公司正准备从“计算机产业的建筑模块供应商”向“互联网建筑模块供应商”转移。未来的产品构思开发必须适应网络时代的需要。

（2）不断分裂的市场。

激烈的竞争正在导致市场不断分裂。各个公司不得不将新产品的目标对准较小的细分市场，而不是整个市场，这就意味着每一个产品只能获得较低的销售额和利润额。互联网的发展加剧了这种趋势，市场主导地位正从企业主导转为消费者主导，个性化消费成为主流，未来的细分市场必将是以个体为基准的。

（3）社会和政府的限制。

网络时代强调的是绿色发展，新产品必须以满足公众利益为准则，诸如消费者安全和生态平衡。政府的一些要求已使得医药行业的创新进度减慢，并使工业设备、化工产品、汽车和玩具等行业的产品设计和广告决策工作难以开展。

（4）新产品开发过程中的昂贵代价。

网络时代竞争加剧，公司为了最终找出少数几个良好的构思，通常需要形成许多新产品构思。因此，公司就得面对日益上升的研究开发费用、生产费用和市场营销费用。

（5）新产品开发完成的时限缩短。

许多公司很可能同时得到同样的新产品构思，而最终的胜利往往属于行动迅速的人。反应灵敏的公司必须压缩产品开发的时间，其方法可采用计算机辅助的设计和生产技术，合伙开发，提早进行产品概念试验及先进的市场营销规划等。

（6）成功产品的生命周期缩短。

当一种新产品成功后，竞争对手立即就会对之进行模仿，从而使新产品的生命周期大为缩短。网络时代互联网的发展带来的新产品开发的困难，对企业来说既是机遇也是挑战。企业开发的新产品如果能适应市场需要，可以在很短时间内占领市场，打败其他竞争对手。如果企业的新产品开发跟不上，企业很可能马上陷入困境。

2. 网络时代新产品开发策略

与传统新产品开发一样，网络营销新产品开发策略也有下面几种类型，但策略制定的环境和操作方法不一样。下面分别予以分析：

（1）新问世的产品。

即开创了一个全新市场的产品。这种策略一般主要被创新公司所采用。网络时代使得市场需求发生根本性变化，消费者的需求和消费心理也发生了重大变化。因此，如果有很好的产品构思和服务概念，即使没有资本也可以凭借这些产品构思和服务概念获得成功，因为许多风险投资资金愿意投入互联网上的市场。如我国的专门为商人服务的网站阿里巴巴网站（http://www.Alibaba.com），凭借其提出的独到的为商人提供网上免费中介服务的概念，迅速使公司成长起来。这种策略是网络时代中最有效的策略，因为网络市场中只有第一没有第二，以及“The Winner Take All”（赢者通吃）。

（2）新产品线。

这使得公司首次提供一个市场现有的新产品。互联网的技术扩散速度非常快，利用互联网迅速模仿和研制开发出已有产品是一条捷径，但在互联网竞争中一招领先便招招领先，因为新产品开发速度非常快。这种策略只能是作为一种对抗的防御性策略。

（3）现有产品线外新增加的产品。

即补充公司现有产品线的新产品。由于市场不断细分，市场需求差异性增大，这种新产品策略是一个比较有效的策略。首先，它能满足不同层次的差异性需求；其次，它能以较低风险进行新产品开发，因为它是在已经成功的产品上进行再开发。

（4）现有产品的改良品或更新。

即提供改善了功能或有较大感知价值并且替换现有产品的新产品。在网络营销市场中，由于消费者可以在很大范围内挑选商品，消费者具有很大的选择权利。企业在消费者需求品质日益提高的驱动下，必须不断改进现有产品和进行升级换代，否则很容易被市场抛弃。目前，产品的信息化、智能化和网络化是必须考虑的，如电视机的数字化和上网功能。

（5）降低成本的产品。

即提供同样功能但成本较低的新产品。网络时代的消费者虽然注重个性化消费，但个性化消费不等于是高档次消费。个性化消费意味着消费者根据自己的个人情况包括收入、地位、家庭以及爱好等来确定自己的需要，因此，消费者的消费意识更趋向于理性化，消费者更强调产品给自己带来的价值，同时包括所花费的代价。在网络营销中，产品的价格总是呈下降趋势，因此，提供相同功能但成本更低的产品更能满足日益成熟的市场需求。

（6）重定位产品。

即以新的市场或细分市场为目标市场的现有产品。这种策略是网络营销初期可以考虑的，因为网络营销面对的是更加广阔的市场空间，企业可以突破时空限制以有限的营销费用去占领更多的市场。在全球的广阔市场上，企业重新定位产品，可以取得更多的市场机会。此如，在国内的中档家电产品通过互联网进入国外其他地区的市场发展，可以将产品重新定位为高档产品。企业网络营销产品策略中采取哪一种具体的新产品开发方式，可以根据企业的实际情况决定。但结合网络营销市场特点和互联网特点，开发新市场的新产品是企业竞争的核心。对于相对成熟的企业采用后面几种新产品策略也是一种短期较稳妥的策略，但不能作为企业长期的新产品开发策略。

3. 网络营销新产品构思与概念形成

网络营销新产品开发的首要情况是新产品构思和概念形成。在每一个阶段，都有一些伟大发明推动着技术革命和产业革命，这个时期的新产品构思和概念形成主要是依靠科研人员的创造力推动的。19 世纪末的电力革命带来巨大的产业革命和许多行业的诞生、发展。20 世纪末互联网的发明和发展，也将是一场类似于电发明带来的新的技术革命，势必导致许多新行业产生和新产品的层出不穷。

新产品的构思可以有多种来源，可以是顾客、科学家、竞争者、公司销售人员、中间商和高层管理者，但最主要的来源还是依靠顾客来引导产品的构思。网络营销的一个最重要特性是与顾客的交互性，它通过信息技术和网络技术来记录、评价和控制营销活动，来掌握市场需求情况。网络营销通过其网络数据库系统处理营销活动中的数据，并用来指导企业营销策略的制定和营销活动的开展。网络营销数据库系统一般具有下面的特点：

（1）在营销数据库中每个现有或潜在顾客都要作为一个单独记录存储起来，只有了解每个个体的信息才能细分市场，并可通过汇总数据发现市场总体特征。

（2）每个顾客记录不但要包含顾客的一般信息如姓名、地址、电话等，还要包含一定范围的市场营销信息，即顾客需求和需求特点，以及有关的人口统计和心理测试统计信息。

（3）每个顾客记录还要包含顾客是否能接触到针对特定市场开展的营销活动信息，以及顾客与公司或竞争对手的交易信息。

（4）数据库中应包含顾客对公司采取的营销沟通或销售活动所作的反应的信息。

（5）存储的信息有助于营销策略制定者制定营销政策，如针对目标市场或细分市场提供何种合适的产品或服务，或针对每个产品在目标市场中采用何种营销策略组合。

（6）在对顾客推销产品时，数据库可以用来保证与顾客发展协调一致的业务关系。

（7）数据库建好后可以代替市场研究，无须通过专门的市场调研来测试顾客对所进行的营销活动的响应程度。

（8）随着大型数据库可以自动记录顾客信息和自动控制与顾客的交易，自动营销管理也成为可能，但这要求有处理大批量数据的能力，并且发现市场机会的同时对市场威胁提出分析和警告，这能提供高质量的信息给高级经理进行市场决策和合理有效地分配有限的资源。

利用网络营销数据库，企业可以很快发现顾客的现实需求和潜在需求，从而形成产品构思。通过对数据库的分析，可以对产品构思进行筛选，并形成产品的概念。利用网络数据库来发现需求形成概念是比较有效的渠道，但对于快速发展的网络技术，许多需求是顾客无法感知到的，是需要企业自行构思和发展的，这时依赖一些科研单位和专家就显得特别重要了。在筛选构思和形成概念时，要注意与传统营销策略的区别，即网络时代的新产品看重的是产品创新性和市场发展潜力，对于产品的赢利和风险的考虑为其次。因为目前有许多风险投资者愿意在新产品开发方面投入，愿意承担一定风险，但要求的回报比较高。

4. 网络营销新产品研制

与过去新产品研制与试销不一样，顾客可以全程参与概念形成后的产品研制和开发工作。顾客参与新产品研制与开发不再是简单的被动接收测试和表达感受，而是主动参与和协助产品的研制开发工作。与此同时，与企业关联的供应商和经销商也可以直接参与新产品的研制与开发，因为网络时代企业之间的关系主流是合作，只有通过合作才可能增强企业的竞争能力，才能在激烈的市场竞争中站稳脚跟。通过互联网，企业可以与供应商、经销商和顾客进行双向沟通和交流，可以最大限度提高新产品研制与开发速度。

值得关注的是，许多产品并不能直接提供给顾客使用，它需要许多企业共同配合才有可能满足顾客的最终需要，更需要在新产品开发的同时加强与以产品为纽带的协力企业的合作。例如，计算机的硬件和软件是需要许多公司配合才能满足市场需要的，为提高新产品研究开发的速度，提供 CPU 的 Intel 公司在研究新产品的同时就将其技术指标向协力企业公开，以使其能配套开发新产品；提供操作系统的微软公司，也是在开发新操作系统的同时就将操作系统的标准和规范公开，在产品上市前先与硬件制造商合作测试操作系统的稳定性，以及配合硬件制造商的硬件设计和制造，使得电脑上市时能保持同步。这些相互协作和支持都可以很容易地通过互联网实现，而且费用非常低廉。

5. 网络营销新产品试销与上市

网络市场作为新兴市场，消费群体一般具有很强的好奇心和消费领导性，比较愿意尝试新的产品。因此，通过网络营销来推动新产品试销与上市，是比较好的策略和方式。但要注意的是，网上市场群体还有一定的局限性，目前的消费意向比较单一，所以并不是任何一种新产品都适合在网上试销和推广的。一般对于技术相关的新产品，在网上试销和推广效果比较理想，这种方式一方面可以覆盖比较有效的目标市场；另一方面可以利用网络与顾客直接进行沟通，有利于顾客了解新产品的性能，还可以帮助企业对新产品进行改进。

利用互联网作为新产品营销渠道时，要注意新产品能满足顾客的个性化需求的特性，即同一产品能针对网上市场不同顾客需求生产出功能相同但又能满足个性需求的产品，这要求新产品在开发和设计时就要考虑到产品式样和顾客需求的差异性。如Dell电脑公司在推出电脑新产品时，允许顾客根据自己的需要自行设计和挑选配件来组装自己满意的产品，Dell公司可以通过互联网直接将顾客的订单送给生产部门，生产部门根据个性化需求组装电脑。因此，网络营销产品的设计和开发要能体现产品的个性化特征，适合进行柔性化的大规模生产，否则再好的产品也很难在市场让消费者满意。

（三）产品策略与企业定价

产品策略不是独立存在的，它与企业的定价策略直接相关，因此将这两部分内容放在一起研究。

1. 产品属性与定价

产品的属性不同，价格对消费者需求和购买行为的影响也不同。比如，日用品购买频率高、周转快，竞争激烈，宜实行低价，薄利多销，而高档品的定价相对要高一些。

2. 产品价格弹性与定价

弹性大小直接决定供求和价格的关系及其变化方向。需求弹性大，企业可以适当地定低价或降价；需求弹性小，企业可以适当地定高价或提价。

3. 产品生命周期与定价

产品所处的生命周期不同，价格也有所不同。在导入期，定价要考虑能否为市场所接受；在成长期和成熟期，产品大量销售，是企业取得投资收益的大好时机，稳定价格对企业比较有利；进入衰退期，一般应采取降价策略。

4. 定价还要考虑替代品和互补品情况

替代品多，替代品价格低，被替代品定价不宜过高。互补品增加，互补品价格低，有利于企业适当提高价格。

5. 产品品牌与定价

产品的品牌、商标、知名度和社会声望对定价也有影响。知名度高、社会影响大的产品，价格可以适当提高，一般产品则以价格偏低为好。

定价以及定价技巧

同价销售术

英国有一家小店，起初生意萧条，很不景气。一天，店主灵机一动，想出一招：只要顾客出1英镑，便可在店内任选一件商品（店内商品都是同一价格的）。这可谓抓住了人们的好奇心理。尽管一些商品的价格略高于市价，但仍招徕了大批顾客，销售额比附近几家百货公司都高。在国外，比较流行的同价销售术还有分柜同价销售，比如，有的小商店开设1分钱商品专柜、1元钱商品专柜，而一些大商店则开设了10元、50元、100元商品专柜。

分割法

价格分割是一种心理策略。卖方定价时，采用这种技巧，能造成买方心理上的价格便宜感。

价格分割包括下面两种形式：

1. 用较小的单位报价。例如，茶叶每公斤10元报成每50克0.5元，大米每吨1 000元报成每公斤1元等。巴黎地铁的广告是：只需付30法郎，就有200万旅客能看到您的广告。

2. 用较小单位商品的价格进行比较。例如，每天少抽一支烟，每日就可订一份报纸。使用这种电冰箱平均每天0.2元电费，只够吃一根冰棍！

记住报价时要用小单位。

特高价法

独一无二的产品才能卖出独一无二的价格。

特高价法即在新商品开始投放市场时，把价格定得大大高于成本，使企业在短期内能获得大量赢利，以后再根据市场形势的变化来调整价格。

例如，某地有一商店进了少量中高档女外套，进价580元一件。该商店的经营者见这种外套用料、做工都很好，色彩、款式也很新颖，在本地市场上还没有出现过，于是定出1 280元一件的高价，居然很快就销完了。

低价法

便宜无好货，好货不便宜。这是千百年的经验之谈，你要做的事就是消除这种成见。

这种策略是先将产品的价格定得尽可能低一些，使新产品迅速被消费者所接受，优先在市场取得领先地位。由于利润过低，能有效地排斥竞争对手，使自己长期占领市场。这是一种长久的战略，适合于一些资金雄厚的大企业。

在应用低价格方法时应注意：高档商品慎用；对追求高消费的消费者慎用。

安全法

价值10元的东西，以20元卖出，表面上是赚了，却可能赔掉了一个顾客。

安全定价通常是由成本加正常利润购成的。例如，一条牛仔裤的成本是80元，根据服装行业的一般利润水平，期待每条牛仔裤能获20元的利润，那么，这条牛仔裤的安全价格为100元。

在实际操作中，如果企业商品名气不大，即使安全定价也不安全。追求名牌、高消费的消费者觉得你的产品档次太低，讲究实惠价廉的消费者又嫌你的价格偏高，两头不讨好。

非整数法

这种把商品零售价格定成带有零头结尾的非整数的做法，销售专家们称之为非整数价格。这是一种极能激发消费者购买欲望的价格。这种策略的出发点是认为消费者在心理上总是存在零头价格比整数价格低的感觉。

实践证明，非整数价格法确实能够激发出消费者良好的心理呼应，获得明显的经营效果。因为非整数价格虽与整数价格相近，但它给予消费者的心理信息是不一样的。

整数法

美国的一位汽车制造商曾公开宣称，要为世界上最富有的人制造一种大型高级豪华轿车。这种车有6个轮子，长度相当于两辆卡迪拉克高级轿车，车内有酒吧间和洗澡间，价格定为100万美元。为什么一定要定个100万美元的整数价呢？这是因为，高档豪华的超级商品的购买者，一般都有显示其身份、地位、富有、大度的心理欲求，100万美元的豪华轿车，正迎合了购买者的这种心理。

对于高档商品、耐用商品等宜采用整数定价策略，给顾客一种一分钱一分货的感觉，借以树立商品的形象。

弧形数字法

据国外市场调查发现，在生意兴隆的商场、超级市场中商品定价时所用的数字，按其使用的频率排序，先后依次是5、8、0、3、6、9、2、4、7、1。这种现象不是偶然出现的，究其根源是顾客消费心理的作用。带有弧形线条的数字，如5、8、0、3、6等似乎不带有刺激感，易为顾客接受；而不带有弧形线条的数字，如1、7、4等比较而言就不大受欢迎。所以，在商场、超级市场商品销售价格中，8、5等数字最常出现，而1、4、7的出现次数则少得多。

在价格的数字应用上，应结合我国国情。很多人喜欢8这个数字，并认为它会给自己带来发财的好运；4字因为与死同音，被人忌讳；7字，人们一听便感觉不舒心；6字，因中国老百姓有六六大顺的说法，所以比较受欢迎。

分级法

先有价格，后有商品，记住看顾客的钱袋定价。

法籍华裔企业家林昌横生财有道，在制定产品销售价格时，总是考虑顾客的购买能力。例如，他生产的皮带，就是根据法国人的高、中、低收入定价的。低档货适合低收入者的需要，定在50法郎左右，用料是普通牛羊皮，这部分人较多，就多生产些。高档货适合高收入者的需要，定在500~800法郎范围内，用料贵重，有蟒皮、鳄皮，但是这部分人较少，就少生产些。有些独家经营的贵重商品，定价不封顶，因为对有些人来说，只要是他喜欢的，价格再高他也会购买的。中档货就定在200~300法郎范围内。

调整法

好的调整犹如润滑油，能使畅销、平销、滞销商品都畅通无阻。

德国韦德蒙德城的奥斯登零售公司，经销任何商品都很成功。例如，奥斯登刚推出1万套内衣外穿的时装时，定价超过普通内衣价格的4.5~6.2倍，但照样销售很旺。这是因为这种时装一反过去内外有别的穿着特色，顾客感到新鲜，有极强的吸引力。可是到1988年5月，当德国各大城市相继大批推出这种内衣外穿时装时，奥斯登却将价格一下骤降到只略高于普通内衣的价格，同样一销而光。这样，又过了8个月，当内衣外穿时装已经不那么吸引人时，奥斯登又以成本价出售，每套时装的价格还不到普通内衣的60%，这种过时衣服在奥斯登还是十分畅销。

企业在市场竞争中，应时时预测供求的变化。

习惯法

在不变化中求变化。

许多商品在市场上流通已经形成了一个人所共知的基本价格，这一类商品一般不应轻易涨价。

当然习惯价格也不是完全不可变的，我们今天的火柴的价格不是早突破了习惯的2分钱的价了吗？问题在于，聪明的商家善于在不变中求变。

明码法

维护顾客的利益比照顾顾客的面子更重要。

某一天，地处延平北路的新华皮鞋公司门口，挂出了不二价的特大招牌。这在当时的延平北路可谓风险冒得太大。因为当时人们到延平北路买东西时，厂商们都把售价提高两倍左右，以便还价时给折扣。新华皮鞋公司实施不二价不久，很多顾客对它的皮鞋非常中意，可总觉得照价付钱亏了，使许多眼见成交的生意吹了。该公司老板认为顾客会货比数家，便决定再挺一阵子。果然不出所料，时隔不久，新华公司门庭若市。许多顾客到可以还价的商店购买，打折后，皮鞋价格往往仍比新华皮鞋公司的要高，因此，顾客们纷纷回头光顾那儿。

不二价的缺点是缺乏灵活性，其优点是交易简单并容易使人产生信誉高的心理。

顾客定价法

自古以来，总是卖主开价，买主还价。能否倒过来，先由买主开价呢？

例如，餐馆的饭菜价格，从来都是由店主决定的，顾客只能按菜谱点菜，按价计款。但在美国的匹兹堡市却有一家米利奥家庭餐馆，在餐馆的菜单上，只有菜名，没有菜价。顾客根据自己对饭菜的满意程度付款，无论多少，餐馆都无异议，如顾客不满意，可以分文不付。但事实上，绝大多数顾客都能合理付款，甚至多付款。当然，也有付款少的，甚至在狼吞虎咽一顿之后，分文不给，扬长而去的，但那毕竟只是极少数。

目前来讲，让顾客自行定价在我国已不算新事物。有些城市已出现了这样的餐馆，但经营后发觉并不成功。看来，使用这种方式还须注意销售条件和销售对象，毕竟有些人的素质还不是很高。

（资料来源：网店中国，http：//www. haoec. com. cn/）

3.2　网络营销定价特点和策略

价格是市场营销中一个十分敏感而又难以控制的重要因素。它直接关系着市场对产品的接受程度，影响着市场需求和企业利润的多少，在营销组合中，价格是唯一能产生收入的因素，而其他因素均表现为成本。为了有效开展网络营销活动、促进销售收入的增加和利润的提高，还需要对已经制定的基本价格进行修改。即便企业通过提高产品质量和服务质量进行竞争，改进整合营销渠道，实施各种促销手段，其落脚点依然是价格。因此，营销人员必须对定价理论、定价策略以及各种定价方法、技巧有深刻的理解。

一、网络营销的定价特点

网络市场产品的价格具有一些新的特点。

1. 价格水平趋于一致

在 Internet 全球化的市场环境中，需求者和竞争者可以通过网络获得某企业的产品价格信息，并与其他企业的同类产品进行比较，它的最终结果是使某种产品变化不定、且存在差异的价格水平趋于一致，这对那些执行差别化定价策略的公司会产生重要的影响。

2. 非垄断化

Internet 使企业面临的是一个完全竞争的网上市场，无论是市场垄断、技术垄断还是价格垄断，从垄断的时间和程度上都会更加短浅。

3. 趋低化

网络营销使企业的产品开发、促销等的成本降低，企业可以进一步降低产品价格；另一方面，由于网络扩展了用户的选择空间，因此，要求企业以尽可能低的价格向用户提供产品和服务。

4. 弹性化

网络营销的互动性使用户可以与企业就产品的价格进行协商，采用灵活的弹性价格。

5. 智能化

通过网络，企业不仅可以完全掌握产品对用户的价值，而且可以根据每个用户对产品的不同需求，生产定制产品，由于在产品的设计与制造过程中，数字化的处理机制可以精确地计算出每一件产品的设计制造的成本，企业完全可以在充分信息化的基础上建立起智能化的定价系统，实现根据每件定制的产品制定相应的价格。

二、网络营销的定价策略

由于企业面对的市场建立在全球化的互联网基础上，因此在制定产品和服务的价格策略时，必须考虑各种国际化因素，针对国际市场的需求情况和同类产品的价格情况，确定本企业的价格策略。

1. 按满足用户需求定价

传统的产品定价一般为成本定价或使用竞争定价方法。前者的定价策略基本上是按“生产成本＋生产利润＋销售利润＋品牌系数”的公式来确定的。在这种价格策略中，企业对价格起着主导作用。这种价格策略能否为消费者和市场接受是一个具有很大风险的未知数。后者是出于市场竞争环境的考虑，它要在竞争条件允许的情况下获取最大的利润。然而在网络营销中这两种方式都不再是企业制定产品价格的主要策略了。

现代营销理论是根据消费者和市场的需求来计算满足这种需求的产品成本，由这种成本开发出来的产品和制定出来的产品价格风险是相对较小的。这种满足需求定价的过程可表示如下：

用户需求→确定产品功能→确定生产与商业成本→网络市场可以接受的性能价格比

这种新的价格策略正在网络营销中得以充分地运用。网络市场环境中，传统的以生产成本为基础的定价正在被淘汰，用户需求以及基于其的“网络市场可以接受的性能价格比”成为企业营销活动的基础，也是企业制定产品价格时必须考虑的主要因素。

2. 新产品的定价策略

定价策略抉择正确与否，关系到新产品能否在市场上立足，能否顺利地开拓市场，尽快地从产品市场生命周期的导入期进入成长期。

目前在网络营销中，对于市场上没有类似产品或创新程度较高的新产品多采用如下三种定价策略：

（1）撇脂定价。

撇脂定价也称取脂定价，指新产品一投入市场就以高于预期价格的价格销售，迅速赚取利润收回投资，再逐步降价。这种策略如同从鲜奶中撇取奶油一样，因此得名。在具体实施中，宜采用的方法有：迅速撇脂策略即高价格、高水平促销；缓慢撇脂策略即高价格、低水平促销。

（2）渗透定价。

即新产品一投入市场就以低于预期价格的价格销售，力争获得最高的销售量和最大的市场占有率，以尽快地占领市场。低价容易为市场接受，以吸引更多的顾客，迅速扩大市场；低价薄利能有效地阻止竞争者进入市场，能较长时间地占领市场；随着产品销量的增加和市场份额的扩大，就能获得大量利润。这种策略一般对在市场上存有替代品、竞争激烈、需求弹性大、销量大、市场寿命周期长的产品比较合适。具体有如下方法：迅速渗透策略即低价格、高水平促销；缓慢渗透策略即低价格、低水平促销。

（3）满意定价。

指新产品一投入市场就以适中的、买卖双方均感合理的价格销售产品，在长期稳定的销售量的增长中，获得按平均利润率计算的平均利润。这种介于上述两种定价之间的中价策略，既便于吸引客户，促进销售，防止低价低利给企业带来的损失，又能避免由于价格竞争带来的风险，在相对稳定的环境中获取满意的利润。一般适用于需求弹性适中、销量稳定增长的产品。

3. 折扣价格策略

即销售者为回报或鼓励购买者的某些行为，如批量购买、提前付款、淡季购买等，将其产品的基本价格调低，给购买者一定比例的价格优惠。具体办法有：数量折扣、现金折扣、功能折扣和季节性折扣等。在网上市场中这也是经常采用的一种价格策略。

Amazon 就是采用比一般书店更大的折扣作为促销手段来吸引顾客的，其销售的大部分图书都有 5% ~40% 的折扣。由于不需要自己的店面，基本没有库存商品。较低的运营成本使 Amazon 有能力将节省的费用，通过折扣的形式转移到顾客身上，让顾客充分领略到网上购物的优越性而成为 Amazon 的常客。高额的折扣当然会影响企业的短期效益，但在目前网络市场尚处发育期的情况下，为了培育和完善这个市场，这是一种十分有效的投资行为。

优惠卡也是网络营销中常用的折扣方式。优惠卡也称折扣卡，是一种可以以低于商品或服务价格进行消费的凭证。传统的促销方式中，常常使用一次性的优惠券，但在网络营销中，很难多次给某些顾客寄赠优惠券，因此网上商店大多采用电子优惠卡的办法。消费者可凭此卡获得购买商品或享受服务的价格优惠。优惠卡的折扣率一般从 5% 到 60% 不等。优惠卡的适用范围可由网上商店规定，如可以是一个特定的商品或服务，也可以是同一品牌的系列商品甚至可以是商家所有商品；有效期可以是几个月、一年或更长时间。

我国的中国酒店预定网就是采用了优惠卡的促销方法。消费者可以通过网络参加这一酒店预定系统，登记注册后，在该系统内的所有酒店住宿均可享受 4 ~6 折的优惠。

还有的网上商店为了培养忠实顾客，对每一位有意消费的顾客发放一张积分优惠卡，该优惠卡按消费者在网上消费金额的多少打分，再按分数的多少赠送礼品。这样做不仅可以把消费者牢牢吸引在自己的网站上，而且还可以加深商店与消费者之间的情感。

网络使拍卖方式更加流行。厂家可以给出一个最低价，然后让消费者竞拍。采用这种方式厂家的销售成本相当低。

集体砍价是一种新的业务，即前边所谈到的团购客户所享有的价格优惠。销售量达到不同数量时，厂家制定不同的价格，销售量越大，价格越低。现在许多网站都有此种定价方法。例如，当当网就提供团购服务，而且价格比平常一个人在网上购买时要低得多。

4. 捆绑定价策略

捆绑定价策略就是将两种或多种商品“捆绑”在一起，定出一个一揽子价格。信息技术为捆绑定价的实施提供了空间。例如，微软的 office 产品是由一个文字处理程序、一个电子表格、一个数据库和一个演示工具捆绑而成的。由于捆绑产品的价格通常比分开的组的价格之和低，将两种产品捆绑销售，实际上等于向一位顾客销售一种产品，同时以低于单独的销售价格出售另一种产品。

5. 免费策略

价格当然不能同免费扯到一起，但在网络营销中，一些企业确实通过实施免费策略或者免费试用策略来达到营销的目的。在网上，人们普遍使用免费电子邮件，获得各种免费软件、免费电子报刊等，这并不是传统市场中商家使用的那种买一赠一的销售手法，而是实实在在的经营行为，因此不妨将其称为零价格策略。这看来有悖常理的举措，却是企业在网上进行商务活动的策略之一。

有人说，在网上最稀缺的资源是人们的注意力。因此要吸引住顾客，提供免费产品和服务可能是最直接和最有效的手段。这种方法会产生对某种产品和功能的需求，进而挖掘其潜在的市场。例如，某个网站用提供免费电子邮件吸引订户，在积累了一定订户的具体资料后，其经营者便可将这些资料有偿提供给需要这些资料的厂商，以此来获利。从 1994 年开始发展，至今已成为世界著名的信息服务企业的 Yahoo 正是沿着这样一条道路成长的。作为一个 ICP，Yahoo 提供各种免费的信息和免费电子邮件吸引浏览者，以此换取访问人数的增加，扩大自己网站的宣传效果。当它成为 Internet 上的重要网站时，Yahoo 便开始寻找广告商和资助人，并以此来促进企业的发展壮大，如今 Yahoo 网站以其日均600 万人次的访问量，在网络市场中获得了与 IBM、DIGITAL 等商业巨头合作的筹码。

拥有 1 000 多万用户的美国在线（AOL）公司的发展，在很大程度上也得益于其推出的一系列免费的服务，如今其巨大的客户资源为众多的广告商所看中，由此也就不愁广告费不滚滚而来。1998 年，微软收购了 Hotmail 站点，看中的当然不是它的免费电子邮件系统，而是 Hotmail 的 1 000 万用户。

不仅是网络商，对于软件制造商来说，通过免费下载和试用吸引用户，等后者了解和熟悉了该软件的功能或尝到一些甜头后，进一步的使用就需要向软件制造商支付费用了，这就是软件产品最独特的锁定用户作用。有的软件制造商还以极低的注册费在网上推销客户端软件，又以相当高的价格向硬件供应商、系统集成商或网站建立者销售他们的服务端软件，从而达到获利的目的。Bill Gates 网上赢利的主要手段就是将自己的 Internet 浏览器与其他软件组合到一起，再附带一些免费的信息吸引上网者以此达到击败竞争者的目的。网景公司当初如果不是免费送出网景浏览器 Navigater 软件，就不会拥有强大的市场占有率。

免费也能赚钱，尤其是先免费，后赚钱，这或许正是网络营销独特的价格策略之一。

e 化渠道的小老板

唐军是渠道老手，创业之前，他已经有很成熟的经验，但在销售日派显示器时，他从最初网下实体店的失败，转而向网上进军。

在唐军看来，传统渠道对品牌的认知度较高，好一些的渠道也早已被各大显示器品牌所控制了，一个新的品牌，又是在没有什么资金的情况下，根本不可能得到认可。

网络渠道则不同，唐军可以实现最低成本的推广，通过营销人员的努力，唐军的网店从最初两周才能卖出一台显示器开始，一步一步得到了客户的认可。在网络渠道上，唐军经历了许多以前想不到的困难。最初向客户发货时没有经验，包装不好，结果发生过多起显示器在运输过程中损坏的问题，比如，往东北发货时，因为天冷，显示屏发生过冻裂的问题。而在选择物流渠道方面，不同的物流企业服务质量也完全不相同，经过多次尝试，唐军才确定了一些物流公司作为首选合作伙伴。

依靠网络渠道，唐军也幸运地躲过了一次液晶显示器行业的“大地震”。2006年，因为市场上的主流品牌纷纷降价，日派失去了以前的价格优势，结果实体店损失巨大，几乎没有卖出过，但网上店面受到的影响小得多，因为网上店面躲过了传统渠道的价格风暴。这次经历也让唐军下决心把创业时租的柜台转给了别人。

有着传统渠道背景的唐军其实还是很看好传统渠道的优势的，“传统渠道可以实现面对面的销售”。2006年6月，唐军开了一家线下实体店，但目前该店面所销售的显示器数量还不及网上销售的零头。

日派新建的线下店面，在唐军眼里更多的作用是一个展示门店，“当客户来广州的时候，可以看到它”。门店1年的成本大约是10万元，第一年是净投入。唐军认为，第二年门店成本就有可能持平，到第三年，就有可能开始赚钱了。

在进行网上销售时，唐军也将很快遭遇自己的“天花板”，淘宝网店的销售额再想有更大的突破是一件难事，毕竟自己只有几名销售人员，销售能力有限，虽然销售额不错，但用于品牌推广的大量资金支持他无法做到。

唐军很关注着力于模仿戴尔式直销的PPG，并且花了大量时间研究戴尔式的直销模式，他在自己的博客里称赞PPG提供的销售目录印刷精美。但对于日派来说，日派的产品线还不足够长，另外，日派也不太有可能大量印刷漂亮的产品目录。

除了对直销还是代理的犹豫之外，唐军还有着对传统渠道的认可，“假如日派显示器发展提速，销量增大了，我还是愿意走传统渠道”。

上例中的渠道问题正是本节所要讨论的，大多数人一谈到网络营销，就认为它是天生的零渠道，即没有中间商这一过程的，实际并非如此。现在的网络营销渠道形式上发生了巨大的变化，但是作为一种必然的环节还是存在着。它顺应新形式的发展，逐渐外化，更加专业化，也更加必不可少。

销售渠道亦称配销通路或分配途径。它是指产品或劳务从生产者向消费者（用户）转移所经过的路线。在商品经济中，产品价值的实现是通过交换过程进行的。这一交换过程至少有一个以上的购销环节，它们在专门为购销服务的组织和个人的管理运作下，形成一个相互衔接的购销系统。这一系统便是销售渠道。从这个意义上说，销售渠道的实体是购销环节及专门为购销服务的一系列组织和个人。它包括各类市场销售中介机构和处于渠道起点及终点的生产者、消费者（用户）。美国著名学者菲利普·科特勒也认为“销售渠道是使产品或服务能被使用或消费而配合起来的一系列独立组织的集合”。进一步说，任何产品进入销售渠道，通常都要发生两种形式的运动：一种是作为买卖结果的价值形式运动，即商流。它使产品所有权从一个所有者转移到另一个所有者，直至消费者手中，消费者经中间商之手购买到商品所有权。另一种是伴随着商流所发生的产品实体在空间的移动，即物流。

网络营销渠道就是商品和服务从生产者向消费者转移过程的具体通道或路径，完善的网上销售渠道应该有订货、结算和配送三大功能。传统的营销渠道与网络营销渠道相比，在作用、结构和费用等方面有所不同，网络营销渠道的作用是多方面的。

3.3　网络营销渠道的构成

营销渠道作为企业的一种极为重要的无形资产，正日益受到企业的重视。网络营销减少了交易的中间层次，拉近了消费者和企业的关系，使宽渠道的营销出现了质的飞跃。

所谓网上销售渠道就是借助因特网将产品从生产者转移到消费者的中间环节，它一方面要为消费者提供产品信息，让消费者进行选择；另一方面，在消费者选择产品后要能完成支付的交易手续。

一、网络营销渠道的要素及功能

对网络营销而言，商品和服务的所有权由买方在网络上进行，其营销渠道就是因特网本身。网络营销的渠道构成要素是订货、结算和配送三大系统，都是独立于企业之外的专业机构。如图 3－2 所示。

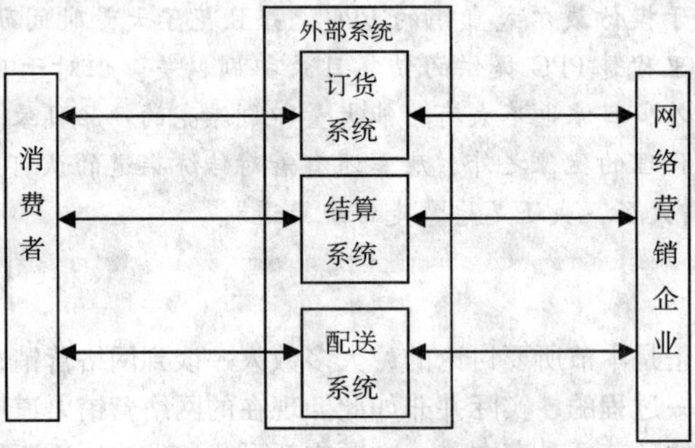

图 3－2　网络营销渠道的构成要素

1. 订货系统

它为消费者提供产品信息，同时方便厂家获取消费者的需求信息，以求达到供求平衡。一个完善的订货系统，可以最大限度地降低库存，减少销售费用。

订货功能通常由购物车完成，消费者在结算后，生成订单，订单数据进入企业的相关数据库，为产品生产、配送提供依据。联想在开通网上订货系统的当天，订货额就高达 8 500 万元。戴尔公司提供的网上订货系统，每天销售额达 3 000 万美元，占公司总收入的 60% 以上。可见，网上订货系统发展潜力很大。

2. 结算系统

消费者在购买产品后，可以有多种方式方便地进行付款，因此厂家（商家）应有多种结算方式。目前国外流行的几种方式有信用卡、电子货币、网上划款等。而国内付款结算方式主要有邮局汇款、货到付款、信用卡等。

我国一些银行也开通了网上支付功能，如招商银行的“一卡通”配套的“一网通”、中国建设银行提供的“网上银行”和中国银行以信用卡为基础的“电子钱包”等。这说明我国的支付手段也在进步。

3. 配送系统

一般来说，产品分为有形产品和无形产品，对于无形产品如服务、软件、音乐等产品可以直接通过网上进行配送，对于有形产品的配送，要涉及运输和仓储问题。国外已经形成了专业的配送公司，如美国联邦快递公司，它的业务覆盖全球，实现全球快速的专递服务，从事网上直销的Dell公司将美国货物的配送业务都交给它完成。因此，专业配送公司的存在是国外网上商店发展较为迅速的一个原因所在，在美国就有良好的专业配送服务体系作为网络营销的支撑。我国目前专业性快递配送企业已经开始在多数大中城市普及起来，但对于三线以及比较偏僻的地区，还只能依赖效率较低的邮政系统。

二、网络营销渠道的特点

1. 渠道缩短

任何产品或服务从生产商到达消费者之间经过的渠道越长，中间环节越多，产品的加价率就越高，因而消费者希望能够直接向制造商购买所需商品，制造商也希望能够直接把商品提供给消费者，网络分销链正是这样的一种分销渠道。由于因特网起到了分销商的作用，其直接模式代替了传统的迂回模式，分销链比传统的渠道要短。制造商与消费者之间可以在网上直接供求商品，大大降低了各种成本，提高了分销的效率。

例如，厂商可以联合相关产业的公司共同在网络上设点销售产品，减少消费者为寻找某种商品而四处奔波的烦恼。消费者在决定采购后，进行电子货币结算或直接利用电子邮件在线上订购，厂商通过邮寄或快递公司送货上门，整个过程简单而快捷。

2. 关系单一

网络营销渠道的管理可以简化为网络这一单层次的管理。

传统的营销策略要涉及生产者、代理商、中间商（一级中间商，二级中间商，三级中间商）、最终消费者等多层次的、全方位的管理，而因特网使企业能跳过价值链中的部分环节，主要是绕过零售商。例如，Dell（戴尔）和Gateway都不需要中间商而采用了网络直销的方式，美国UPS公司也已经通过设立一个Web站点来提供服务或产品。商业化搜索引擎将使小型制造商更容易接近消费者，他们可以绕过传统的供应商。

因特网的发展和商业应用，使得传统营销中间商凭借地缘原因获取的优势被因特网的虚拟性所取代，同时因特网高效率的信息交换，改变了过去传统营销渠道的诸多环节，将错综复杂的关系简化为单一关系。

3. 配送社会化

对于企业来讲，进行网络营销时要保证商品在最短的时间内由最近的分销网点送到消费者手中，而这一切必须要靠现代化的物流配送体系加以保证才能完成。目前国际上较为流行的物流配送模式是“第三方物流”，即由与货物有关的发货人和收货人之外的专业企业，即第三方来承担企业物流活动的一种物流形态。

网店经营技巧之与买家沟通的四点禁忌

钻石级卖家冯杭义小姐做客“一大把”网站的“企业沙龙”系列访谈节目，在第四期“经营篇：经营技巧让你月入上万”中与网友就网店经营遇到的一些问题进行交流。访谈进行中，本期专家冯杭义小姐与主持人紧密配合，对主持人提出的问题准备充分，在访谈进行中给予及时、全面的解答。

辛辛苦苦进货、上架、管理、推广后，终于听到买家悦耳的问好声，继而向你询问产品的相关信息。这时的你一定要好好把握，毕竟辛苦的前期准备工作都做得相当出色了，最终的目的就是要把产品销售出去，现在销售对象出现了，正是你迈向成功的最关键一步了。在这个时候，不同的卖家会有不同的销售技巧，应用得当的销售技巧会对沟通产生良好的效果，不过同时也应注意不要犯一些常见的错误，这些错误的出现会对沟通效果产生极大的抵消作用。在本期访谈中，冯杭义专门就这一方面的问题进行了总结：

基础不实：例如顾客来时，激动万分，三言两语便语塞，对宝贝的产品性能、功用不了解，对同行价格等相关数据未做调查。临时抱佛脚，现查现答。这样肯定效果不好，工欲善其事，必先利其器，此“器”即为产品的相关知识：产地、性能、功用、性价比等，以及和同类产品的对比，竞争对手的情况。

过分热情：顾客上门，热情似火，问一答十，恨不得把店铺所有的宝贝全部介绍出去，键盘敲得飞快，回过头来，却不知顾客的踪影。新手服务到位，大家普遍这么认为，但服务出位却是十分忌讳，过分的热情会给顾客带来购买压力，不给对方考虑的机会，甚至会让顾客对你热情的动机产生怀疑。真正的热情不是话多，而是尊重对方、站在对方角度为顾客考虑！

承诺出格：为做成一笔生意，对顾客所有的要求全部一口答应，而到真正履行承诺的时候，却发现自己的能力达不到，或者即便履行了承诺，自己也伤筋动骨。轻诺必寡信，用脑袋管好自己的嘴巴，量力而说。

唇枪舌剑：与顾客来言去语，寸话不让，把交易变成了辩论，让顾客最后哑口无言，赢得了口舌，却最终失去了生意。我们的目的是把宝贝卖出去，而不是逞一时之快，要对顾客所有的观点表示认同，学会说：是，是，没错，您说得真对；也要学会说：您的意思是+（自己的观点）。让自己想说的话，从顾客嘴里表达出来，顾客有了胜利的感觉，他口袋的钱才会流进我们的支付宝。

（资料来源：i100 百衣网，http：//www. i100e. com/）

●技能训练

1. 在模块二的技能训练中，我们在淘宝网、阿里巴巴上建立了自己的网店，现在请在自己的网店里对网上商品特点、功能等进行特别说明，并练习使用折扣定价和捆绑定价策略。

2. 请搜索了解支付宝、财付通等结算系统的结算过程，练习使用淘宝网的订货、结算系统。

3. 搜索了解国内几家快递公司的情况，完成国内快递公司的运作流程以及对其评价分析的文章。

4. 请阅读下列案例，对案例公司的定价策略进行分析。

亚马逊公司的差别定价策略

差别定价被认为是网络营销的一种基本的定价策略，但在实施中存在着诸多困难。我们以亚马逊公司在2000年9月一次不成功的差别定价试验为案例，从该次定价试验的背景、过程以及失败的原因入手，分析网络营销中差别定价策略存在的潜在风险及其可能的防范措施。

亚马逊公司实施差别定价试验的背景

1994年，当时在华尔街管理着一家对冲基金的杰夫·贝佐斯（Jeff Bezos）在西雅图创建了亚马逊公司。该公司从1995年7月开始正式营业，1997年5月股票公开发行上市，从1996年夏天开始，亚马逊极其成功地实施了联属网络营销战略，在数十万家联属网站的支持下，亚马逊迅速崛起成为网上销售的第一品牌，到1999年10月，亚马逊的市值达到了280亿美元，超过了西尔斯（Sears Roebuck Co.）和卡玛特（Kmart）两大零售巨人的市值之和。亚马逊的成功可以用以下数字来说明：

根据Media Metrix的统计资料，亚马逊在2000年2月访问量最大的网站中排名第8，共吸引了1 450万名独立的访问者，亚马逊还是排名进入前10名的唯一一个纯粹的电子商务网站。

根据PC Data Online的数据，亚马逊是2000年3月最热门的网上零售目的地，共有1 480万独立访问者，独立的消费者也达到了120万人。亚马逊当月完成的销售额相当于排名第二位的CDNow和排名第三位的Ticket master完成的销售额的总和。在2000年，亚马逊已经成为互联网上最大的图书、唱片和影视碟片的零售商，亚马逊经营的其他商品类别还包括玩具、电器、家居用品、软件、游戏等，品种达1 800万种之多，此外，亚马逊还提供在线拍卖业务和免费的电子贺卡服务。

但是，亚马逊的经营也暴露出不少问题。虽然亚马逊的业务在快速扩张，亏损额却也在不断增加，在2000年第一季度中，亚马逊完成的销售额为5.74亿美元，较前一年同期增长了95%，第二季度的销售额为5.78亿，较前一年同期增长了84%。但是，亚马逊第一季度的总亏损额达到了1.22亿美元，相当于每股亏损0.35美元，而前一年同期的总亏损额仅为3 600万美元，相当于每股亏损0.12美元，亚马逊2000年第二季度的主营业务亏损额仍达8 900万美元。

亚马逊公司的经营危机也反映在它股票的市场表现上。亚马逊的股票价格自1999年12月10日创下历史高点106.687 5美元后开始持续下跌，到2000年8月10日，亚马逊的股票价格已经跌至30.438美元。在业务扩张方面，亚马逊也开始遭遇了一些老牌门户网站如美国在线、雅虎等的有力冲击。在这一背景下，亚马逊迫切需要实现赢利，而最可靠的赢利项目是它经营最久的图书、音乐唱片和影视碟片。实际上，在2000年第二季度亚马逊就已经从这三种商品上获得了1 000万美元的营业利润。

亚马逊公司的差别定价试验

作为一个缺少行业背景的新兴的网络零售商，亚马逊不具有巴诺（Barnes & Noble）公司那样卓越的物流能力，也不具备像雅虎等门户网站那样大的访问流量，亚马逊最有价值的资产就是它拥有的2 300万注册用户，亚马逊必须设法从这些注册用户身上实现尽可能多的利润。因为网上销售并不能增加市场对产品的总的需求量，为提高在主营产品上的赢利，亚马逊在

2000年9月中旬开始了著名的差别定价试验。亚马逊选择了68种DVD碟片进行动态定价试验，试验当中，亚马逊根据潜在客户的人口统计资料、在亚马逊的购物历史、上网行为以及上网使用的软件系统确定对这68种碟片的报价水平。例如，名为“泰特斯”（Titus）的碟片对新顾客的报价为22.74美元，而对那些对该碟片表现出兴趣的老顾客的报价则为26.24美元。通过这一定价策略，部分顾客付出了比其他顾客更高的价格，亚马逊因此提高了销售的毛利率，但是好景不长，这一差别定价策略实施不到一个月，就有细心的消费者发现了这一秘密，通过在名为“DVDTalk”（www.dvdtalk.com）的音乐爱好者社区的交流，成百上千的DVD消费者知道了此事，那些付出高价的顾客当然怨声载道，纷纷在网上以激烈的言辞对亚马逊的做法进行口诛笔伐，有人甚至公开表示以后绝不会在亚马逊购买任何东西。更不巧的是，由于亚马逊前不久才公布了它对消费者在网站上的购物习惯和行为进行了跟踪和记录，因此，这次事件曝光后，消费者和媒体开始怀疑亚马逊是否利用其收集的消费者资料作为其价格调整的依据，这样的猜测让亚马逊的价格事件与敏感的网络隐私问题联系在了一起。

为挽回日益凸显的不利影响，亚马逊的首席执行官贝佐斯只好亲自出马进行危机公关，他指出亚马逊的价格调整是随机进行的，与消费者是谁没有关系，价格试验的目的仅仅是为测试消费者对不同折扣的反应，亚马逊“无论是过去、现在或未来，都不会利用消费者的个人资料进行动态定价”。贝佐斯为这次的事件给消费者造成的困扰向消费者公开表示了道歉。不仅如此，亚马逊还试图用实际行动挽回人心，亚马逊答应给所有在价格测试期间购买这68部DVD的消费者以最大的折扣，据不完全统计，至少有6 896名没有以最低折扣价购得DVD的顾客，已经获得了亚马逊退还的差价。

至此，亚马逊价格试验以完全失败而告终，亚马逊不仅在经济上蒙受了损失，而且它的声誉也受到了严重的损害。

模块四　网络调研

●能力要求

1. 掌握网上调研问卷的设计
2. 掌握网上调研渠道的选择
3. 熟悉网上调研方案的实施
4. 了解网上调研报告的撰写

●引入案例

CNNIC 发布《中国网络游戏用户调研分析报告》

我国网络游戏用户规模达 5 550 万，"三低"现象加大监管难度

2009 年 3 月，中国互联网络信息中心（CNNIC）发布了 2008 年《中国网络游戏用户调研分析报告》。调研数据表明，我国网络游戏市场显著增长，目前我国网络游戏用户规模已达 5 550 万人，其中付费用户比例进一步增加，已经成为推动国内网络游戏行业营业收入增长的重要力量；同时，低龄化、低学历、低收入是我国网络游戏用户群体呈现出的显著特征，这也无疑加大了网络游戏市场的监督和管理难度。

虚拟交易市场规模扩大

据了解，此次报告的调研对象为每月至少使用过一次大型多人在线游戏（MMOG）产品的用户，截至 2008 年 12 月月底，其规模已经达到了 5 550 万人。

CNNIC 报告数据显示，在网络游戏用户整体规模增长的同时，付费用户的比例也进一步增加，比例达到 76.5%。CNNIC 报告将付费用户定义为通过官方以及非官方渠道，进行虚拟装备、虚拟货币、购买账号和代练付费等虚拟交易的用户。虚拟交易市场的发展，也在一定程度上促进了网络游戏营业收入规模的增长。统计显示，通过非游戏运营商途径购买过虚拟物品的网络游戏用户比例占到整体的 19.6%，规模达到了 1 088 万，虚拟交易市场规模应在 100 到 130 亿元之间。

用户群体“三低”特征显著

用户低龄化、低学历、低收入是我国网络游戏用户群体的显著特征。CNNIC 报告的统计数据显示，我国22岁以下的网络游戏用户占到了总体的52.5%；专科及以下学历的网络游戏用户占到了整体的77.1%；无收入群体占到三成，而有收入的用户群体也主要集中在1 001到2 000元的收入区间。

网络游戏市场偏低端的用户结构，不仅对市场整体的发展造成了不利的影响，同时也对网络游戏市场的监管提出了更为迫切的要求。低龄化、低学历的用户群体比较缺乏行为约束力，在价值观上更容易被外界环境影响，而以营造虚拟现实为主要特征的网络游戏产品，对这部分用户的影响尤为持久和巨大。

CNNIC 报告指出，对网络游戏市场进行更为完善的监督和管理，能够对网络游戏用户，尤其是未成年用户进行有效保护，有利于我国网络游戏产业健康持续的发展。

（资料来源：中国网）

4.1 网络调研概述

市场调研是营销链中的重要环节，没有市场调研，就把握不了市场。进入了“e时代”的企业进行市场调研也要以高技术为特征，顺应时代发展产生的网上调查就是利用互联网进行的市场调研。

一、网络调研的含义

传统的市场调研是指以科学的方法，系统地、有目的地收集、整理、分析和研究所有与市场有关的信息，特别是有关消费者的需求、购买动机和购买行为等方面的市场信息，从而提出解决问题的建议，以作为营销决策的基础。

网络调研就是指利用互联网发掘和了解顾客需要、市场机会、竞争对手、行业潮流、分销渠道以及战略合作伙伴等方面的情况，Internet 正是实现这些目标的良好资源。从某种意义上说，全球互联网上的海量信息、几万个搜索引擎的免费使用已对传统市场调研和营销策略产生很大的影响。它大大丰富了市场调研的资料来源，扩展了传统的市场调研方法，特别是在 Internet 在线调查、定性调查和二手资料调查方面具有无可比拟的优势。

二、网络调研的特点

通过以上的对比，我们可以更加清晰地总结概括出其特点：

1. 及时性和共享性

（1）网络的传输速度非常快，网络信息能迅速传递给连接上网的任何用户。

（2）网上调研是开放的，任何网民都可以参加投票和查看结果，这保证了网络信息的及时性和共享性。

(3) 网上投票信息经过统计分析软件初步处理后，可以看到阶段性结果，而传统的市场调研得出结论需经过很长的一段时间。如人口抽样调查统计分析需 3 个月，而 CNNIC（中国互联网络信息中心）在对 Internet 进行调查时，从设计问卷到实施网上调查和发布统计结果，总共只用了 1 个月时间。

2. 便捷性和低费用

(1) 网上市场调研可节省传统的市场调研中所耗费的大量人力和物力。

(2) 在网络上进行调研，只需要一台能上网的计算机即可。

(3) 调查者在企业站点上发出电子调查问卷，网民自愿填写，然后通过统计分析软件对访问者反馈回来的信息进行整理和分析。

(4) 网上市场调研在收集过程中不需要派出调查人员，不受天气和距离的限制，不需要印刷调查问卷，调查过程中最繁重、最关键的信息收集和录入工作将分布到众多网上用户的终端上完成。

(5) 网上调查可以是无人值守和不间接地接受调查填表，信息检验和信息处理工作均由计算机自动完成。

3. 交互性和充分性

网络的最大优势是交互性。这种交互性在网上市场调研中体现在如下两点：

(1) 在网上调查时，被访问者可以及时就问卷相关的问题提出自己的看法和建议，可减少因问卷设计不合理而导致的调查结论出现偏差等问题。

(2) 被访问者可以自由地在网上发表自己的看法，同时没有时间的限制。而传统的市场调研是不可能做到这些的，例如，面谈法中的路上拦截调查，它的调查时间较短，不能超过 10 分钟，否则被调查者肯定会不耐烦，因而对访问调查员的要求非常高。

4. 调研结果的可靠性和客观性

由于企业站点的访问者一般都对企业产品有一定的兴趣，所以这种基于顾客和潜在顾客的市场调研结果是客观和真实的，它在很大程度上反映了消费者的消费心态和市场发展的趋向。

(1) 被调查者在完全自愿的原则下参与调查，调查的针对性更强。而传统的市场调查中的面谈法中的拦截询问法，实质上是带有一定的“强制性”的。

(2) 调查问卷的填写是自愿的，不是传统调查中的“强迫式”，填写者一般对调查内容有一定的兴趣，回答问题相对认真，所以问卷填写可靠性高。

(3) 网上市场调研可以避免传统市场调研中人为因素所导致的调查结论的偏差，被访问者是在完全独立思考的环境中接受调查的，能最大限度地保证调研结果的客观性。

5. 无时空和地域的限制

网上市场调研可以 24 小时全天候进行，这与受区域和时间制约的传统的市场调研方式有很大的不同。

澳大利亚一家市场调研公司（www.consult.com）在 1999 年 8、9 月份进行针对中国等 7 个国家 Internet 用户的在线调查活动，他们在中国的在线调查活动是与 10 家访问率较高的 ISP 和在线网络广告站点联合进行的。这样的市场调研活动如果利用传统的方式是无法完成的。

6. 可检验性和可控制性

利用 Internet 进行网上调研收集信息，可以有效地对采集信息的质量实施系统的检验和控制。

(1) 网上市场调查问卷可以附加全面规范的指标解释，有利于消除因对指标理解不清或调查员解释口径不一而造成的调查偏差。

(2) 问卷的复核检验由计算机依据设定的检验条件和控制措施自动实施，可以有效地保证对调查问卷的100%的复核检验，保证检验与控制的客观公正性。

(3) 通过对被调查者的身份验证技术可以有效地防止信息采集过程中的舞弊行为。

然而网络调研也存在一定的局限性，如调研内容比较浅显，由于不可能进行现场指导和说明，调研对象完全凭借自己的理解回答问题，往往容易造成对问题的误解，导致答案的无效；无法对调研对象进行系统抽样，容易产生抽样对象没有代表性的问题，因此问卷需多点投放，以扩大样本数量来弥补代表性不足的问题；网上调研内容公开，容易被竞争对手发现，这个问题在重视商业情报的现在是比较令人头疼的，一方面企业需要通过各种途径了解竞争对手的营销策略；另一方面要抓住机遇快速反应抢占先机，也要求能够对自己的各种信息外泄保持高度警惕。

三、网络调研与传统市场调研的区别

传统的市场调研一方面要投入大量的人力物力，如果调研面较小，则不足以全面掌握市场信息，而调研面较大，则时间周期长，调研费用大；另一方面，在传统的市场调研中，被调查者始终处于被动地位，企业不可能针对不同的消费者提供不同的调查问卷，而针对企业的调查，消费者一般也不予以反应和回复。

与传统的市场调研相比，网络调研的优势也是非常突出的，主要表现在它的互动性、及时性、便捷性和经济性，同时，对于反馈的数据，调查者也可以快速便捷地进行整理和分析，因为反馈的数据可以直接形成数据库。这种方便性和快捷性大大地降低了市场调研的人力和物力耗费。传统市场调研与网络调研的比较如下表所示。

网络调研与传统市场调研的比较

比较项目	网络调研	传统市场调研
运作速度	很快，只需搭建平台，数据库可自动生成，几天就可能得出有意义的结论	慢，至少需要2~6个月才能得出结论
适用性	适合长期的大样本调查，适合要迅速得出结论的情况	适合面对面地深度访谈，食品类等需要对受访者进行感官测试
调研结果的可信性	相对真实可信	一般有督导对问卷进行审核，措施严格，可信性高
调研费用	较低，主要是设计费和数据处理费，每份问卷所要支付的费用几乎为零	昂贵，包括问卷设计、印刷、发放、回收、聘请和培训访问员、录入调查结果、由专业公司对问卷进行统计分析等多方面的费用
调研范围	全国乃至全世界，样本数量庞大	受成本限制，调查地区和样本的数量均有限
调研的时效性	全天候进行	不同的被访问者对其可进行访问的时间不同

（续上表）

比较项目	网络调研	传统市场调研
被访问者的便利性	非常便利，被访问者可自由决定时间、地点回答问卷	不太方便，一般要跨越空间障碍，到达访问地点

目前，对于网络调研普遍存在一种误解，即认为网络调研是一种低成本方式。诚然，随着网络调研的普及而产生的规模效应将使各种固定成本随之下降，从而使网络项目整体成本下降，但在目前的情况下，由于网络调研需要强大的软件科技及高质量的样本库来支持，因此它是一种颇具时间成本效应而非单纯经济效应的调研方式。由于高质量的样本库会以几十种以上的分类方式对固定样本进行分类，针对样本要求复杂的跨国项目、高端产品项目以及 B2B 项目，网络调研方式可以在极短时间内筛选出符合条件的样本群并迅速完成项目执行。与传统方式比较，网络方式可以大大缩短项目执行周期，从而使调研项目的时间成本大幅降低。从这个意义上说，网络调研是一种通过提高工作效率、缩短项目执行周期以实现项目整体成本（包括经济及时间成本）下降的工具。此外，网络调研的即时性从根本上解决了跨国调研执行中的协调问题。

基于目前全球范围内上网人群的分布特点以及传统调研成本的持续降低，目前来说，网络调研的最大优势将在高端产品或 B2B 项目中得以充分体现。特别对于中国市场而言，目前的网络调研固定样本的主体并不是低端产品的目标消费群，因此，网络方式在这类产品的市场调研上目前并不具备很大优势。但针对高端产品或 B2B 项目，由于网络调研在样本筛选和项目执行上所具备的无可比拟的高效率和准确性，其优越性将越来越为业界所认知。

四、网络调研的一般步骤

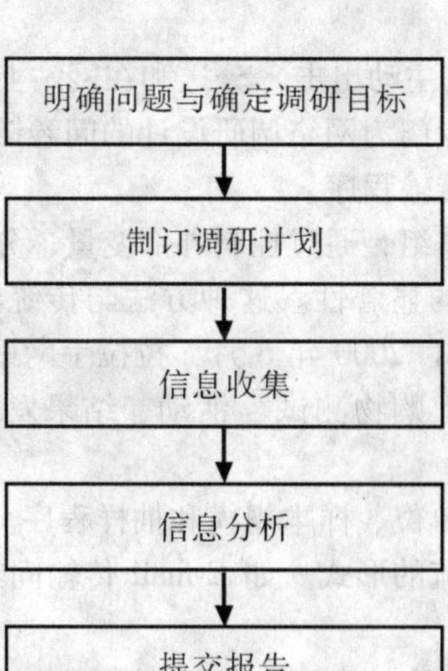

图 4－1　网络市场调研的一般步骤

网络市场调研与传统的市场调研一样，应遵循一定的方法与步骤，以保证调研过程的质量，如图 4－1 所示。网络市场调研一般包括以下几个步骤：

1. 明确问题与确定调研目标

明确问题与确定调研目标对使用网上搜索的手段来说尤为重要。在开始网上搜索时，头脑里要有一个清晰的目标并留心去寻找。要了解产品消费者和竞争者的状况，调研人员应随时掌握有关的信息和资料，而互联网为调研工作提供了极为方便的工具。调研人员可以进入互联网上竞争者的站点查询面向公众的所有信息，如竞争企业的历史、企业结构、产品系列、有关年度评价报告、营销措施等。调研人员通过对竞争者有关动态信息的分析，可以准确地把握行业竞争趋势，做到知己知彼，使企业能及时调整营销策略。

目标对象识别法（Target Audience Identification）是目前互联网上出现的一项人口统计技术。这种技术能在被应用的站点上跟踪调查访问者，从而有助于网络调研人员及时准确地把握访问者的人口统计情况。

2. 制订调研计划

网上市场调研的第二个步骤是制订出最为有效的信息搜索计划。具体来说，要确定资料来源、调查方法、调查手段、抽样方案和联系方法。

（1）资料来源：确定收集的是二手资料还是一手资料。

第一手资料是指调研人员为当前的某种特定目的而首次观察到和记录下来的资料，第二手资料是指在某处已经存在并已经为某种目的编辑起来的资料，它与第一手资料在应用方面是互为补充的。一般先着手收集二手资料，以判断问题是否已经解决或解决的程度，必要时再去收集一手资料。所以，二手资料是调查的起点，因其优点是成本低并可以立即使用，且二手资料收集过程简单，容易获得，节省人力、调查经费和时间。

（2）调查方法：网上市场调查可以使用专题讨论法、问卷调查法和实验法。

专题讨论法是借用新闻组、邮件列表讨论组和网上论坛（也可称 BBS 、电子公告牌）的形式进行。

问卷调查法可以使用 E-mail（主动出击）分送和在网站上刊登（被动点击）等形式。还可以使用网络调研软件系统，它是专门为网络调研设计的问卷链接及传输软件，包括整体问卷设计、网络服务器、数据库和数据传输程序。

实验法是选择多个可比的主体组，通过控制外部变量，分别赋予不同的实验方案，并检查所观察到的差异是否具有统计上的显著性。这种方法与传统的市场调查所采用的原理是一致的，只是手段和内容有差别。例如，2000 年 6 月，拉拉手网站和中央电视台信息部等一些新闻媒体单位联合推出“中国首届网上购物测试”活动，结果发现在配送等环节存在着明显的地区差异。

（3）抽样方案。要确定抽样单位、样本规模和抽样程序。详细内容见本节的介绍。

（4）联系方法。采取网上交流的形式。如 E-mail 传输问卷、参加网上论坛等。

3. 信息收集

信息收集的方法很简单，可以直接在网上递交或者下载即可。这与传统的市场调研收集资料的方式有了很大差别。如前所述，在进行网络调研的时候，一般先着手收集二手资料，以判断问题是否已经解决或解决的程度，必要时再去收集一手资料。二手资料的收集主要通过网络市场间接调研进行。归纳起来，网上查找资料主要通过三种方法：利用搜索引擎、访问相关的网站、利用相关的网上数据库。

4. 信息分析

收集信息的目的是要进行分析，这一步非常关键。调查人员如何从数据中提炼出与调查目标相关的信息，会直接影响到最终的结果。目前对于信息数据的分析主要交由分析软件进行。国际上比较通用的分析软件有 SPSS、SAS 等。

5. 提交报告

调研报告的撰写是整个调研活动的最后一个阶段，调研报告是市场调研成果的集中体现。它是经过对信息资料分析，对所调研的问题作出结论，并提出实现调研目的的建设性意见，供有关决策者参考。报告不是数据和资料的简单堆砌，调研人员不能只把大量的素材和复杂的统计技术摆在管理人员面前，管理人员需要的是调研的结论。正确的做法是把与市场调研关键决策有关的主要调查结果以正规结构报告出来。调研报告一般有两种形式：一种是专门性报告，是专供市场研究及市场营销人员使用的内容详尽具体的报告；另一种为一般性报告，是供职能部门管理人员和企业领导者阅读，内容简明扼要而重点突出的报告。

另一方面，作为对网上调研参与者的反馈，应尽可能地把调查报告的全部结果公布出来。对于一些“举手之劳”的简单调查，可以以互动的形式公布统计结果，效果更好。

4.2　网络调研的问卷设计

网络调研在互联网技术迅猛发展的今天已在全球市场调研行业中悄然走红。根据 NOP World 前集团总裁、现 Cambiar 公司合伙人及调研总监西蒙·查德威克（Simon Chadwick）的一项涉及全球 50 家市场调研公司和 43 家大型调研服务用户的有关网络调研的最新预测结果显示：在未来几年内，全球互联网调查的总营业收入将由目前的 13 亿美元上升至 40 亿美元。这一增长将主要来自拥有现成客户群的调研公司、新进入网络调研行业的公司以及新近扩展的各种网络调研方式，而网络调研支出占市场调研总预算的比例则将由 2004 年的 28% 上升至 2006 年的 33%。

一、网络问卷概述

问卷又称调查表或询问表，它是市场调查的一种重要工具，用以记载和反映调查内容和调查项目的表式。

1. 问卷的组成部分

一份正式的调查问卷一般包括以下三个组成部分：

（1）前言。主要说明调查的主题、调查的目的、调查的意义，以及向被调查者表示感谢。

（2）正文。这是调查问卷的主体部分，一般设计若干问题要求被调查者回答。

（3）附录。这一部分可以将被调查者的有关情况加以登记，以进一步地统计分析、收集资料。

2. 问卷的功能

问卷的设计是市场调查的重要一环。要得到对你有益的信息，需要提问确切的问题。最好通过提问来确定一个问题的价值：你将如何使用调查结果？这样做可使你避免把时间浪费在无用或不恰当的问题上。

（1）能正确反映调查目的、具体问题，并突出重点，能使被调查者乐意合作，协助达到调查目的。

（2）能正确记录和反映被调查者回答的事实，提供正确的情报。

（3）统一的问卷还便于资料的统计和整理。

要设计一份完美的问卷，不能闭门造车，而应事先做一些访问，拟订一个初稿，经过事前实验性调查，再修改成正式问卷。

3. 问卷设计的原则

问卷设计时应注意如下原则：

（1）问卷上所列问题应该都是必要的，可要可不要的问题不要列入。

（2）所问问题是客户所了解的。

所问问题不应是被调查者不了解或难以答复的问题。使人感到困惑的问题会让你得到的是“我不知道”的答案。在“是”或“否”的答案后应有一个“为什么”，回答问题所用时间最多不超过半小时。

（3）在询问问题时不要转弯抹角。

如果想知道顾客为什么选择你的网站买东西，就不要问：“你为什么不进张三的网站购买?”你这时得到的答案是他们为什么不喜欢张三的店铺，但你想了解的是他们为什么喜欢你的店铺。根据顾客对张三店铺的看法来了解顾客为什么喜欢你的店铺可能会导致错误的推测。

（4）注意询问语句的措辞和语气 。

在语句的措辞和语气方面，一般应注意以下几点：

①问题要提得清楚、明确、具体。

②要明确问题的界限与范围，问句的字义（词义）要清楚，否则容易误解，影响调查结果。

③避免用引导性问题或带有暗示性的问题。诱导人们按某种方式回答问题，结果只能让你得到你自以为是的答案。

④避免提出使人尴尬的问题。

⑤对调查的目的要有真实的说明，不要说假话。

⑥需要理解他们所说的一切。利用问卷做面对面访问时，要注意给回答问题的人足够的时间，让人们讲完他们要讲的话。为了保证答案的准确性，要将答案向调查对象重念一遍。

⑦不要对任何答案作出负面反应。如果答案使你不高兴，不要显露出来。如果别人回答“从未听说过你的产品”，那说明他们一定没听说过。这正是你为什么要做调查的原因。

4. 调查问卷提问的方式

调查问卷提问的方式可以分为以下两种形式：

（1）封闭式提问。

也就是在每个问题后面给出若干个选择答案，被调查者只能在这些被选答案中选择自己的答案。

（2）开放式提问。

就是允许被调查者用自己的话来回答问题。由于采取这种方式提问会得到各种不同的答案，不利于资料统计分析，因此在调查问卷中不宜过多。

5. 调查问卷的设计要求

在设计调查问卷时，设计者应该注意遵循以下基本要求：

（1）问卷不宜过长，问题不能过多，一般控制在20分钟左右回答完毕。

（2）能够得到被调查者的密切合作，充分考虑被调查者的身份背景，不要提出对方不感兴趣的问题。

（3）要有利于使被调查者作出真实的选择，因此答案切忌模棱两可，使对方难以选择。

（4）不能使用专业术语，也不能将两个问题合并为一个，以至于得不到明确的答案。

（5）问题的排列顺序要合理，一般应先提出概括性的问题，逐步启发被调查者，做到循序渐进。

（6）将比较难回答的问题和涉及被调查者个人隐私的问题放在最后。

（7）提问不能有任何暗示，措词要恰当。

（8）为了有利于数据统计和处理，调查问卷最好能直接被计算机读入，以节省时间，提高统计的准确性。

二、网络问卷的设计要点

问卷调查是市场调查中最有效也是被经常使用的一种方法。在问卷调查中，问卷设计是非常重要的一个环节，甚至决定着市场调查的成功与否，作为一个最重要也是最有效的办法——问卷调查法始终被业内人士看作制胜的法宝。根据调查行业和调查方向的不同，问卷的设计在形式和内容上也有所不同，但是无论对于哪种类型的问卷来说，在设计过程中都必须要注意以下几个要点：

1. 明确调查目的和内容，问卷设计应该以此为基础

在问卷设计中，最重要的一点就是必须明确调查目的和内容，这不仅是问卷设计的前提，也是它的基础，为什么要做调查，而调查需要了解什么？市场调查的总体目的是为决策部门提供参考依据，可能是为了制定长远的战略性规划，也可能是为制定某阶段或针对某问题的具体政策或策略，无论是哪种情况，在进行问卷设计的时候都必须对调查目的有一个清楚的认知，并且在调查计划书中进行具体的细化和文本化，以作为问卷设计的指导。调查的内容可以是涉及民众的意见、观念、习惯、行为和态度的任何问题，可以是抽象的观念，如人们的理想、信念、价值观和人生观等；也可以是具体的习惯或行为，如人们接触媒介的习惯、对商品品牌的喜好、购物的习惯和行为等，但是应该避免在调查内容上有被调查人难以回答，或者是需要长久回忆而导致模糊不清的问题。具体来说，调查内容需要包括受调人的分群、消费需求（主要有产品、价格、促销）和分销及竞争对手的情况（对手优劣势和诉求策略）。

2. 明确针对人群，问卷设计的语言措辞选择得当

问卷题目的设计必须有针对性，对于不同层次的人群，应该在题目的选择上有的放矢，必须充分考虑受调人群的文化水平、年龄层次和协调合作的可能性，除了在题目的难度和题目性

质的选择上应该考虑上述因素外，在语言措辞上同样需要注意这点。因为在面对不同的受调人群时，由于他们各方面的综合素质和水平的差异，措辞上也应该进行相应的调整。比如，面对家庭主妇做的调查，在语言上就必须尽量通俗，而对于文化水平较高的城市白领，在题目和语言的选择上就可以提高一定的层次。只有在这样的细节上综合考虑，调查才能够顺利进行。

3. 在问卷设计的时候就应该考虑数据统计和分析是否易于操作

目前做市场调查的人员，一般都能考虑到市场调查的目的和内容，在题目选择和言语措辞上也能够综合考虑到各种因素，但是往往容易忽视的一个问题就是数据的统计和分析，因为这两个环节的工作基本上是人员分离的，所以在整合和衔接上就容易出现偏差。为了更好地进行调查工作，除了在正确清楚的目的指导下进行严格规范的操作，还必须在问卷设计的时候就充分考虑后续的数据统计和分析工作。具体来说，包括题目的设计必须是容易录入的，并且可以进行具体的数据分析，即使是主观性的题目在进行文本规范的时候也要具有很强的总结性，这样才能使整个环节更好地衔接起来。

4. 卷首最好要有说明（称呼、目的、填写者受益情况、主办单位）

问卷调查是一项面对广大受调群体的活动，由于调查的目的和内容不同，针对的群体也不尽相同，由于受到受调人群配合的积极性的影响，市场调查在操作上往往会比较困难，这也是很多市场调查往往做一些赠送等返利活动的原因。但是作为操作市场调查的策划人员，就应该从这点上充分地尊重受调人员，因此在问卷的设计上也应该尽量规范，同时必须要有受调人员有权知道的内容，要对调查的目的和内容进行说明。具体来说，需要有一个尊敬的称呼、填写者的受益情况、主办单位和感谢语。同时，如果问卷中有涉及个人资料，应该有隐私保护说明。只有尊重受调人群，才有可能调动他们的配合积极性。

5. 问题数量合理化、逻辑化、规范化

问题的形式和内容固然重要，但是问题的数量同样是保证一份问卷调查是否成功的关键因素。由于时间和配合度的关系，人们往往不愿意接受一份繁杂冗长的问卷，即使风度地接受，也不可能认真地完成，这样就不能保证问卷答案的真实性；同时在问题设计的时候也要注意逻辑性的问题，不能产生矛盾的现象，并且应该尽量避免假设性问题，保证调查的真实性。为了使受调人员能够更容易回答问题，可以对相关类别的题目进行列框，受调人员一目了然，在填写的时候自然就会比较愉快地进行配合。另外，应该避免主观性的题目，可以换成客观题目的形式，如果确实有必要的话，应该放在最后面，让有时间和能配合的受调人员进行一定的文字说明。

6. 尽可能多地吸引网民参与调查

为了增加设想数据的可靠性和真实性，调查组织者应尽可能多地吸引网民参与调查，因此，要注意以下几个方面：

（1）问卷设计内容的重要性、趣味性、利他性等都直接影响到被调查者参与回答问题的积极性。

（2）问卷采用适当的激励措施和手段。

（3）在吸引网民更多参与的同时，也要采用一定的技术手段来杜绝弄虚作假。

（4）与访问量大的网站合作以增加参与者的数量。

解决这一问题，目前可以利用电子邮件或来客登记簿获得市场信息，或给予访问者奖品或者免费商品，以巧妙的方式吸引访问者注册从而获得个人信息，向访问者承诺物质奖励，另外可以由软件自动检测访问者是否完成调查问卷。

最后，即使是一份很成功的问卷，也不是一制定好就是成功的，必须要经过实践的考验。所以在问卷初步设计完成时，应该设置相似环境，小范围试填写，并对结果反馈及时进行修改。只有这样，才能够达到市场调查的终极目的，就是以准确的数据和分析来为策略做一个有价值的参考。

4.3　网络调研渠道的选择

讨论网络调研渠道实际上是了解关于获得调研信息的方法和途径的问题。这里所说的网络调研渠道主要指的是有哪些办法可以得到消费者、竞争者和公众对企业或企业产品的相关信息。

网络调研渠道随着企业实际销售能力和产品特点而各异，总的说来，企业在线上如何获得有效的市场信息，主要有实际调查法和虚拟调查法两种。前者将落脚点放在实际的产品和服务上，根据传统的询问法来开展；后者则是参照传统调研方法中的实验法来进行。由于网络本身的虚拟性为开展实验调查提供了很大的便利，也使得这种方法成为很多企业产品开发、市场开拓的有效工具。具体分类如下：

1. 实际调查法系列

（1）在线询问。

通过 Java 编写的网站应用程序，随机选择访问者，并弹出问卷窗口，邀请其参加访问。在线询问与传统询问法相似，只是调查人员可以根据计算机显示器上读出的问题，同时向多个被调查者提问，并将他们回答的数据直接输入计算机。此法可在同一时间里与 40 个人进行询问，且具有较高的经济性。同时，也可以减少从询问表到输入计算机的大量工作和差错。

例如，Nickelodeon 公司进行的一次在线访问：如何弄清每个孩子都在想什么？以往这是以小组讨论法及一对一访谈来进行的。但是，E-mail 的发明使人想把孩子们带上因特网，Nickelodeon 公司安排了 70 多名因特网观察员。孩子们在家使用个人电脑和一个调制解调器与 Nickelodeon 公司或彼此之间讨论一些话题。他们可以在电脑公告板上（BBS）贴消息。每三周他们开一次定期会议。在这些会议上，因特网调研员引导他们讨论不同的话题。参与的孩子年龄大约在 8 ~ 12 岁，代表着家庭收入在 3 万到 10 万美元的家庭。估计这个系统的年平均费用为 8 万到 10 万美元，仅为传统调研方法费用的一个零头。通过在线访问使 Nickelodeon 公司可以以较传统的方法更快速、更廉价的方式得到更为详细的资料。

（2）计算机辅助电话询问系统（CATI）。

计算机辅助电话询问系统目前在美国十分普及。它不仅加强了电话询问在时间和成本方面的优势，同时也突出了方法上的优势。当利用这种方式进行调研时，系统可以根据随机抽样得出电话号码并拨号，每一位访问员都坐在一台计算机终端或个人电脑前，当被访问者电话接通后，访问员通过一个或几个键启动机器开始提问，需要提出的问题及备选答案便立即出现在屏幕上。同时，计算机系统还会根据被调查者对前面问题的回答，自动显示与被访者个人有关的问题或直接跳过去选择其他合适的问题。

另外，电脑还能帮助整理问卷，省略了数据的编辑及录入工作。当访谈完成时，有关问卷键入的答案随之消失，因为数据已全部输入计算机。CATI 的另外一个优点便是统计工作可以在任何时候进行，无论是在访问了 200 名、400 名还是在访问了更多名受访者的时候。这是用纸笔进行统计时所无法做到的。以往传统的访谈都要在全部访问样本调查完后的一周甚至更长的时间后才能开始统计工作，而 CAn 系统在这方面却很有优势。根据电脑列表统计的结果，可以将某些问题删除，以节约以后的调研时间及经费。如果先前的调研中未被涉及，则可以在访谈中加上这道题。而调研结果的提前统计对调研计划及战略的实施是有帮助的。CATI 系统也有其不利的一面：CATI 是为电话——屏幕访谈设计的，这就使被访问者接受的屏幕格式受到限制；同时，CATI 系统主要使用语言技术进行信息的收集，还未能充分地显示出网络调研在图片播放等方面的优势。

（3）E-mail 问卷方式。

调研问卷就是一份简单的 E-mail，并按已选好的 E-mail 地址发出。被访问者回答完毕将问卷回复给调研机构。有专门的程序进行问卷准备，列制 E-mail 地址和收集数据。

2. 虚拟店铺

虚拟店铺这种市场调研技术，是在三维计算机图形技术发展的基础上出现的。通过此项技术，市场营销人员可以快速而廉价地在计算机上构建一个真实的零售商场环境。

让我们来看一个真实的例子。在哈佛商学院的营销模拟实验室里，一位顾客正坐在电脑屏幕前购物，仿佛置身于琳琅满目的商品世界中，他只需轻轻用鼠标在货架上点一下他所感兴趣的商品，商品就立即出现在屏幕中，并且可以随意地从数个角度让他进行观察。当他决定购买时，只需再点一下小型手推购货车，商品就自动地从货架中进入小车，就像在真的超市中购物一样，商品被整齐地堆放在小车上。在整个购物过程中，计算机将有条不紊地记录下每一个消费者在不同类型商品上所花的时间、消费者购买的数量和购买的顺序。

像这样一种计算机模拟环境，具有以往的市场研究方法所无法比拟的许多优点：

（1）与其他传统的实验测试方式所不同的是，虚拟店铺能复制出十分逼真的顾客购物环境。

（2）研究人员能非常迅速地建立和改变实验条件。一旦某商品的图像被扫描进计算机，研究人员就能在短短的几分钟内迅速地改变产品的品牌、包装、价格、促销、货架陈列方式。

（3）这种方式降低了产品测试的成本，因为这仅仅与访问数量有关。

（4）这种模拟有很强的弹性，它能被应用于测试一种全新的市场营销观念，也可以用以调整原有的营销规划，而且能使企业尽可能地排除传统的测试方式所存在的干扰。

4.4 网络调研方案的实施

正确地编制网络调研方案是整个调研活动取得成功的基础。一个完善而系统的调研方案一般包括调研背景、调研目的、调研区域与对象、调研内容、调研方法（抽样调研必须对抽样的步骤进行详细说明）、质量控制体系、费用预算、日程安排等内容。

一、网络调研方案的内容

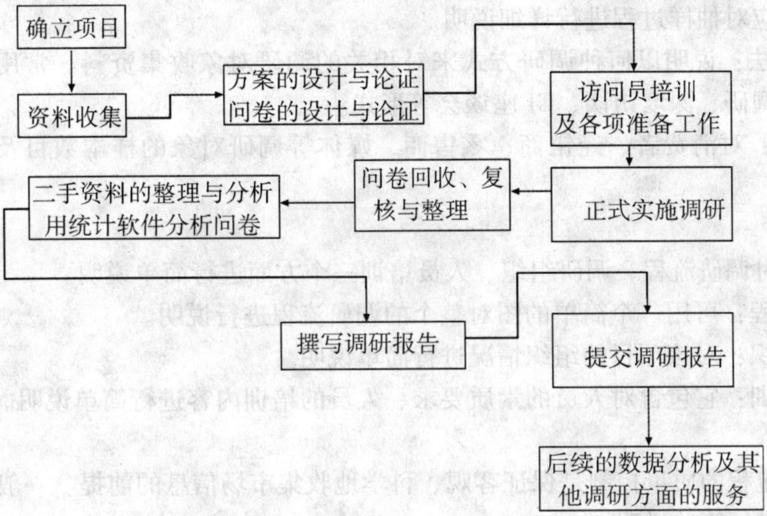

图 4－2　网络调研的具体步骤分解

网络调研的方案同传统的市场调研方案相同，网络调研方案的具体步骤如图 4－2 所示，方案内容详细如下：

1. 调研背景

调研背景是对本次调研工作开展的原因、必要性的大致介绍和总体概括。内容要点包括：简要描述行业大背景，阐明行业历史、现状及发展趋势；同时，分析本企业（产品）市场现状、有利因素和不利因素；导出做市场研究的必要性、分析目的。

2. 调研目的

调研目的主要是针对特定市场或特定产品而进行的，它包括调研涉及的各个细节点。简而言之，就是解释为什么调研，即通过调研所获得的信息将主要用来解决什么样的问题。它是对如何解决客户决策及管理问题的具体回答，一般根据客户的要求而有所变化，调研设计人员应根据客户具体情况，在充分酝酿的基础上，灵活、机动地确定此次调研的目的。具体化的调研目的可从行业、消费者、竞争对手、渠道、促销、产品等方面展开。

3. 调研内容

调研内容的确定必须服务于调研目的，它主要解决为达到调研目的，必须收集哪方面信息的问题。一般而言，调研的内容主要有行业性的市场环境调研、消费者行为模式调研、消费者信息接受模式调研、广告调研、经销商及零售商调研、产品调研、品牌的三度调研等。

4. 调研方法

调研方法主要说明从什么地方、什么人、用什么方法来收集有关的信息。它一般对以下内容进行说明：

（1）调研区域：说明城市的数目及名称。调研区域可根据客户的调研要求，根据各城市的代表性来选择，也可以用抽样的方法来选择。如果用抽样来选择的话，则必须对抽样的过程进行详细说明。

（2）调研对象：说明样本的数量、限制条件及选择原则。如果调研对象的选择是以抽样来决定的话，则应对抽样过程进行详细说明。

（3）调研方法：说明以何种调研方式来对相关的调研对象收集资料。常用的调研方法有文案调研、问卷调研、深度访谈、GI 座谈会等形式。

（4）样本量：对消费者、经销商、零售商、媒体等调研对象的样本数目及抽样方法，一般可列表说明。

5. 调研实施

这一节主要对调研流程、调研组织、人员培训三个方面进行简单说明。

（1）调研流程：可用一个简单的图对整个的调研流程进行说明。

（2）调研组织：对该项目的组织情况进行简单说明。

（3）人员培训：它包含对人员的素质要求、人员的培训内容进行简单说明。

6. 质量控制

对整个调研流程的质量控制是保证客观、科学地收集市场信息的前提。一般可对公司的整个质量控制系统进行简单说明。

7. 日程安排

在客户确认项目后，就要有计划地安排调研工作的各项日程，用以规范和保证调研工作的顺利实施。按调研的实施步骤，可分七个小项来对时间进行具体安排：调研方案、问卷的设计，调研方案、问卷的修改、确认，项目准备阶段（包括网络、人员安排），实地访问阶段，数据预处理阶段（编码、输入），数据统计分析阶段，调研报告撰写阶段。

二、网络调研方案的组织

（一）数据收集的组织方法

1. 网络市场直接调研

网络市场直接调研指的是为当前特定的目的在互联网上收集一手资料或原始信息的过程。直接调研的方法有四种：观察法、专题讨论法、在线问卷法和实验法。但网上使用最多的是专题讨论法和在线问卷法。

调研过程中具体应采用哪一种方法，要根据实际调查的目的和需要而定。需注意一点，应遵循网络规范和礼仪。下面重点介绍两种方法：

（1）专题讨论法。

专题讨论法可通过 Usenet 新闻组、电子公告牌（BBS）或邮件列表讨论组进行。其步骤如下：确定要调查的目标市场；识别目标市场中要加以调查的讨论组；确定可以讨论或准备讨论的具体话题；登录相应的讨论组，通过过滤系统发现有用的信息，或创建新的话题，让大家讨论，从而获得有用的信息。

具体地说，目标市场的确定可根据 Usenet 新闻组、BBS 讨论组或邮件列表讨论组的分层话题选择，也可向讨论组的参与者查询其他相关名录。还应注意查阅讨论组上的 FAQs（常见问题），以便确定能否根据名录来进行市场调查。

（2）在线问卷法。

在线问卷法即请求浏览其网站的每个人参与企业的各种调查。在线问卷法可以委托专业公司进行，也可以成立专门的调研中心完成。

在线问卷的具体做法如下：向相关的讨论组邮去简略的问卷；在自己的网站上放置简略的问卷；向讨论组送去相关信息，并把链接指向放在自己网站上的问卷。

2. 网络市场间接调研

网络市场间接调研指的是网上二手资料的收集。二手资料的来源有很多，如政府出版物、公共图书馆、大学图书馆、贸易协会、市场调查公司、广告代理公司和媒体、专业团体、企业情报室等。其中许多单位和机构都已在互联网上建立了自己的网站，各种各样的信息都可通过访问其网站获得。再加上众多综合型 ICP（互联网内容提供商）、专业型 ICP，以及成千上万个搜索引擎网站，使得互联网上的二手资料的收集非常方便。

互联网上虽有海量的二手资料，但要找到自己需要的信息，首先，必须熟悉搜索引擎（Search Engine）的使用；其次要掌握专题型网络信息资源的分布。归纳一下，网上查找资料主要通过以下三种方法：

（1）利用搜索引擎查找资料。

搜索引擎是指根据一定的策略、运用特定的计算机程序搜集互联网上的信息，在对信息进行组织和处理后，将处理后的信息显示给用户，是为用户提供检索服务的系统。搜索引擎使用自动索引软件来发现、收集并标引网页，建立数据库，以 Web 形式提供给用户一个检索界面，供用户以关键词、词组或短语等检索项查询与提问匹配的记录，成为 Internet 最突出的应用。

目前在互联网上可选择的搜索引擎有许多，像 Yahoo、Sohu、Alta Vista 及其他一些专业领域内使用的搜索引擎，它们能提供有关的市场信息，能阅读、分析并且储存数以百万计的从私人网页上获得的资料。这些资料和信息可以借助于一系列的关键词和基本参数识别，如调研开始和结束的日期等。最普遍的搜索方式有按照主题分类检索和按关键词检索。前者是通过各搜索引擎的主题分类目录（web directory）查找所需要的信息，后者是用户通过输入关键词来查找所需要的信息，又称为关键词检索法。

使用关键词检索法查找资料一般分为三步：

第一，明确检索目标，分析检索课题，确定几个反映主题的核心词作为关键词，包括它的同义词、近义词、缩写或全称等。

第二，采用一定的逻辑关系组配关键词，输入搜索引擎检索框，点击检索或 search 按钮，即可获得想要的相关信息。

第三，如果检索效果不理想，可以调整检索策略，结果太多的，可以进行适当的限制，结果太少的，可以扩大检索的范围，取消某些限制，直到能获得满意的结果为止。

不同的搜索引擎有各自的特点和相对优势，选择哪一个搜索引擎，应根据企业市场调研对象和内容的不同而定。

（2）访问相关的网站收集资料。

如果知道某一专题的信息主要集中在哪些网站，可直接访问这些网站，获得所需的资料。

如环球资源网、阿里巴巴、专业调查网站等。与传统媒体的经济信息相比，网上市场行情一般数据比较齐全，实时性较强。

(3) 利用相关的网上数据库查找资料。

网上数据库有付费和免费两种。在国外，市场调查用的数据库一般都是付费的。我国的数据库业近十年有较大的发展，近几年也出现了几个 Web 版的数据库，但它们都是文献信息型的数据库。

（二）网络调研样本组织方法

1. 网上调研样本的选择

样本选择一般可分为随机抽样和非随机抽样。

随机抽样包括简单（单纯）随机抽样、分层抽样、整群抽样、等距（系统）抽样。

(1) 简单（单纯）随机抽样。

这是指总体中的每个基本单位（子体）都有相等的被选中的机会。即对总体不经任何分组、排列，完全客观地从中抽取调查单位。具体包括抽签法和随机号码表法。

(2) 分层抽样（又称分类或类型抽样）。

就是先将总体按一定的标志分层（分类），然后在各层（类）中采用简单随机抽样，综合成一个调查样本。具体可分成分层比例抽样和分层最佳抽样。

(3) 整群（分群）抽样。

就是依据总体的特征，将其按一定标志分成若干不同的群（组），然后对抽中的群（组）中的单位进行调查的方法。

(4) 等距（系统）抽样。

就是将总体各单位按一定标志排列起来，然后按照一定间隔抽取样本单位的一种方法。

上述四种方法各自有其独特的地方，但共同点是事先能够计算抽样误差，不致出现倾向性偏差。

例如，网站自身发展的需求调研，可以采用随机抽样，以所有网民的注册地址为样本总体进行随机抽样，以保证网站经营者可以了解来自各方面的关于网站的需求详情。

非随机抽样包括任意抽样、判断抽样和配额抽样。网上进行的关于产品或服务等方面的调研，常常用到非随机抽样。

(1) 任意抽样。

即在偶然的机会或方便的情况下，由调查者根据自身的需要或兴趣任意选取样本。

例如，许多企业设立了 BBS（公告栏）以供访问者对企业产品进行讨论，或者参与某些专题新闻组的讨论，以便更深入地获取有关资料。如果调查部门对某个用户的问题或观点有兴趣，就可以随时联系该用户进行个案调查。虽然新闻组和公告栏（BBS）信息不够规范，需要专业人员进行整理和归纳，但由于是用户自发的感受和体会，因此传达的信息也是最接近市场和最客观的，有助于企业获取一些问卷调查无法发现的信息，要特别引起注意。

(2) 判断抽样。

判断抽样是根据调查者的主观判断来抽取样本。

适用情况：总体范围较小，总体各单位之间差异较小；用于探索性研究，为问卷设计、进行正式抽样调查等打下基础。

(3) 配额抽样。

配额抽样是将总体中的所有单位按其属性或特征，以一定的分类标准划分成若干层次或类型，然后在各层中由调查者主观确定各层中抽样的样本，并且保持适当的比例。特点是简便易行，快速灵活。

适用范围：

(1) 根据过滤性问题立即进行市场分类，确定被访者所属类型，然后根据被访者的不同类型提供适当的问卷。

(2) 调研者创建了样本数据库，将填写过分类问卷的被调查者进行分类重置。最初问卷的信息是用来将被调查者进行归类分析，将被调查者按照专门的要求进行分类，在正式市场调查开始时，可以从不同的类别中按照一定的比例选取样本，即进行配额，只有那些符合调查条件的被调查者才能填写适合该类特殊群体的问卷。

4.5 网络调研报告的撰写

一、网络调研报告概述

1. 网络调研报告含义

市场调查报告是经济调查报告的一个重要种类，它是以科学的方法对市场的供求关系、购销状况以及消费情况等进行深入细致的调查研究后所写成的书面报告。其作用在于帮助企业了解掌握市场的现状和趋势，增强企业在市场经济大潮中的应变能力和竞争能力，从而有效地促进经营管理水平的提高。阅读市场调研报告的人，一般都是繁忙的企业经营管理者或有关机构负责人，因此，撰写市场调查报告时，要力求条理清楚、言简意赅、易读好懂。

2. 网上调研报告的格式

网络调研报告的格式一般由标题、目录、概述、正文、结论与建议、附件等几部分组成。

(1) 标题。

标题是网络调研报告的题目，一般有两种构成形式：公文式标题，即由调查对象和内容、文种名称组成，如《关于2002年全省农村服装销售情况的调查报告》。值得注意的是，实践中常将市场调查报告简化为“调查”，也是可以的；文章式标题，即用概括的语言形式直接交代调查的内容或主题，如《全省城镇居民潜在购买力动向》。实践中，这种类型的市场调查报告的标题多采用双题（正副题）的结构形式，更为引人注目，富有吸引力。如《竞争在今天，希望在明天——全国洗衣机用户问卷调查分析报告》、《市场在哪里——天津地区三峰轻型客车用户调查》等。

(2) 目录。

如果调研报告的内容、页数较多，为了方便读者阅读，应当使用目录或索引形式列出报告所分的主要章节和附录，并注明标题、有关章节号码及页码。一般来说，目录的篇幅不宜超过一页。

(3) 概述。

概述又称导语，是市场调查报告正文的前置部分，主要阐述课题的基本情况，它是按照调研课题的顺序将问题展开，并阐述对调查的原始资料进行选择、评价、作出结论、提出建议的原则等。其主要包括三方面内容：第一，简要说明调查目的，即简要地说明调查的由来和委托调查的原因。第二，简要介绍调查对象和调查内容，包括调查时间、地点、对象、范围、调查要点及所要解答的问题。第三，简要介绍调查研究的方法。介绍调查研究的方法，有助于使人确信调查结果的可靠性，因此对所用方法要进行简短叙述，并说明选用方法的原因。例如，是用抽样调查法还是用典型调查法，是用实地调查法还是文案调查法，这些一般是在调查过程中使用的方法。另外，在分析中使用的方法，如指数平滑分析、回归分析、聚类分析等方法都应作简要说明。

如果部分内容很多，应有详细的工作技术报告加以说明补充，附在市场调查报告的最后部分的附件中。例如：一篇题为“关于××市2002年电暖器市场的调查”的市场调查报告，其引言部分写为：“××市北方调查策划事务所受委托，于2003年3月至4月在国内部分省市进行了一次电暖器市场调查。现将调查研究情况汇报如下：……”用简要文字交代出了调查的主体身份，调查的时间、对象和范围等要素，并用一个过渡句开启下文，写得合乎规范。这部分文字务求精要，视具体情况，有时亦可省略这一部分，以使行文更趋简洁。

（4）主体。

这部分是市场调查报告的核心，也是写作的重点和难点所在。它要完整、准确、具体地说明调查的基本情况，进行科学合理的分析预测，在此基础上提出有针对性的对策和建议。具体包括以下三方面内容：

①情况介绍：市场调查报告的情况介绍，即对调查所获得的基本情况进行介绍，是全文的基础和主要内容，要用叙述和说明相结合的手法，将调查对象的历史和现实情况包括市场占有情况，生产与消费的关系，产品、产量及价格情况等表述清楚。无论如何，都要力求做到准确和具体，富有条理性，以便为下文进行分析和提出建议提供坚实充分的依据。

②分析预测：市场调查报告的分析预测，即在对调查所获基本情况进行分析的基础上对市场发展趋势作出预测，它直接影响到有关部门和企业领导的决策行为，因而必须着力写好。要采用议论的手法，对调查所获得的资料条分缕析，进行科学的研究和推断，并据以形成符合事物发展变化规律的结论性意见。用语要富于论断性和针对性，做到析理入微，言简意赅。

③营销建议：这层内容是市场调查报告的写作目的和宗旨的体现，要在上文调查情况和分析预测的基础上，提出具体的建议和措施，供决策者参考。要注意建议的针对性和可行性，能够切实解决问题。

（5）附件。

附件是指调查报告正文包含不了或没有提及，但与正文有关且必须附加说明的部分。它是对正文报告的补充或更详尽的说明，包括数据汇总表及原始资料背景材料和必要的工作技术报告。例如，为调查选定样本的有关细节资料及调查期间所使用的文件副本等。

二、网络调研报告的内容

市场调查报告的主要内容有：说明调查目的及所要解决的问题；介绍市场背景资料；分析的方法，如样本的抽取，资料的收集、整理、分析技术等；调研数据及其分析；提出论点，即摆出自己的观点和看法；论证所提观点的基本理由；提出解决问题可供选择的建议、方案和步骤；预测可能遇到的风险、对策。

●阅读资料

80后的网络生活调查

对于80后来说，电脑和网络已经超越了单纯的娱乐功能，而成为一种生活必需。聊QQ、打游戏机、购物、看新闻、查资料，吃喝穿玩学，一切都可以在网上解决。据调查，84%的80后会在空闲无聊的时候选择上网，97%的80后经常通过QQ的方式与朋友联络，69%的80后尝试过网上购物，95%的80后遇到不懂的问题会上网找答案。这说明，上网已经成了80后生活的一个重要部分。于是，针对80后的网站，也是层出不穷。从网站形式来看，多为论坛，从网站栏目设置来看，都设有博客、潮流咨询、贴图等，针对年轻人的喜好，这些网站颜色跳跃，但是栏目繁杂，内容不充实，更新速度也较慢。相对来讲，80后喜欢的网站很少是专门针对80后的网站，而更多地选择权威的门户网站和专业网站。

门户网站：80后的新闻来源

在我国，典型的门户网站有新浪网、网易和搜狐网等。抽样调查80后，门户网站是他们上网浏览最多的网站，而其中腾讯网、新浪网和网易较受关注。43%的80后会通过新浪网看新闻，分别有79%和77.6%的80后选择在腾讯网、网易上看时事新闻，65%的80后选择在新浪网上看时事新闻；87%的80后选择在腾讯网上看娱乐新闻。

从这组数字上来看，腾讯网还是颇受80后喜爱的门户网站，这与它和QQ的渊源是分不开的。QQ作为社会型软件已经奠定了它在中国年轻人心中龙头老大的地位，80后上网都会挂QQ，而启动QQ时，迷你腾讯新闻就会伴随跳出，52%的人会去浏览上面的新闻。

网易新闻也是受80后喜爱的网站。这一点原因也要归结到80后的交流态度上来。网易是中国网络最大的“邮局”，邮件业务是网易公司的发展重点及重要基础服务，截至2001年，网易旗下六大电子邮箱用户总数已突破1.9亿人。98%的80后选择在网上发电子邮件、电子贺卡，于是在打开邮箱的首页出现的新闻摘要成为80后看新闻的视窗。

潮流网站：渴望时尚的80后

潮店对于80后并不陌生，1626、瑞丽女性网、Hers爱物网是比较受欢迎的潮流网站。瑞丽女性网是专门针对女性的门户网站，但是80后更加关注它的服装流行咨询服务，而不是新闻。Hers爱物网主要流行于中国北方，1626主要在珠三角地区流行。Hers爱物网是一个贴吧式的潮流网站，主要是一些人在网上买了喜欢的东西来这里发帖show宝贝，并介绍这些宝贝都是在哪里买的，网站对这些帖子进行整理分类。1626网站主要是潮流杂志《1626》的“电子版”，它号称中国潮流指标社区网站。站内设有资讯、社区、商城、潮人街等板块，发布最新的潮流信息。年轻人都喜欢追赶潮流，潮流网站受欢迎无可厚非，但是三个网站脱颖而出，不仅是因为它们内容丰富，还因为它们运用了大量的图片刺激网民，色彩鲜艳，资讯更新快。

购物网站：80后的宅消费

如果我们稍加注意，就会发现所有这些潮流网站都与网购网站有合作关系。

网上购物从20世纪90年代中后期开始在中国出现，据调查有10.3%的网民进行过网上购物，分析他们首次网上购物的时间可以发现，1999 年及以前进行过网上购物的仅占 3.5%；绝大部分网民尝试网上购物是在 2001 年及以后，从 2005 年到 2009 年，网上购物人数大幅增长，并且网购人群集中在 80 后，尤其是在 80 后刚刚参加工作的人中。据调查，80 后有过网购经验的占 64%，其中 97% 的人有在淘宝网上购物的经验。

网上购物最吸引 80 后，主要是因为足不出户就可以买到便宜的东西，而且货品丰富，店家服务好。根据 2007 年第三方权威机构的调研报告，淘宝网占据中国网购市场 70% 以上的市场份额。其次，当当网和卓越网也是 80 后喜爱的网购网站，这两个网站的主要特点是庞大的图书超市，53% 的 80 后选择在这两个网站购买图书。

互动网站：分享与交流的生活态度

80 后喜欢表达自己的想法，也乐于与别人分享自己的想法和生活。于是在 BBS 的基础上成长起来的网络互动手段就十分受 80 后的欢迎，比如博客和播客。目前最受欢迎的博客是新浪博客、百度博客；最受欢迎的播客是优酷网和土豆网。

抽样调查显示，67% 的 80 后喜欢在迅雷看看上看电影，78% 的 80 后喜欢在优酷网上看视频、分享视频，77% 的 80 后喜欢在土豆网上看视频、分享视频。可见视频分享网站比单向输出的权威网站更受欢迎。在 2007 年互联网百强榜单上，土豆网、优酷网也是名列其中。

（资料来源：信息时报）

●技能训练

1. 请为广东佛山某日用瓷厂在阿里巴巴上查询同行业公司的资料，了解同行业企业竞争的情况。

2. 请选择一种调研渠道，为你的网店或者博客营销展开一次关于商品陈列问题的网络调研。

模块五　网站优化

●能力要求

1. 掌握网站建设的一般要素
2. 掌握网站优化的含义及方法
3. 掌握网站诊断的方法
4. 能够诊断网站的建设及运行状况
5. 了解网站易用性的含义
6. 了解企业网站的建设状况

●引入案例

破网站也可以给企业带来大订单

今年3月份，老家一个麦秸工艺画厂给我寄了一些产品介绍，还有一些照片。于是我花了一个下午的时间给他们做了一个简单的网站，放到我在Y365.COM的免费空间中。

我在制作的时候，没有考虑它漂亮与否，一切都是从实用出发，结合搜索引擎的基本特点做的。然后就给它做了一些友情链接，偶尔做一些推广。

从今年5月份开始，在百度和Google等搜索引擎中输入“工艺画”、“麦秸画”等关键词，这个破网站都排到了第一位。于是，它每天大约有30多个流量。虽然流量不大，不过每个星期都可以收到几封来自国内外的业务询问信以及询问电话。由于我的时间比较忙，不能帮他们处理，就打电话让该厂厂长学习上网，然后把网站上的联系方式改成了该厂的联系方式。

半年过去了，前几天回老家去那个厂里看，厂长对我非常热情，一问才知道，还不太会上网的她已经靠我给他们做的那个破网站接了不少订单，客户包括深圳、广州、贵州等地，并且还有一个是国外的客户。

于是我想，一个企业如果想通过网络带来效益并想做好的话，投入并不大。不过这要有一个前提：那就是有可以用较低的成本为企业带来效益的网络服务公司。目前，这样的公司太少太少了。

（资料来源：中国网络营销传播网）

5.1 网站建设概述

一、网络营销站点的功能

一个结构完善、设计合理的网络营销站点可以让用户方便、及时地从企业的营销站点获取信息、订购商品和寻求售后服务。企业在规划自己的网络营销站点结构时，除应具备一般站点应具备的如站点结构图、站点导航、联系方式等基本功能外，还应结合公司的网络营销目标，进行综合、合理的设计。

（1）企业信息的发布。

企业信息发布属于站点最基础的内容，主要包括企业概况的介绍，企业产品信息或服务信息的介绍，企业的新闻、经营活动以及企业重大事件的信息发布等。如一般网站中的公司简介、产品介绍、新闻报道等栏目。

（2）提供高效的搜索引擎和“购物车”。

营销网站都应提供某种形式的“购物车”，当网上消费者在浏览网上商店时，会不时地想购买商品，此时用户就可以方便地将所选商品放入“购物车”，如果用户想知道自己已买了些什么，则可直接查看“购物车”，用户若感到某件商品不需要了，则可以方便地从“购物车”内删去，最后才递交结算。为满足消费者的这一购物过程，就要求“购物车”是始终可视的，它必须动态地跟踪用户的整个购物过程，及时显示商品清单、单价及总费用等信息。

（3）提供有效的用户反馈渠道。

在网站上应设置一个在线的交互式表单，用于收集消费者或访问者对企业商品或服务的反馈意见和建议。有条件的网站还可以设置专门的讨论组，供用户与公司服务人员共同探讨大家所关心的话题，或增强用户与公司之间的感情联系。

（4）提供良好的售后服务。

不少商业网站都将结账付款作为与消费者买卖关系的结束。其实，在现实生活中，一个精明的商家往往会以为用户提供良好的售后服务来继续吸引消费者。因此，作为一个商业网站，都应为用户提供良好的售后服务，设置时可以根据公司经营项目的实际情况，有选择地提供网上售后服务，如可设置“售后服务”、“技术支持”、“受权培训”、“用户须知”等栏目，为消费者提供所需的有关信息。

（5）提供个性化服务。

为方便和吸引更多的网上用户访问或再次访问本公司的网站，更好地为消费者服务，在营销网站也可以建设一些子站点，用于为用户提供差异化的，满足用户个性化需求内容的网站。如一个销售视听电器的公司网站，则可增设与其业务相关的“经典点播”、“名曲欣赏”等类型的专门网站。

二、企业网站建设的一般要素

网站建设的一般要素包括网站结构、网站内容、网站功能和网站服务四个方面。下面将分别就这四个方面进行介绍：

1. 网站结构

网站结构是为了向用户表达企业信息所采用的网站栏目设置，是网页布局、网站导航、网址层次结构等信息的表现形式。一般包括栏目结构和网页布局两个方面：

（1）栏目结构。

栏目结构以三级以内比较合适，用户通过多次点击它就可以获得更多的信息。合理的网站栏目结构，其实没有什么特别之处，无非是能正确表达网站的基本内容及其内容之间的层次关系，站在用户的角度考虑，使得用户在网站中浏览时可以方便地获取信息，不至于迷惘。做到这一点并不难，关键在于要对网站结构重要性有充分的认识。

归纳起来，合理的网站栏目结构主要表现在以下几个方面：通过主页可以到达任何一个一级栏目首页、二级栏目首页以及最终内容页面；通过任何一个网页可以返回上一级栏目页面并逐级返回主页；主栏目清晰并且全站统一；通过任何一个网页可以进入任何一个一级栏目首页。

（2）网页布局。

即要求将网站重要信息放于首页显著的位置，将公司简介、联系方式、网站地图等放于网页下方，提高信任度。不同主题的网站对网页内容的安排会有所不同，但大多数网站首页的页面结构都会包括页面标题、网站 LOGO、导航栏、登录区、搜索区、热点推荐区、主内容区和页脚区，其他页面不需要设置得如此复杂。一般由页面标题、网站 LOGO、导航栏、主内容区和页脚区等构成。

2. 网站内容

内容是用户通过企业网站可以看到的所有信息，也就是企业希望通过网站向用户传递的所有信息。网站内容的组织并不是现成的企业简介和产品目录的翻版。很多企业的网站并没有很好地组织网站的内容，这恰好也是这些网站访问量低的一个重要原因。

面对这种情况，需要解决以下三个基本问题：

（1）访问者访问企业网站的目的。

从网上获取资讯始终是访问者的主要目的之一。因此，网站内容必须提供和产品或服务相关的丰富资讯。以专业角度去描述产品的规格和性能，和同类产品或服务相比较，告诉访问者各自的优点及不同特点，帮助访问者作出最好的选择。

（2）访问者要经常访问本企业网站的目的。

企业网站要让他们觉得值得回访。不断更新产品或服务资讯，不断增加吸引访问者的内容，加深良好印象，才能使现实客户和潜在客户继续回访网站。

（3）访问者会选择本企业产品或服务的原因。

详细描述企业产品或服务的特点，给出确凿的资料。如果产品或服务没有特色，那么潜在客户购买你的产品或服务的动机将会大大降低。

一般情况下，企业网站都要包含的内容如下表所示。

一般公司网站的内容构成表

公司介绍	宣传公司背景、组织机构、团队介绍、大事记、领导致词、经营业绩、宏伟蓝图
资质认证	展示荣誉证书、企业图片，增加公司品牌、资信等
产品介绍	展示企业生产、经营的各类产品图片、文字信息、技术阐述、价格等
在线订单	用户可以通过填写表格在线发送他对公司的产品订购信息、商务要求和建议反馈
联系我们	介绍公司的各个组织结构、部门职能、联络方式等
人才招聘	发布公司的招聘信息，搜集各类人才资料，求职者可在网站在线提交简历
诚征代理	发布公司产品、业务代理信息
新闻发布	发布公司的最新动态、新闻，可通过网络随时更新、添加
客户服务	阐述公司良好的客户服务系统、内容、服务网点等
其他栏目	可根据企业要求添加特色栏目及内容
（英文版）	以英文为版本形式的网站内容，方便国际用户及海外客商浏览网站
说明	公司网站内容框架（大致设想，可以根据公司具体情况和要求加以更改增删）

知己知彼，百战不殆。当前制作企业网站还需要调查互联网上已经存在的各类网站，对竞争对手的网站进行分析研究，在充分了解网上竞争对手的情况并研究了他们的产品和网页后，可以参照以下网站内容的组织原则，制定出更能体现产品特点的网页内容。

网站内容的组织原则：

清晰性：网站内容必须简洁明了，直奔主题。

创造性：罗列的观点会使访问者产生共鸣、发出内心的认同吗？这是访问者判断一家公司是否有实力，从而影响到购买动机的重要依据。

网站内容应当突出三点：突出企业及产品的优点和与众不同的特色；突出帮助访问者辨别、判断同类产品优劣方面的内容；突出内容的毋庸置疑的正确性。

3. 网站功能

网站功能直接关系到可以采用的网络营销方法以及网络营销的效果。企业的网站应该关注自己特定的客户群，通过多种形式和客户保持着联系和沟通，吸引自己的用户不断地和企业网站进行交互，从而起到加深客户关系、了解客户需求、提供优质服务、加强广告和展示效果的作用。

通常企业网站具有如下几种常用的功能：

（1）网站新闻发布系统（信息发布系统）。

这种功能是将网页上的某些需要经常变动的信息，类似新闻、新产品发布和业界动态等更新信息集中管理，并通过信息的某些共性进行分类，最后系统化、标准化地发布到网站上的一种网站应用程序。在某些专门的网上新闻站点，如新浪的新闻中心等，新闻的更新速度已经缩短到五分钟一更新，从而大大加快了信息的传播速度，也吸引了更多的长期用户群，时时保持着网站的活力和影响力。

（2）产品展示发布系统。

这种功能是将网页上的新闻、新产品发布和业界动态等更新信息进行集中管理，分类别系统化、标准化地发布到网站上的一种网站应用程序。前台用户可通过页面浏览查询，后台管理可以管理产品价格、简介、样图等多类信息。本系统还可以进一步升级、扩充为高级网店系统。

（3）企业邮局。

企业邮局就是以企业自己的域名为后缀的电子邮件系统，企业的每一个员工都可以拥有一个 my name@ my company. com 这样一个特殊、易用的 E-mail。

（4）邮件列表。

使客户在其网站上建立邮件订阅功能，可以按照需求随时向订阅者发送新闻、杂志、公告等信息，并且能够提供管理界面，有效地管理大量的邮件列表用户。

（5）留言板。

提供了一个公共的信息发布平台，特别适用于作为企业内部个人办公助手，以及企业与企业之间进行信息交流；在 Internet 上储存留言资料，方便查阅。使得随时随地查询信息的移动办公成为可能。

（6）网上订购。

就是在网络上建立一个虚拟的购物商场，避免了挑选商品的烦琐过程，使您的购物过程变得轻松、快捷、方便，很适合现代人快节奏的生活；同时又能有效地控制“商场”运营的成本，开辟了一个新的销售渠道。访问者在线提交产品（服务、商品）订单，管理者可以根据条件查看、检索、管理订单，实现简单的电子商务。该系统可以拓展为网上订报、网上订餐等。

（7）广告订单。

广告订单系统是网站与其他网站建立合作关系所不可或缺的工具。主要用于接受客户的广告订单，投播客户的广告 Banner，进行友情链接，并进行管理和统计。

（8）在线调查。

供求信息系统是我们专为建立 B2B 信息平台的网站用户开发的一套系统，为企业提供发布供求信息，进行商贸信息交流的平台。将企业的供求信息集中在一起，充分发挥网络的优势，使资源合理分配、共享。

（9）在线技术支持。

功能等同于客户反馈系统，增加常见问题智能查询功能，后台管理员可维护常见问题数据库，对数据进行查询、修改和删除。

（10）访问统计报告（计数器）。

对网站访问者的情况进行统计，有利于网站建设者掌握网站受欢迎的情况，及时调整网站的信息及功能。

4. 网站服务

即网站可以提供给用户的价值，如问题解答、优惠信息、资料下载等。网站服务是通过网站功能和内容而实现的。一般包括如下四种服务：

（1）在线咨询：不仅可以使顾客咨询方便，而且还可以了解顾客对产品的看法。

（2）优惠信息：不仅可以吸引顾客注意，还可以降低发放优惠券的成本。

（3）保养知识：可以让顾客了解产品保养的有关内容。

(4) 产品说明书：对产品有详细的介绍，可以让用户了解产品。

5.2 网站营销站点建设

一、网络营销站点分类

目前对网络营销站点的分类各有其说，但根据站点营销效率的高低，可将企业的网络营销站点分为信息手册型、娱乐驱动型、在线销售型和销售服务型。在各种不同类型的网络营销站点中，它们都各具独到之处，各显特色，正是这些特性将它们与其他的类型区分开来。但是，在现实应用过程中有不少网站结合其他网站的优点，形成一种功能齐全的综合型网站。

1. 信息手册型站点

信息手册型站点一般只提供公司情况、公司产品、公司提供服务等静态信息。该类站点远远没有发挥 Web 网站作为一种互动性媒体的特性和优势，没有发挥 Web 这一新媒体的营销特性，是一种网络营销应用初级时期出现的最初级类型的网站，可称为最基本的网络营销站点。从某种意义上讲，这类网站是公司印制型宣传材料的翻版，将原来印刷在纸张上的商品介绍，更改媒体而放到了互联网上。

拥有这类网站的企业，往往是公司初上 Internet，想尝试一下利用互联网来扩大公司的影响，加大公司的宣传力度，扩展公司产品在突破地域限制上的市场宣传。虽然其中有些企业是我国企业当中较早认识到互联网的价值，并较早就开始建设公司的网站，但公司似乎还没有进一步挖掘 Web 潜力的打算，有的甚至连代表公司形象的主页也较长时间不作更新。有的属于该类的网站可能还在观望中，待网络市场更成熟后再作进一步的投入和发展。

2. 娱乐驱动型站点

娱乐驱动型网站的特点是营销者希望通过提供网上游戏、趣闻轶事、幽默戏说等公众喜爱的娱乐性服务，来吸引更多的消费者光顾的网站，以达到扩大和加深企业在线品牌影响面的目的。例如，众所周知的索尼（SONY）公司网站的营销战略是一手硬（产品设备）、一手软（影视娱乐），两者紧密结合、软硬兼施。精良的设备能使新奇的游艺引人入胜，影视娱乐又为视听产品的销售铺垫旺途，使两者在网络营销关系上互补至善。索尼公司的总裁早在建站初期的 1995 年就制定了“将公司网站建设成全球的在线娱乐场”的网络战略宏旨，声称：“我们的目标是要创造一个能为顾客提供娱乐的新型娱乐场所，索尼公司将努力实现数字时代的梦想。”数字化、娱乐化和寻求梦幻境界的技术、产品及软件是索尼公司网站的定位。

3. 在线销售型站点

一个进行产品销售的在线型网站实质上是一个电子版的网上商场或商店，这些虚拟的“商店”通过精心编制的图片和文字来描述和展示它们所提供的商品，并标明商品的规格、价格等，进行网上的促销活动。这一类网站通常都采取用户会员制，便于商家将商品送货上门，以及网上交易完成后的售后服务。这类网站通常都提供操作简便的网上“购物车”系统，当网上消费者挑选了所需的商品后，就可方便地将商品放入“购物车”内。这类网站通常都设有网上结算系统，提供多种付款方式供用户自由选择。一旦商品被购买了，该网络营销商就得根据消费者的要求，安排商品销售的执行，包括商品的准备及运送安装等。商品销售的执行过程可以由网络营销商自己的货物配送部门来进行，可以直接由生产厂家通过特定的配送机制来进行，也可以由网络营销商所委托的专业货运公司来完成。这类站点的主要销售特征是，它们尽量进行一次结清的交易，而少产生、最好不产生后续的纠葛。

4. 销售服务型站点

销售服务型网站通常是指那些能给访问者提供交互性信息服务的站点。互联网作为一种有效的信息沟通工具，使消费者与营销商之间能进行及时的沟通，消费者可及时地通过互联网得到有关的技术支持与售后服务。

最典型的是联邦快递公司（FedEx）的中国网站，该公司在其营销网站上向用户提供包裹运输服务和包裹跟踪查询功能。从1994年开始，该公司就通过网站向用户提供跟踪包裹传递状态的服务，1996年FedEx又为用户增加了货物有序化服务，允许用户存储基本的账户信息，如包裹的起始和到达地址以及账单信息等。现在，在联邦快递公司的全部业务中，已有三分之二的用户联系是通过电子手段解决的，除了电话预约安排货物，更多的用户是通过FedEx的网站来跟踪包裹、安排货物和确定传递。联邦快递公司的站点除大大地方便了用户外，还为公司节省了不少的用户支持服务费用。

二、网络营销站点建设

（一）网络营销站点的规划

企业在网上的竞争优势源于上网前的网络营销站点的规划。企业上网前的网络营销站点的规划，就是要将其经营模式和方针在网络环境中重新规划整合一番，使企业营销体系与互联网的各种功能有机地结合成新的网络营销体系。该体系中包括寻找新的商机，抑制竞争对手，发现、吸引并留住用户，通过不断增加的产品和服务为自己的品牌增值等，具体应包括以下内容：

1. 网站目标

企业网站目标就是企业在建网前的网站定位问题。企业打算利用网站进行哪些活动，达到什么目的，这是企业上网前首先要考虑的问题。常见的网站目标有：

（1）通过网站的建立试图销售更多的产品和为用户提供更多的服务。

（2）为用户提供良好的用户服务渠道。

（3）向来访者展示其他媒体所不能提供的人们感兴趣的信息。

2. 确定网站访问者的范围（人群）

在确定了企业网站的建站目标后，就应该划定公司网站访问者的人群，考虑有哪些社会人群会经常访问公司的网站。在规划分析时应考虑到：

（1）预期网站的主要目标人群在哪些地区，人口结构如何。

（2）网站接入互联网的带宽应有多大，用户能否快速访问到网站的内容。

（3）哪些人群会经常访问公司的网站页面。

3. 确定站点的结构和规划网站信息的内容

在考虑了站点的目标和服务对象以后，就可以规划和确定网站所应提供的信息和服务内容。在公司的网站上向访问者提供令他们感兴趣的内容，这是网站建设成败的一个非常重要的问题。但是，如何发展网站内容，还没有一个现成的模式或答案，需要每一家企业的网站建设者和有关的管理部门进行创造性的工作。在进行规划和设计时应考虑到：

（1）按照访问者的习惯规划网站的结构。

（2）结合公司经营目标和访问者的兴趣，规划和设计站点的信息内容和提供的服务。

（3）整合企业的形象，规划和设计网站的主页面的风格。

4. 企业网站组建的规划

在分析研究了站点的战略影响和规划好站点的服务对象和经营目标后，就可以规划如何组织建设公司的网站了。规划如何组建网站时应考虑以下几个方面：

（1）为组建企业营销网站，公司首次预计投入多少资金，当网站建成以后公司又能每年投入多少资金，因为这些关系到网站的初次建设和网站建成后的正常运转问题。有调查显示，一个网站每年用于站点维护的预算应当同最初建立网站时所花的费用差不多，至少应该达到原先投资总额的50%。而对于那些需要每天或是实时更新信息的新闻类站点或其他一些类似的站点来说，日常的网站维护费用就会更高。

（2）要确定公司网站系统是采取企业自己开发，采取委托他人开发，还是采取公司自己和他人合作的开发方式。

（3）在确定了网站系统开发方式后，要制订与已确定的开发方式相对应的人员组织和与其相关部门参与网站建设的计划。

（4）要确定网站建成以后的企业营销网站的日常运行和网站维护形式，以及网站以后的发展方向。

（二）企业网络营销站点的建设

在确定好企业网络营销站点的建设目标，规划好站点应具备的功能和风格以后，就可以进行企业网络营销站点的建设了。企业网络营销站点的建设涉及计算机的硬件和软件、通信网络、公司站点域名的申请、网络营销站点场地建设、网站内容设计和网页制作以及网站的推广等。

1. 站点域名的申请

站点域名具体可分为国际域名和国家域名两种，例如，以“.com”、“.net”和“.org”结尾的属于国际域名，而国家域名则以本国代码结尾。国际顶级域名的注册，是由NSI（域名解析公司）负责，这是一家得到InterNIC（国际互联网网络管理中心）授权的公司。国际互联网网络管理中心是美国国家科学基金会名下的授权专门从事域名注册的分支机构，它事实上主宰着国际域名注册市场，并把管理注册权限授予NSI公司。目前，NSI执行的国际域名注册政策仍然是遵循“先来先有”的原则，但可能很快会出台新的、仍有争议的国际域名注册政策，即加大对国际著名商标的保护力度，在域名问题上，授予全球的著名商标持有者特殊的权力，不过这一政策要在被核准以后才能获得实施。而国家域名的注册和管理一般由各个国家的非商业性的权威机构负责。

CNNIC（中国互联网信息中心）负责中国域名的申请和管理。具体来说，它负责制定中国互联网域名的管理政策，负责认定、授权顶级域名“.cn”的运行管理及“.cn”以下域名的注册服务，负责和监督各级域名的注册服务。CNNIC除了将“.edu.cn”域名管理权授予CERNET（中国教育科研网）外，还负责其他域名的申请和管理工作。需要说明，CNNIC只允许公司申请域名，而且不允许买卖域名，而InterNIC则对域名的申请不加任何的限制，任何人、任何单位，只要申请者每年缴纳固定的域名管理费，都可自由申请。

（1）决定申请何种级别的域名。

公司在决定申请域名时，首先要确定是申请国际域名还是国家域名。一个有远见的决策者应该同时在“.com”和“.cn”下为公司申请登记域名。很多国际跨国公司都采用这种方式。在申请域名时最好一并考虑进行防卫性注册，但申请多个域名的费用是累加的，因此，申请费以及以后每年的管理费都要考虑进去，即使公司申请的域名不用，这笔费用也要缴纳，否则域名管理机构将注销公司已注册的域名。

（2）确定公司网站的域名。

一个站点的域名是连接公司和 Internet 网址的纽带，是企业在网络上存在的标志，它担负着标示站点和导向公司站点的双重作用。域名对于在互联网上开展营销业务是十分重要的，被誉为网络时代的“环球商标”。无论是公司或个人，域名都是非常有价值的资产，它在互联网上造成的差别就是：很容易被发现或是完全被忽略。要让用户在数千万个域名当中，记住一个普通的域名，是一件非常困难的事情，因此，公司的域名要起得既容易记住又读起来上口，这样在互联网上开展营销时，就等于还没有起步，你就领先竞争对手一步了。域名也像产品的商标一样，是商家与消费者之间联系的纽带，对用户来说，域名就代表着公司网站。如果一个公司的域名就是该公司的名称或公司知名品牌的商标名，用户只要知道你公司的名称或知名品牌的商标名，也就知道公司的域名了，就能不费吹灰之力从浩瀚的互联网上找到该公司的方位，在该公司的网站上了解到所需要的信息。实际上，大量的网站域名正是用公司名称或公司的知名品牌商标名来取名的。

当公司已确定好域名并准备注册时，先要检索确认公司要注册的域名还没有被注册。如果选择的域名已经被注册，但公司又特别需要，这时可以去了解注册了该域名的公司的业务情况，如果属于域名抢注，一方面可以协商转让；另一方面对于恶意抢注者可以进行起诉。

（3）选择合适的网络服务商。

在具体申请注册域名时，企业可以直接向 CNNIC 申请，也可以委托网络服务商进行申请注册。如果用户直接向 CNNIC 申请注册域名，那么整个申请注册过程会比较长，如果是委托网络服务商的话，像中国万网（http：//www. net. cn）这样的网络服务商，可保证国内域名 3 天、国际域名当天就能完成注册。因此，一般都选择委托网络服务商进行申请注册。

（4）申请登记注册。

申请国际域名的手续很简单，只要将选择好的域名以及有关资料发送给注册机构或者代理机构。但申请“.cn”下的国内域名时，必须提供本单位的介绍信，单位的营业执照（副本）复印件或事业法人证书，注册商标证书复印件，承办人身份证复印件以及域名注册申请表等相应文件。

2. 站点建设的准备工作

在企业实际建设网站前，还有一些建站前的准备工作要做，如选择网站服务器的建设方式（即是采用自设服务器还是虚拟主机）、网站服务器的确定、建设站点的资料准备等。

（1）选择服务器建设方式。

企业若建设自己的服务器，则需要投入很多资金，包括安装服务器、架设网络线路，以及网站运行时需要投入很多租用通信网络资金。对于一般的中小型企业来说，在建设企业网站时，通常都采用服务器托管、虚拟主机、租用网页空间或委托网络服务公司代理等方式，这样既能满足企业上网的需求，又能大大降低费用的支出。

所谓服务器托管，就是企业在建设自己的网站时，拥有自己独立的服务器，只不过是将服务器放在ISP，由ISP进行日常运行管理。企业维护服务器时，可以通过远程管理软件进行远程操作，企业可以租用ISP提供的服务器，也可以自行购买服务器，这样企业不但可以拥有自己独立的域名，而且可以节省架设网络和租用昂贵的网络费用。

虚拟主机则是利用ISP提供的主机为企业开设一个网站，该网站在外界看起来就如同企业自己建立的一样，但费用很低廉，而且可拥有高速的网络出口。虚拟主机的数据上载、更新等日常维护工作由用户通过FTP的方式来完成，网页则是直接存放在ISP主节点服务器上。

租用网页空间方式是比虚拟主机方式更简单的方式，用户甚至不需申请域名，而只需向网络服务公司申请一个虚拟域名，将自己的网页存放在ISP的主机上，用户同样可自行上载、维护网页内容，自行发布网页信息。

如果公司缺乏网络营销方面的网络专门人才，则最简单的方法就是采取委托网络服务公司代理方式，将公司所有产品或服务的网上推广工作全部委托专业的网络服务公司代理。目前提供此项业务的网络服务公司很多，用户只要选择好合适的网络服务公司，就能把公司的网上推广任务交给网络服务公司代理完成。

（2）Web服务器的准备。

网络营销站点是通过通信网络连接到互联网的，它主要通过Web服务器来与互联网进行信息交互，向外发布信息，用户只要在客户机运行通用的Web浏览器就能够访问Web服务器，并和服务器进行一定的交互，Web服务器是企业与用户交互的窗口，因此，Web服务器的建设是一个不可缺少的重要环节。

Web服务器的建设就是要选择一台服务器，安装上Web服务器软件，并对其进行正确的配置和管理，为信息发布提供软硬件的支持。目前常用的Web服务器中大型机厂商有IBM、SGI、COMPAQ、Unisys富士通和日立等公司；中型（企业级）服务器的厂商较多，主要有SGI、SUN、IBM、HP等；PC服务器（工作组级）是一种新型的，基于IA（Intel Architecture）系统架构，以32位处理器、32位或64位系统总线为基础的，在突出内存与硬盘容量和系统运行速度的同时更注重其稳定性、安全性和可用性的服务器系统。PC服务器的国际著名生产商有COMPAQ、DELL、IBM和HP等，国内有浪潮、联想、方正等。运行于服务器上的网络操作系统主要有Unix、Windows NT、NetWare以及Linux等。Web服务器上比较常用的服务器软件有Microsoft Internet（IIS）、Netscape Enterprise Server、Domino Go Web Server、Apache HTTP Server以及IBM Websphere等。Web服务器的建设中的硬件和软件系统的选择与安装是一件技术性很强的工作，许多专业性公司都提供这种服务。

（3）站点资料准备。

在确定了网站服务器的建设方式后，接下来要做的一件事是为网站设计和开发工作准备有关的数据和各类资料。企业若要建设一个能提供企业信息发布、在线产品销售或在线服务、用户技术支持和信息反馈等功能的网络营销站点，则需要准备多方面的数据和各类资料。首先是有关企业需要反映到网站的一些数据资料，如公司的简介，产品的规格、图片、单价等内容；其次是准备一些公司有关用户技术支持方面的资料，如产品性能、使用方法、日常维护等内容，这些内容可以是文字、图像、动画、影视等类型的多媒体信息。

3. 网络营销站点的设计和开发

网站建设是一项综合性的工程，它的成功要依赖于多方面的工作。在选择和确定了一个性能良好的网站服务器与平台后，下一个优先考虑的问题就是网站内容的如何发布和展示了，即站点的设计和开发。网站的设计和开发通常包括网站模式设计、网站内容设计和网站管理系统的设计。

(1) 网站模式设计。

网站模式设计是一个站点开发设计的基础，它必须在进行网页设计制作之前完成，以便在制作网页时能遵循设计好的网站模式，保证制作完成后的网站能给访问者留下一个统一的整体形象，方便用户访问网站的内容。每个网站都可以设计有自己独特风格的网站模式，在网站模式设计中最大的忌讳是模仿和抄袭，而且这样做还容易引起知识产权的纠纷。

通常，在网站模式设计的过程中要注意的方面包括：有关页面版画的布局、页面的格式、页面的基色等页面规划和设计的问题，以及方便用户在访问网站的某一页面的同时，可以十分便利地通过链接直接访问和了解网站其他相关页面的站点导航模式设计的问题。

(2) 网站内容设计。

网站向访问者提供令他们感兴趣的内容，是一件非常重要的工作，这是一个战略性的问题。但是如何设计和发展内容，却没有现成统一的答案，需要每一家企业与公司的站点建设者和有关管理部门进行创造性的工作。在网站内容设计方面，应注意以下几个问题：

①确定上网的目的和目标观众。网站内容取决于企业上网的目的和目标观众。准备建立网站的企业，应该首先确立公司上网的目的，准备面向哪些群体，这是很关键的，它将关系到网站向访问者提供什么信息，以及信息内容的深度、广度和信息的提供方式等。企业还必须明白一点，特定的内容只能满足特定的目标客户群体，根本不可能取悦于所有的访问者。

②重铸企业现有的业务模式。创新对网上公司的业务开展，向访问者提供独特服务的重要性是显而易见的。网络意味着新的商业运行模式，要重铸公司现有的运作模式，并不是说要改变公司的业务。在这一方面做得最好的是网络设备供应商 Cisco 公司和计算机硬件供应商 Dell 公司。

通常，对大多数想发展网上销售的企业来说，首先想到的问题就是如何将公司现有的业务搬到网上去，而创新的要求往往会低一些，这无可非议。但是，公司的高层管理人员和网站的建设人员则应该时常提醒自己，互联网与其他的媒体不同，Web 不仅仅是一种媒体，它还是网上交易的平台。网上营销有很多特性，如可以实现较低的营销成本，实现对市场更加灵敏的反应，实现全天候 24 小时的用户支持等。然而在 Web 上，如果只打算将公司原来的业务模式原封不动地搬到网上，那是注定要失败的。因此，企业要分析自己的业务，确定自己的目标，找出公司站点的目标观众，确定适合上网的内容以及需要扩展的功能。

③创造以用户为中心的营销环境。企业网站建设应该以消费者为中心而不是以企业为中心。在企业网站建设过程中，要尊重观众，处处为观众着想，为用户提供有价值的信息和服务，培养网站的人气是网站内容设计者应时刻注意的第一宗旨。关于这方面的工作，没有现成的答案，需要设计者开动脑子，做一些创造性的工作，可以借鉴他人的经验，也可以委托专业的服务公司帮助出谋划策。

④从文化角度进行网站内容的策划。每个人都有理性与感性的两面，换句话说，每个用户都有其理性需求与感性需求，网站内容要想打动访客，归根结底，无非是8个字：晓之以理，动之以情。网站除了要明确传递产品信息、传播企业的形象，还要从企业文化、宗旨等角度拉近与消费者的距离，使消费者在浏览的过程中有效完成市场定位。

(3) 网络营销站点的网页设计。

网页设计，说简单一点不过是将文字、图片、表单、动画、声音等信息，按照HTML语言的格式和要求进行组织的过程。如今，借助于可视化的主页设计和其他有效工具，设计一个生动形象的站点，并不是一件十分困难的事情。

内容对网站建设来说十分重要，丰富而有趣的内容是吸引访问者的必要条件，也是企业网站的立足之本。在电子商务的时代，Web站点就是公司的门面，消费者与公司之间的业务往来是通过Internet进行的，Web站点已不再单纯是一种联系的通道。而且，用户往往可以通过站点情况（站点访问速率、提供的内容、页面的设计等指标），来判断这家公司的经营规模、实力、信誉等。网上公司的站点向用户提供什么，提供的内容和服务对用户是否有吸引力，这些都将成为公司的网络营销站点能不能成功的关键因素。

网页内容，一般指文字、图片、动画、声音等信息。但是，在Web上，网页内容有更多层次上的含义。它可以是文字材料、漂亮的动画、数据图表或多媒体产品等，也可以是指网站所提供的软件下载服务等。简单地说，Web上的网页内容除包括传统上的含义外，还包括了网站所提供的各类服务，以及对它们的组织和构造。例如，美国的联邦快递公司（FedEx）在其公司的网站上提供了深受用户欢迎的包裹跟踪查询服务，这就是FedEx站点最亮丽的地方。

页面设计的第一步是确定站点的主题。所谓主题就是与企业宗旨相对应的概念，确定主题有助于开发既具有独特风格又前后一致的Web页面。站点的主题与企业的产品是紧密相关的，它既能反映企业从事的业务，又具有鼓动力和感染力，主题应通过主页上陈述企业任务的那句话反映出来。通常在进行网站主页设计时要注意以下几点：

①主页简洁、生动，主题突出。要能使用户对公司的主页扫一眼就能马上明白你的企业是主营什么的。要达到这样的目的，最好及早设置阐明主题的句子，且要用区别于其他文本字体的醒目的形式显示，但最好少用图像形式，以免影响下载速度。这样只要屏幕上一出现信息，人们就能知道这是谁，它的业务是什么。

②尽量缩短下载时间。企业的网页设计者要记住，大多数的网上用户都是不耐烦的，如果能减少下载网页的等待时间，就更能让用户停留在你的网站上。通常网页的下载时间对大多数的调制解调器而言，最长不宜超过10秒钟。为加快下载速度，可调整图像尺寸、缩减文件大小，也可以使用渐进式图像或减少颜色数来减少文件的存储空间。

③树立一致的企业形象。结合公司现实世界中的企业形象，树立与其相一致的网上企业形象。网站的首页可视为企业的名片、宣传手册。其设计方式常采用醒目的企业标志图标，或以企业标志灰色图标作为背景；或采用模板、风格选单等设计手段，使企业站点的全部网页既能保持风格一致，又能反映各部分的特色；也可以运用站点人格化、个性化的手法，增加企业的形象特色。

④创建菜单栏，提供对关键页面的简捷的导航。网站首页应能提供一个简单的功能化界面，引导消费者简单迅速地到达他们所需信息的页面。要达到这个目标，可在首页上设置一个

菜单栏，这个菜单栏可以是 Web 站点的最顶层目录，它能提供与相应关键页面的链接。这个菜单栏应出现在企业网络营销 Web 站点内的所有页面上，这样就能使用户更易于访问他所需的信息。菜单栏上使用的一种较流行的，而且易于创建的格式是一系列图形按钮，网站内的每一个按钮都应有文本信息并包含与 Web 站点其他页面的相应链接。通常情况下，这些按钮都设计成具有三维视觉效果的图形，按钮的设计和使用应与站点的主题保持一致。

⑤设置“News”的链接与快速联系。企业网站的页面设计还有一个十分重要的工作，是关于企业或产品的新闻或信息的链接，通常应设计成让用户只需单击一下的按钮“News”或“What's New”，即可方便地获得有关公司的最新消息。经常访问 Web 站点的用户会很看重网站首页到最新信息的链接。

另外，还要注意页面色彩的协调。

(4) 网站管理系统的开发。

网站管理系统是指运行在 Web 服务器上的网站管理软件，虽然有许多支持网站管理的软件，但由于各网站模式不同，因此针对不同的网站需要开发不同的管理系统。例如，网站要每天实时更新有关内容，那就要开发出专门的页面发布的管理软件，否则若用人工负责维护，则维护的工作量太大。另外，为了解网站运转情况，需要对网站访问情况进行跟踪调查，这一网站跟踪工作以及跟踪结果的统计和分析任务也应该开发专门的跟踪系统管理软件。具体是购买市场上现成的管理软件还是公司自己开发专用的管理软件，则要视网站的具体情况而定。

(三) 网络营销站点的运作和管理

网络营销站点开发成功以后，就可以开始让网站投入正常运行，而网站的日常管理工作也相应地可以开展了。网站的运作和管理通常包括站点的推广和网站的维护工作。

1. 网络营销站点的推广

网络营销站点是企业在网上进行营销活动的阵地，站点能否吸引大量的网上观众是企业开展网络营销成功的关键。站点推广就是通过对企业站点的宣传来吸引用户的访问，同时也是树立企业网上品牌形象，为实现企业的营销目标打下坚实的基础。

(1) 利用搜索引擎。

搜索引擎是一个非常有效的网络站点推广工具，几乎每一个在网上要查询信息的人都要使用搜索引擎，因此在著名的搜索引擎上进行注册是非常必要的，而且在有些搜索引擎上进行注册往往是免费的。

(2) 建立链接。

互联网的一个特点就是通过链接将所有的网页连接在一起。国外有学者经过大量的统计分析发现，两个不同的网页通过多次的链接点击，可以从一个网页找到另一网页。因此，与不同的站点建立链接，可以缩短网页之间的距离，提高站点的被访问概率。通常有以下几种链接方式：

① 在商务链接站点申请链接。企业网站可以向网络上的许多商务链接站点申请链接，如果公司能在网上为用户提供一些免费的服务，那么就能吸引许多商务链接站点为公司建立链接服务。

②在行业站点上申请链接。在企业所属的行业内，会有一些不同类型的商务组织，而这些组织通常建有会员站点，可以向它们申请一个链接。

③申请交互链接。企业可以寻找具有互补性的站点，并向它们提出进行交互链接的要求，最好能为通向其站点的链接设立一个单独的页面，这样就能让用户浏览到自己的网站。

(3) 发送电子邮件。

通过电子邮件来宣传和推广网站，这是不少企业网站常用的方式。在利用电子邮件宣传和推广网站时，首先要收集电子邮件的地址，寻找和收集电子邮件地址时，通常可利用站点的反馈功能记录愿意接受电子邮件的用户的电子邮件地址，以避免发送一些令人反感的电子邮件。另外，也可以租用一些由商用网上服务公司收集的愿意接受电子邮件信息的通信列表，来发送电子邮件。

(4) 发布新闻。

企业要及时掌握具有新闻性的事件（如网站开通或某项新业务的推广），将新闻发送到公司的行业站点或在其他新闻媒体上进行网站推广。也可以在网上的公告栏或新闻组中加以推广，通常公司可以加入这些讨论，而后让公司邮件末尾的“签名档”发挥推广的作用。

(5) 提供免费的服务。

在网上提供免费的资源服务，其时间和精力的代价是较昂贵的，但可在增加站点流量的功效上得到回报。但是，你所提供的免费服务应与企业所经营的产品相关，这样在吸引来访者的同时，也可以使其成为良好的业务对象。

2. 网站的维护

作为一个网络营销网站，在网站开通后的日常运行时间内，要定期地更新网站的内容。倘若公司的网站内容长时期不作更新，则浏览公司网站的用户一定会越来越少。因此，网站的日常维护是一件关系到网站生存的重要工作。通常的网站维护工作有：

(1) 企业信息的定期更新。

根据企业网上经营商品的实际情况，来确定网上信息的更新周期，有些企业网站的信息则需要每天即时地更新，而多数的企业则不需要那么频繁，但是也必须定期更新。

(2) 网站页面的更新。

作为一个企业的门户网站，其网站页面的格式和版面，也不能一成不变，因为人们不免总有一种喜新感，倘若公司的网站形象长时期不作更新，也会流失一部分用户。

(3) 有效链接的维护。

在现今的互联网上，每天都有新的站点在产生，每天也有生存不下去的站点在消失，由此产生的是不少原有的链接现在失效了。若不经常维护这些已失效的链接，人们会对该网站产生抱怨，因此企业要经常及时地维护这些已失效的链接。

(4) 网站的完善性维护。

在建设好一个企业的网站后，并不是网站建设工作的完成，而是需要日后的不断修改完善。一个成功的网站也不是在刚建立时就成功了，而是通过企业网站的工作人员长期的努力，在实际工作中进行长期积累、总结经验、不断创新等工作后才取得成功的。

3. 网上资源的运作管理

互联网提供了许多有效的可用于进行营销的服务，有的称其为“因特网外向的市场营销战略”，即需要把信息向外传送给用户，而不是坐等用户来到公司网站。这主要有电子邮件（E-mail）、邮件列表（Mailing List）和新闻组（Newsgroups），它们分别是一对一、一对多和多对多的信息交流方式。

电子邮件营销管理的方式主要有：

（1）建立电子邮件数据库。

企业建立电子邮件列表，可使其成为公司重要的营销资源。可以从多种途径收集地址，建立电子邮件数据库。收集电子邮件地址的方法很多，通常有现有用户资源、网站访问者、他人推荐、租用电子邮件列表以及通过会员组织取得用户的电子邮件地址。

（2）创立签名文件。

签名文件也称为邮件落款，它好比是互联网上的广告牌。签名文件一般是在每封电子邮件下方都附有网址及一小段介绍网站的文字，这段文字是由电子邮件服务器提供的。因此，可以在每封电子邮件之后自动附上有关公司网站推广和营销信息，通常签名文件内容不超过6至7行，否则其效果将大打折扣。

（3）利用自动回复系统。

电子邮件的自动回复系统，是一种专用于回复大量的用户电子邮件的程序，常见的有Mailbot（Mail Robot的缩写，邮件机器人）、Infobot（Information Robot的缩写，信息机器人）以及Autoresponde（自动回复器）等。这种程序通过对所有收到的电子邮件的主题句中具体语句的识别，或者通过寻找具体的地址或别名的方法，把事先准备好的信函自动发给使用者。

Internet邮件列表（Mailing List）是在线用户自愿加入形成的一个社团，实际表现为一组成员的电子邮件地址列表。企业可以通过预订邮件列表，找到感兴趣的邮件列表的名字、主题和电子邮件地址，参加讨论和发表意见，或提供有用的信息。企业也可以建立自己的邮件列表，则可让列表能更符合本公司的兴趣，更容易把自己树立成专家的形象。其中的话题可以集中在公司的产品、行业或者相关的主题上。

如果把电子邮件比喻为私人谈话，将Internet邮件列表比作是一个聚会，那么网络新闻组就像是广场上的公开讨论。因此，企业可以利用新闻组来传播营销信息。但是在决定利用新闻组来传播营销信息时，一定要掌握新闻组的真实情况，因为每一个新闻组都是一个具有自己独特的文化、语言、历史和居民的社区。若侵犯了这种文化，你的公司在这个新闻组中的地位，就像是一位酒业推销员来到了一个禁酒集会上的地位一样，将十分尴尬。

（四）网站建设的原则

企业网站的重要性毋庸置疑，但是有一个不容忽视的问题，许多企业仅仅停留在有网站的阶段，他们并没有意识到一个界面粗糙、内容单一、流程混乱、安全性差的网站，会给访问者留下极差的感觉，可能会严重破坏企业的整体形象。因此，在企业网站建设过程中要遵循以下一些原则：

1. 目的明确

任何一个网站，必须有明确合理的建站目的和目标群体。首先，必须解决网站是面对客户、供应商、消费者还是全部，主要目的是介绍企业、宣传产品，还是为了实现电子商务等诸如此类的问题。如果目的不是唯一的，还应该清楚地列出不同目的的轻重缓急顺序。网站建设包括类型的选择、内容功能的筹备、界面设计等各个方面，都受到建站目的的直接影响。因此，网站建设的目的是一切原则的基础。另外，该目的必须是在当前的资源环境下能够实现的，不切实际的目标没有外界条件的支撑是无法实现的。

2. 体现专业性

企业基于互联网平台发布信息，进行宣传，以争取创造更多的商机，因此，网站信息内容应该充分展现企业的专业特性。主要表现在以下几个方面：

（1）完整无误地表述企业的基本信息，包括企业介绍、业务范围（产品、服务）及其主次关系、企业理念等，同时还要提供企业的地址、性质、联系方式。

（2）如果是上市公司，提供企业的股票市值或者链接到专门的财经网站将有助于浏览者了解企业的实力。

（3）所提供的信息必须是全面的、专业的、有效的，具有独创性的。具体而言应具有以下特点：

①全面性：对所在行业的相关知识、信息的涵盖范围应该全面，但是内容本身不必做得百分之百全面。

②专业性：所提供的信息应该是专业的、有说服力的。

③时效性：所提供的信息必须至少是没有失效的，这保证了信息是有用的。

④独创性：具有原创性、独创性的内容更能得到重视和认可，有助于提升浏览者对企业本身的印象。

⑤所提供的信息是容易检索的。

（4）如果企业的客户、潜在客户包含不同的语系，则应该提供相应的语言版本，至少应该提供通用的英语版本。

3. 功能实用

网站提供的功能服务要尽量切合实际需求。

（1）每个服务必须有定义清晰的流程，每个步骤需要什么条件、产生什么结果、由谁来操作、如何实现等都应该是清晰无误的。

（2）实现功能服务的程序必须是正确的、健壮的（防错的）、能够及时响应的、能够应付预想的同时请求服务数峰值的。

（3）需要人工操作的功能服务应该设有常备人员和相应责权制度。

（4）用户操作的每一个步骤（无论正确与否）完成后应该被提示当前处于什么状态。

（5）当功能较多的时候，应该清楚地定义相互之间的轻重关系，并在界面上和服务响应上加以体现。

（6）服务成功递交以后的响应时间通常不应超过整个服务周期的10%。

4. 界面易操作性

界面设计的核心是让用户更易操作，需要遵循以下原则：

（1）层次性。

条理清晰的结构，表现为网站的板块划分的合理性，需要注意以下几点：

①板块的划分应该有充分的依据并且是容易理解的；②不同板块的内容尽量做到没有交叉重复内容，共性较多的内容应尽量划分到同一板块；③在最表层尽量减少划分的板块数量，通常控制在4～6之间比较合适；④划分后的结构层次不宜过深，通常不超过5层为佳；⑤在安排层次的时候要充分考虑用户操作，比较常用的信息内容、功能服务应该尽量放到更浅的层次以减少用户点击次数；⑥信息内容的获取和功能服务的过程都应该尽量将所需要进行的步骤控

制在 3 ~5 步，不得不需要更多的步骤的时候应该有明确的提示。

（2）一致性。

页面整体设计风格的一致性：整体页面布局和用图用色风格前后一致。

界面元素的命名的一致性：同样的元素应该用同样的命名；同类元素命名满足一致性，做到即使某个元素的表述不清楚也能从上下文推断其义。

功能一致性：完成同样的功能应该尽量使用同样的元素。

元素风格一致性：界面元素的美观风格、摆放位置在同一个界面和不同界面之间都应该是一致的。

（3）精简性。

每个界面调出的时间应该在可以接受的范围之内，当必须耗用较长的时间时应该有明确提示并最好有进度显示。

当不同的方式能够达到相同或近似的效果时，总是应该选取令客户访问或使用更简单快捷的方式（在开发资源差别可忽略的情况下），如尽量减少客户端插件的使用。针对目标群体的需要应充分考虑浏览器兼容性、字体兼容性和插件流行程度等。

主要界面尽量不超过浏览器高度的 200%，大量信息内容尽量不超过浏览器高度的 500%，如果超过，应该使用页内定位或者进行分页。主要的信息应该放在突出的位置上，常用的功能则应该放到容易操作的位置上。应该具有明确的导航条和网站地图提供快速导航操作，同时对于专业的术语、复杂的操作等有直接的容易理解的帮助。在风格允许的情况下，可以适当增强交互操作的趣味性和吸引力。简单有效的个性化有助于增强界面的易操作性。

命名应该是简洁的、定义清晰的、易明且不易相互混淆的；对于目标群体而言，尽量不使用较为生僻的词语，如果一定要，则应给出容易理解的解释。

错误或者无效的链接是界面设计的大忌之一。

5. 界面艺术性

网页创作本身已经成了一种独特的艺术，要达到吸引眼球的目的，再结合界面设计的相关原理，形成了一种独特的艺术，这使得企业网站的设计应该满足以下几点：

（1）遵循基本的图形设计原则，符合基本美学原理和排版原则。

（2）对于主题和次要对象的处理符合排版原理。

（3）全站的设计作为一个整体，应该具有整体的一致性。

（4）整体视觉效果特点鲜明：体现在页面版式结构、用色、线条和构图、配图的精细及美观程度、元素风格、整体气氛表达、字体选用上。

（5）整体设计应该很好地体现企业 CI，整体风格同企业形象相符合。

（6）整体设计应适于目标对象的特点。

6. 卓越的访问性能

网站正常的访问性能主要体现在以下八个方面：

（1）访问速度：取决于服务器接入方式和接入带宽、摆放地点、硬件性能和页面数据量、网络拥塞程度等多方因素。如果目标群体不只本地，则还应考虑地理因素造成的性能下降。

（2）可容纳的最大同时请求数，取决于服务器性能、程序消耗资源和网络拥塞程度等因素。

（3）稳定性：平均无错运行时间。

（4）程序性能：响应请求并运行，得出结果的平均时间。

（5）错误的检测和拦截。

（6）扩展性安全性：关键数据的保护。例如，用户数据等功能服务的正常提供。

（7）网站的防攻击能力 。

（8）对异常灾害的恢复能力。

7. 经常维护更新

网站的不断更新是其具有生命力的源泉之一，网站的最大特点是它总是不断变化的。对于三种类型网站而言，更新的重要性通常为基本信息型、多媒体广告型、电子商务型。网站更新指标包括信息维护频度（信息更新数量×质量/时间比）和改版频度。其中影响维护的一个重要元素是网站界面和功能开发所选用的技术。

8. 确保发挥作用

网站必须被访问和使用才有价值，再好的网站，如果没有人访问和使用也是毫无价值的。

（1）设计好域名。

一个企业网站首先被看到的是其域名，好的域名更利于被访问。因而域名设计是企业网站的重要元素：域名应该尽量容易理解和记忆，并且尽量简短；当难以简短的时候，宁愿放弃无意义或者难以理解的字符数字组合而选用稍长一点的域名。域名设计应充分考虑目标群体的特点，例如，如果要做到国际化，域名包含汉语拼音显然是不可取的。域名应该尽量有意义并反映网站的实质作用，一定要做到不可有歧义。企业网站本身应该就是企业 CI 的一部分，应该出现在企业常备的名片、Catalog、信封里，出现在企业的各种广告里。

（2）使用搜索引擎。

登录搜索引擎是一种行之有效的推广方法，在常用的大型搜索引擎登录，设计更准确和全面的关键词，可以增加被正确检索的机会。

（3）积极进行网络推广。

与同类或者相关类型企业网站结为联盟或者结成伙伴关系也有利于网站的有针对性的推广。

结合企业本身的宣传推广活动和促销活动，加强网站上的宣传和利用。

企业网站可以针对其目标群体特点采用一些其他的推广方法，如座谈会等。作用比较突出的甚至包含品牌形象的网站也可以采用以单独广告投入的方式进行宣传，如网上银行等。

9. 反教条

原则是为目的服务而不应成为教条。任何原则都是应目的而制定的，如果所采用的方法确实能够更好地达到目的，那就不必受原则本身的桎梏。每一项指标在不同的网站都有不同的重要性，根据实际情况可以降低其重要程度甚至舍弃；同样，对达到目的更具意义的指标可以相应提高。

多媒体广告型网站是一个特别的类型，因为广告思维本身常常是打破常规的，因此对于多媒体广告型网站来说，有些原则并不实用，但是这种类型的网站仍应遵循目的性、性能需求、维护需求和发挥作用的原则。

三、企业网站建设必须注意的问题

企业设置营销网站必须注意如下问题：

(1) 网站规划和栏目设置要合理。

主要表现在栏目设置不应有重叠、交叉，或者栏目名称意义不明确，容易造成混淆，使得用户难以发现需要的信息，故要避免栏目过于繁多和杂乱而使网站导航系统混乱。

(2) 重要信息要完整。

企业介绍、联系方式、产品分类和详细介绍、产品促销等是企业网站最基本的信息，企业网站上这些重要信息要完整。

(3) 网页信息量足够。

包括两种情况：一种是页面上的内容，或者将本来一个网页可以发布的内容分为多个网页，而且各网页之间必须有相互链接，不需要再次点击主页；另一方面是尽管内容总量不少，但有用的信息少，笼统介绍的内容多。

(4) 防止栏目层次过深。

重要的信息应该出现在最容易被用户发现的位置，应尽可能缩短信息传递的渠道，以使企业信息更加有效地传递给用户。

(5) 网站要有利于促销。

通过网站向访问者展示产品、对销售提供支持，有多种具体表现方式，如主要页面的产品图片、介绍、通过页面广告较好地体现出企业形象或者新产品信息、列出销售机构联系方式、销售网店信息等，或者具有积累内部网络营销资源和拓展外部网络营销资源的作用 。

5.3 网站易用性研究

网站易用性是网站的一种品质属性，是一种以使用者为中心的设计概念，易用性设计的重点在于让产品的设计能够符合使用者的习惯与需求。对于网站来说，就是能让使用者在浏览的过程中不会产生压力或感到挫折，并能让使用者在使用网站功能时，用最少的努力发挥最大的效能。网站易用性是网站生存和成功的必要条件。如果网站很难用，用户就会离开；如果网站不能清楚地呈现公司的主要业务以及用户可以做什么，用户也会离开；如果用户在网站中迷路了，他们也可能会离开；如果网站的信息很不方便阅读或者不能解答用户关心的问题，用户也会离开……用户不会花很多时间耐心研究这个网站怎么用，因为还有很多其他类似的网站，离开是解决困难的首选。由此可见，网站若能给用户良好的第一印象的话，就能大大提高用户的黏性并为提高网站转化率作好铺垫。

人们通常认为网站易用性有五大品质要素：

1. 易懂、易学

这是指用户首次进入网站并完成该网站基本任务的容易程度。

2. 高效

这是指当用户熟练使用网站后，完成任务需要的时间的长短。

3. 易记

这是指当用户中断使用网站一段时间后，再次回到网站时，能否再次熟练上手。

4. 出错率

这是指用户在使用网站过程中出现多少错误，这些错误有多严重，出错后能否轻易修正错误。

5. 满意度

这是指用户对于网站使用的整体满意程度。

当然，还有很多其他重要的品质属性，其中最基本的前提是网站对用户“有用”，即“实用性”，即网站能否为用户提供有价值的信息、功能等，以满足用户的访问需求。在这个基础上，才能谈网站易用性，否则一个再好用的网站功能，如果对于用户来说没多大价值，那也没有意义。

2008 年 8 月中国知名网站用户速度体验 50 强

艾瑞咨询研究发现，一些知名品牌自身的网站访问速度过慢或访问不稳定，会严重影响用户体验，使网民对企业的技术和品牌本身产生质疑，甚至把网民推向其他竞争网站。

艾瑞咨询作为网络经济行业领先的第三方研究咨询机构，研发出网络测速工具 iWebSpeed，在每月的中国主流行业网站监测数据的基础上，推出《中国知名网站用户速度体验监测报告》，帮助客户针对自身网站状况，合理配置网站资源，优化用户体验，提升网站行业竞争力。

艾瑞监测报告数据是根据中国各地区 10 万多个测试点，通过监测各行业网站在不同地区、不同 ISP 和不同时间的用户使用情况，获取 HTTP/DNS 两个方式相关数据下载的时间、速度等基本数据，在此基础上建立综合指标体系，从不同维度定量反映网站服务质量。

同时，艾瑞咨询将为客户提供从底端网站访问数据监测到网站易用性整体研究结果，包括网站技术诊断、内容价值诊断、网站流程架构诊断、网站用户体验研究、网络营销优化解决方案。

本期排行，艾瑞咨询选取 263 家各行业网站中的 50 家知名网站用户体验监测结果，各网站可根据自身排行情况及竞争对手状况，作出相应改进。

艾瑞咨询根据最新推出的网络测速工具 iWebSpeed 的最新数据研究发现，2008 年 8 月，中国知名网站 50 强用户速度体验综合指数排行中，综合门户类网站的搜狐居首位，中国工商银行网站和易趣网站分列第二、三位。在排名前十的网站中，七家为网络媒体类，只有三家为企业类网站。

在单个指标中，网易网站速度最快；京东商城网站可靠性最好；均衡性最好的是中国银行网站。

一汽大众、喜来登和一汽轿车网站位列后三位，其中喜来登网站的速度指标排在最后，一汽轿车网站的可靠性指标与其他网站相比差距较大。

5.4 网站诊断

经过一轮互联网的洗礼，大部分的企业已经拥有了网站，这些网站效果如何呢？如何才能吸引网民，强化网络消费者的忠诚度、美誉度？这就需要对网站进行网站诊断。网络诊断是网络营销管理内容之一，顾名思义就是针对网站是否利于搜索引擎搜索、是否利于浏览和给浏览者美好的交互体验以及是否利于网络营销的一种综合判断行为，说得简单点就是查看一下网站在搜索引擎里面的表现情况，找出网站的弊病在哪里，让网站符合搜索引擎的标准。

一、网络诊断的内容

网络诊断从网站流量、栏目、内容、界面、功能、搜索引擎排名六个方面进行。

1. 网站流量分析

原有网站的访问量有多少？这些流量是从哪些网站过来的？用户访问最多的是哪个栏目？用户搜索的关键词有哪些？通过对网站统计数据的分析，网站策划者可以了解到用户对企业网站的关注度，从而制定有针对性的改版目标。

2. 网站栏目分析

原有网站的栏目设置是怎样的，用户最喜欢访问哪个栏目，哪些栏目无人问津？栏目的名称看上去清楚吗，会不会拗口或者有歧义？一共有几层栏目，栏目之间是否相互补充，而不会互相重叠？网站栏目是一个网站的纲领，必须做到结构清晰、逻辑合理。

3. 网站内容分析

网站的公司介绍是否阐述完整，产品介绍是否突出核心卖点，服务内容和服务流程是否表述清晰，新闻是否保持定期更新？网站内容是一个网站的核心，只有内容完整的网站，才算是“活”网站。

4. 网站界面分析

网站的设计是否与企业 VI 相统一？是否能够体现出行业属性和企业特色？网站界面的色彩是否适于阅读，界面布局是否重点突出、主次分明？网站界面设计决定了客户的停留时间与访问次数，也决定了客户对企业的印象。

5. 网站功能分析

网站功能使用是否方便、易用、快捷？网站功能是否有错误？网站功能流程是否合理？只有易用而便利的功能，才能吸引客户深入使用，并愿意再三光临。

6. 搜索引擎排名分析

在搜索引擎搜索相关关键词时，企业是否能够排列在搜索页面前列？企业的网站优化程度如何？网站排名如何？

二、网络诊断的方法

这里将分别介绍网络诊断的方法及故障检测工具两方面内容。

（一）诊断方法

为了降低设计的复杂性，增强通用性和兼容性，计算机网络都设计成层次结构。由于各层相对独立，按层次排查能够有效地发现和隔离故障。

通常有两种逐层排查方式，一种是从低层开始排查，适用于物理网络不够成熟稳定的情况，如组建新的网络、重新调整网络线缆、增加新的网络设备；另一种是从高层开始排查，适用于物理网络相对成熟稳定的情况，如硬件设备没有变动。无论哪种方式，最终都能达到目标，只是解决问题的效率有所差别。

在实际应用中往往都采用一种折中的方式，凡是涉及网络通信的应用出了问题，可以直接从位于中间的网络层开始排查，首先测试网络连通性，如果网络不能连通，再从物理层（测试线路）开始排查；如果网络能够连通，再从应用层（测试应用程序本身）开始排查。

在 TCP/IP 网络中，排查问题的第一步常常是使用 ping 命令。如果成功地 ping 到远程主机，就排除了网络连接出现故障的可能性。即使是使用 ping 命令，也有一个逐步检测判断的步骤。例如，假设有一个如下图所示的网络：

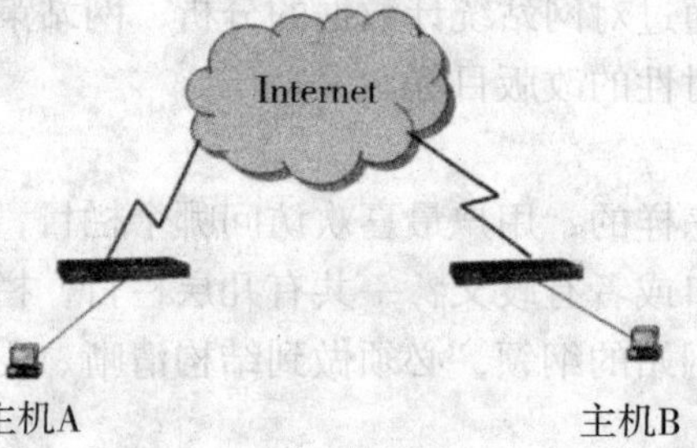

这里要测试网络能否正常通信。通常从 ping 远程主机开始（例如在主机 A 上 ping 主机 B），成功则说明系统和网络正常，失败则说明主机离线或者网络故障或者主机 B 禁止 ping 操作。失败后再 ping 路由器出口地址（例中为路由器 WAN 口地址）来确认主机 A 是否能够通过路由器。失败后再 ping 同一子网的网关（例中为路由器的 LAN 口地址）来确认主机 A 是否能够连接到路由器。失败后再 ping 网卡地址来确认网卡是否工作正常。失败后再 ping 本地环回地址 127.0.0.1 来确认 TCP/IP 协议软件是否存在问题，如果有问题，需要重新安装 TCP/IP 协议栈。这里也可以采用另外一种步骤，从 ping 本地环回地址 127.0.0.1 开始，直到最后 ping 远程主机。只要成功地 ping 到远程主机，可以判断网络问题一般发生在更高层次。

（二）检测工具

Windows 系统为我们提供了一个命令行检测工具，与图形界面下工具相比，命令行检测工具小巧适用，也提供了很多命令，对我们排查网络故障有很好的帮助。下面就简单介绍几个常用命令。

1. ipconfig

ipconfig 命令主要用来显示当前的 TCP/IP 配置，也用于手动释放和更新 DHCP 服务器指派的 TCP/IP 配置，这一功能对于运行 DHCP 服务的网络特别有用。

要发现和解决 TCP/IP 网络问题时，通常首先检查出现问题的计算机上的 TCP/IP 配置。使用 ipconfig /all 命令可获得全面的主机配置信息，即包括总体的 IP 配置信息，如主机名、IP 地址、DNS、MAC 地址等。

2. ping

ping 命令用于测试 IP 网络的连通性，只有在安装了 TCP/IP 协议后才可以使用。一般使用 ping 命令来测试连接，向目的计算机的 IP 地址（或主机名）发送 ICMP 回应请求包。可以按以下步骤测试：

（1）ping 环回地址 127. 0. 0. 1，验证是否在本地计算机上安装 TCP/IP 以及配置是否正确。执行命令 ping127. 0. 0. 1，如果不成功，应安装和配置 TCP/IP 之后重新启动计算机。

（2）ping 本地计算机或网卡地址，验证是否将当前计算机正确地添加到网络。

（3）ping 默认网关，验证默认网关是否运行以及能否与本地网络上的本地主机通信。

（4）ping 远程主机，验证能否通过路由器进行通信。如果有问题，可检查路由器配置。

3. arp

该命令可以查看和修改本地计算机上的 ARP（地址解析协议）表项。该表项用于缓存最近将 IP 地址转换成 MAC 地址的 IP/MAC 地址对。目前极为流行的 ARP 欺骗就是利用这个协议。

arp 命令最常用的是查找同一物理网络上的某主机的 MAC 地址，并给出相应的 IP 地址。如果要想确定另外一个主机的 MAC 地址，通常先 ping 该主机，然后使用 arp-a 命令。

要删除本地计算机上的 ARP 条目可以使用命令 arp-d。要绑定某台主机的 IP 与 MAC 地址可以使用命令 arp-s 192. 168. 1. 1 aa-bb-cc-dd-eE-ff，这样这个条目就变成静态 ARP 条目，永远不会失效。

这样绑定的好处就是可以防止 ARP 病毒欺骗电脑。不过值得注意的是，这里绑定过后的条目在重启计算机后将失效，如何使其能每次重启后都有这样的绑定呢？我们可以新建一个批处理文件如 static_ arp. bat，注意后缀名为 bat。打开电脑“开始” ->“程序”，双击“启动”打开启动的文件夹目录，把刚才建立的 static_ arp. bat 复制到里面去，在里面加入我们刚才的命令保存就可以了。以后可以通过双击它来执行这条命令，还可以把它放置到系统的启动目录下来实现启动时自动执行。

5. 5　网站优化

网站优化就是通过对网站功能、网站结构、网页布局、网站内容等要素的合理设计，使得网站内容和功能表现形式达到对用户友好并易于宣传推广的最佳效果，充分发挥网站的网络营销价值，是一项系统性和全局性的工作，包括对用户的优化、对搜索引擎的优化、对运营维护的优化。网站优化已经成为网络营销经营策略的必然要求。

许多企业在策划和建设阶段没有做好企业网站的优化设计工作，而在进行搜索引擎推广时才不得不面对这一尴尬的问题，由于这些简单的错误而影响了网站推广的时机和效果。网站优化不必支付按点击付费的费用。互联网上的免费大餐太多，所以有机会节约网络营销成本就抓紧时间进行网站优化。

一、网站优化的基本要素

一个优秀的网站有哪些基本的要素呢？从实际应用的角度出发，通过对大量网站的研究和分析，归纳出一个成功网站所必须具备的以下八项基本要素。

1. 页面下载速度快

人们浏览一个网站是为了获取某些需要的信息，页面下载速度是一个优秀网站的第一要素。在网络速度相当缓慢的条件下，更应该为节省访问者的时间精心设计。据研究发现，页面下载速度是网站留住访问者的关键因素，如果20～30秒还不能打开一个网页，一般人就会没有耐心。如果不能让每个页面都保持较快的下载速度，至少应该确保主页速度尽可能快。

在目前的情况下，保持页面下载速度的主要方法是让网页简单，仅将最重要的信息安排在首页，尽量避免使用大量的图片，更应避免有自动下载音乐软件或其他多媒体文件，因为在目前的网络技术条件下要下载图片或其他音频、视频文件，远比下载文字费时，网民等不及图片整幅出现，就已不耐烦地转到别的网页去了。

虽然大量使用文字降低了网页的视觉效果，显得有些呆板，不过根据加拿大最近一项“网民网上看什么”的调查显示，互联网用户92%的上网时间用来看文字资讯。可见网上内容仍应该以文字为主。

2. 使用方便

网站吸引用户访问的基本目的无非是出于几个方面：扩大网站知名度和吸引力；将潜在顾客转化为实际顾客；将现有顾客发展为忠诚顾客等。虽然网站设计没有统一的标准，但是，为用户提供方便的使用是一个成功网站必备的条件，包括方便的导航系统、必要的帮助信息、常见问题解答、尽量简单的用户注册程序等。

然而，实际上许多网站缺乏针对性和方便的导航系统，难以找到链接到相关网页的路径，也没有提供有助于找到所需信息的帮助，要么把所有的导航信息都放置在杂乱的按钮和文本链接上，要么将许多用户关心的信息埋藏在多层目录之中，任访问者在那里不知所措或凭借运气去寻找有关内容。

造成这种状况可能有许多原因。例如，一般来说，网站设计者都是老练的计算机用户，他们错误地认为浏览者会和他们一样熟练。设计人员也许还忽略了另外一个现实，即只有大约50%的浏览者是由主页进入其他网页的，总是错误地以为人们会从网站主页进入其他页面，于是只在主页设置了导航说明，访问者在其他页面则无法了解网站的概况及所处的位置，尤其对于新手来说，往往不知道该如何进入其他页面。

3. 保持系统正常运行

系统正常运行包含两方面的含义，一方面是网站服务器的正常工作；另一方面是网站内容及功能的正常运行。

网站的正常运行是保证用户能够正常访问以及获得用户信任的基础条件，似乎没有必要过多讨论，但实际上不少网站并不能做到这一点。有些网站似乎并没有考虑服务器的承受能力，发出大量的新开张或新功能、新服务的新闻之后，许多用户根本无法正常浏览该网站。另一种情形是，在网站功能还没有建设完成之前就迫不及待地公开发布，用户看到的只能是“网页内容建设中”的告示，不仅挫伤了用户的积极性，更重要的是严重损害了网站的形象，而且可能永远失去遭遇这种经历的潜在顾客。

例如，在一个购物网站，当你辛辛苦苦地找到了自己所需要的商品，并一一放入购物车，到最后提交订单的时候，得到的是“发生内部错误”或者“服务器正忙，请您稍候再来”之类的反馈信息，你对这样的网站能产生信心吗？你能成为该网站的忠诚顾客吗？

4. 无错误链接

网页上的错误链接常常是人们对网站抱怨的主要因素之一。我们时常可以看到“该网页已被删除或不能显示”、“File not found”等由于无效链接而产生的反馈信息，这种情况往往让人觉得难以忍受，同时也严重影响了用户对网站的信心。

造成这种现象可能有多种原因，比如，网络负载过重，对方的服务器关闭，被链接网址内容已经撤销等情况都可能导致链接不上。但是这种情况如果发生在自己网站内部的网页，则需要认真检讨了。即使是由于被链接网站的原因产生失效的链接，也应该尽量避免，因为用户并不区分这种情况是什么原因造成的。

减少错误链接需要网站管理员高度的责任心，首先在将每个链接放到网上之前，应该对其有效性进行验证，但由于 Web 站点经常会发生变化，因此 Web 管理员在将其放到 Web 站点上之后，还必须定期对其进行检查，以确定它们目前是否有效。要想完全避免这样的情况可能会有一些困难，但如果每一个 Web 站点都很注意这一点，整个情况可能就会大为改观。

5. 联系信息方便多样

虽然互联网时代为人们提供了更为便利的沟通手段，如电子邮件、留言板、即时信息等，但是对于许多新顾客来说，仅在网站上留下这些联系方式还不够，有时候顾客更倾向于电话和传真等通信方式，邮政地址和公司各分支机构的地址等信息也能为用户带来更大的方便。

如果网站同时可以提供 800 免费服务电话和其他联系方式，相信不仅可以体现公司的实力，而且更能充分体现出良好的顾客服务。

6. 保护个人信息

为了提供个性化服务或者收集潜在用户信息，许多网站要求用户首先注册成为会员，网站收集用户资料有何目的？如何利用用户的个人信息？是否将用户资料出售给了其他机构？是否会利用个人信息向用户发送大量的广告邮件？用户是否对此拥有选择的权利？填写的个人信息是否安全？是否能获得必要的回报？这些都是用户十分关心的问题，如果网站对此没有明确的说明和承诺，这样的网站显然缺乏必要的商业道德，或者至少可以被认为对用户不够尊重。

有资料表明，96% 的网络用户认为网站公布个人信息保护措施十分重要。大约有 77% 的互联网用户甚至为避免在一些网站登记个人信息而离开，人们不热衷于登记的原因不仅因为登记过程占用时间和精力，更主要是因为关系到个人信息安全。

7. 不同浏览器兼容性

“建议采用 800 × 600 像素，IE 4.0 以上浏览器浏览本网站”，对这样的字眼大家一定不会感到陌生，因为不少网站都有这样的“重要提示”，有些网站甚至采用游动字幕的形式，或在标题栏（TITLE）嵌入以引起访问者的高度注意。

听起来好像是为了用户的最佳显示效果着想，但是，试想一下，如果我们采用的是不符合某网站要求的最佳显示模式的配置，当我们进入这样的网站之后，会为了浏览这个网站而重新设置显示模式，或者重新安装一个满足要求的浏览器吗？

很显然，这些网站的设计者不是从用户的需求出发，而是为了自己的方便考虑，与互联网时代“用户掌管方向”的精神相背离。所以我们不禁要问：是用户的浏览器适应网站设计，还是网站设计适应用户的浏览器？一个以自我为中心的网站能够成为优秀网站吗？

8. 符合网络伦理

所谓网络伦理，是互联网上一种特有的商业道德，即尊重用户的个人信息，不向用户发送商业信息，只有经过用户的许可才可以通过电子邮件等手段向用户发送相关信息，也就是所谓的“许可网络营销”。道理很简单，谁也不愿意每天接收大量与自己无关的各类商业广告，因为垃圾邮件不仅占用电子邮箱空间，而且需要为接收邮件而产生额外的上网费用和时间。

符合网络伦理的网站营销活动只是最基本的商业道德而已，理应为所有企业所遵从，然而，实际上，大量发送广告邮件的网站不在少数，有些甚至是有一定知名度的网站。可以断定，一个优秀的网站绝不会向用户发送未经许可的商业邮件。

以上讨论的仅是一些通用性的基本因素，除此之外，对于不同类型的网站，还应该有其特定的评价标准。例如，购物网站的按时交货和退货政策、新闻网站的及时性和新闻来源的可靠性、搜索引擎网站搜索结果的数量和匹配性、免费邮件网站的功能和空间容量等，都需要根据不同情况加以综合分析和评价。

其实网站优化的开始阶段是筹建网站的时候，到网站的运营阶段也离不开网站优化。

二、网站优化的方法和技巧

网站优化包括三个方面的内容：对用户体验优化（UE）、对网站结构优化、针对搜索引擎友好性优化。

可见，网站优化思想认为网站优化与搜索引擎优化的关系是：网站优化设计并非只是搜索引擎优化，搜索引擎优化只是网站优化中的一部分。之所以很容易将网站优化等同于搜索引擎优化，主要原因在于网站设计因素对搜索引擎优化状况的影响非常明显和直接，因此更容易引起重视。同时应注意的是，网站设计优化不仅仅是为了搜索引擎优化，其核心仍然是对用户的优化，因此应坚持用户导向而不是搜索引擎导向，这也是网站优化与搜索引擎优化基本思想的重要区别之处。

网站优化基本思想之所以强调坚持以用户为导向的原则，是因为网站的内容和服务是否有价值最终是由用户来判断的，即使网站在搜索引擎中的表现很好，如果用户使用起来感觉很不方便，同样不会产生理想的效果。而且，网站推广也并非完全依赖搜索引擎，还需要综合考虑各种相关因素。因此，网站优化设计中三个层面的内容不能顾此失彼，应实现全面优化，尤其是对用户的优化应放在首位。

网站优化诊断分析方案首先都是出于对用户获取信息和服务的考虑，包括从内部获取信息和外部（搜索引擎）的便利性等方面。实际上，用户优化第一的原则与搜索引擎优化本质上是一致的，搜索引擎收录网页的排名规则也是从用户获取信息的习惯方面考虑，如果用户获取信息方便了，对于搜索引擎而言，也会将这样的网页视为高质量的网页，从而获得在搜索引擎中好的排名结果。这里将重点介绍基于搜索引擎的优化法。

搜索引擎优化（Search Engine Optimization，SEO）是针对搜索引擎对网页的检索特点，让网站建设各项基本要素适合搜索引擎的检索原则，从而使搜索引擎收录尽可能多的网页，并在搜索引擎自然检索结果中排名靠前，最终达到网站推广的目的。

搜索引擎优化的主要工作是通过了解各类搜索引擎如何抓取互联网页面、如何进行索引以及如何确定其对某一特定关键词的搜索结果排名等技术，来对网页内容进行相关的优化，使其符合用户浏览习惯，在不损害用户体验的情况下提高搜索引擎排名，从而提高网站访问量，最终提升网站的销售能力或宣传能力。所谓针对搜索引擎优化处理，是为了要让网站更容易被搜索引擎接受。搜索引擎会将网站彼此间的内容做一些相关性的资料比对，然后再由浏览器将这些内容以最快速度且接近最完整的方式，呈现给搜索者。由于不少研究发现搜索引擎的用户往往只会留意搜索结果最开首的几项条目，所以不少商业网站都希望通过各种形式来干扰搜索引擎的排序。

SEO 又分为站外 SEO 和站内 SEO，我们将分别讲解。

1. 站外 SEO

站外 SEO，也可以说是脱离站点的搜索引擎技术，命名源自外部站点对网站在搜索引擎排名的影响，这些外部的因素是超出网站的控制的。最有用的功能最强大的外部站点因素就是反向链接，即我们所说的外部链接。毫无疑问，外部链接对于一个站点收录进搜索引擎结果页面起到了重要作用。产生高质量的反向链接的方法主要有：

（1）高质量的内容。

产生高质量的外部链接最好的方法就是写高质量的内容，使读者对网站内容产生阅读的欲望。你可以和别的网站交换链接，也可以注册自动生成链接的程序，还可以去其他的站上买链接。

（2）给内容相关的网站发邮件。

并不提倡给其他的网站群发邮件来交换链接，建议就某个话题写一篇有质量的文章，并且觉得会使其他的网站感兴趣，那给这些网站发一封短小礼貌的邮件让他们知道你的文章，将是有价值的。即使他们没有链接，也不要感到尴尬。你会发现如果他们点击了就为链接产生了直接的流量，从而使你的网站在搜索引擎里得到较好的分数。

（3）分类目录。

另一个产生反向链接的方法是把你的网址提交到分类目录。很多站长都对这个方法的效果深信不疑，当开始一个新站点的时候，他们做的第一步就是围绕分类目录做工作，选择合适的关键词提交到相关页面进行链接。有很多分类目录，大部分是免费的。

2. 站内 SEO

（1）丰富网站关键词。

为站点内的文章增加新的关键词将有利于搜索引擎的“蜘蛛”爬行文章索引，从而增加网站的质量。但不要堆砌太多的关键词，应该考虑人们想在搜索引擎中找到这篇文章，会搜索什么样的关键词。这些关键词需要在文章中被频繁地提及，可以遵循下面的方法：关键词应该出现在网页标题标签里面；URL 里面应该有关键词，即目录名、文件名可以放上一些关键词；在网页导出链接的链接文字中包含关键词；用粗体显示关键词（至少试着做一次）；在标签中提及该关键词；图像 ALT 标签可以放入关键词；整个文章中都要包含关键词，但最好在第一段第一句话就放入；在元标签（meta 标签）放入关键词，建议关键词密度最好在5%～20%。

（2）统一主题。

如果网站收录的都是关于同一主题的内容，那么它可能将获得较好的排名。例如，一个主题的网站将比那些涵盖了多个主题的网站的排名要高。建立一个200多页的网站，内容都是同一个主题，这个网站的排名就会不断地提升，因为在这个主题里该网站被认为具有权威性。

（3）简洁设计。

搜索引擎更喜欢友好的网页结构、无误的代码和明确导航的站点。确保企业站点页面都是有效的和在主流浏览器中是可视的。搜索引擎不喜欢太多的Flash、i frames和java script脚本，所以保持站点的干净整洁，也有利于搜索引擎的“蜘蛛”更快、更精确地“爬”到网站进行索引。

（4）直接的内外部链接。

搜索引擎的工作方式是通过“蜘蛛”程序抓取网页信息，追踪文章内容和通过网页的链接地址来寻找网页，抽取超链接地址。许多SEO专家都建议网站提供网站地图，在网站上的每个页面之间最好都有一到两个深入链接。网站要做的第一步是确保导航中包含目录页面，也要确保每个子页面都有链接回到主页面和其他的重要页面。

导出链接会提高网站在搜索引擎中的排名，在文章中链接到其他相关站点对读者们是有用的。太多的导出链接将降低你的网站排名，应该遵循“适度是关键”的原则。

（5）有规律的更新。

网站更新的次数越频繁，搜索引擎“蜘蛛爬行”也就越频繁。这意味着网站新文章几天甚至几小时内就可以出现在索引中，而不需要等几个星期。这是网站最好的受益方式。

（6）选择内容长度适宜。

太短的文章不能获得较高的排名，一般控制每篇文章至少有300个字。另一方面，也不要让文章显得太长，因为这将不利于保持关键词的密度，文章看上去也缺少紧凑。研究显示，过长的文章会急剧减少读者的数量，他们在看第一眼的时候就选择了关闭文章。

（7）避免内容重复。

搜索引擎在使用指南中严重警告过关于多个网页内容相同的问题。不管这些网页是你拥有的还是别人拥有的，不断复制网页内容相当于窃取别人的网站内容，会被归入垃圾网站，对于网站形象是有弊无益的。

（8）控制目录数量。

一般而言，目录越多，搜索引擎搜索得也就越全面。但当网站目录过多的时候，网站将会陷入麻烦，因为如果网站有太多的页面，如何组织它们以方便搜索引擎爬行将会是一个非常复杂的问题。通常情况下，大站点的等级比小站点高，当然一些小站点也有高的等级，这并不是标准。

5.6 网站建设市场分析

近几年来，网站建设业务一直呈快速上升势头，行业市场越来越大。就国内情况而言，沿海发达省市比中西部省市市场需求要大，业务普及工作也很到位，许多行业形成了竞相建设企业网站，开展网络营销的局面。

新技术的应用将促使企业网站建设更具魅力。随着技术融合与发展，许多在其他行业热门应用的技术如视频、三维动画、虚拟现实等技术都已经实现向互联网上移植，不久的未来，他们就会出现在企业客户网站上面；新的网络编程语言（.net 技术）和服务器 CDN（内容发布网络）技术也将使网站结构更紧密，访问更流畅，更能适应新的要求。

网络营销服务将同网站建设融为一体，提供一体化服务。企业客户现在已不再满足于做一个网站，然后自己开展网络营销活动，网络公司还要为企业客户制定具有针对性的网络营销策略，让企业网站真正发挥作用，为客户带来实在的效果。这对网络公司提出了更高的要求，网站建设从业者必须要加强自我学习和提高，才能适应这一要求。

个性化的个人网站、面向个人的主题网站等多种形式的个人网站建设服务现在已经初露端倪，个人网站建设服务将成为新的业务增长点。

一、网站建设市场分析

1. 网站建设服务商调查

目前国内从事网站建设业务的企业有很多，几乎每个网络公司都在开展网站建设业务，只是业务所占比重各有不同。

（1）行业门户网站。

许多行业门户网站在其 VIP 会员服务项目当中包含了为 VIP 企业会员提供网站建设的服务，像中国化工网、中国纺织网等公司，吸引了大批行业类的企业注册成为它们的 VIP 会员，获得包括网站建设和维护在内的多种服务项目。行业门户网站的企业建站服务占到所有企业网站建设服务市场的 20%。

（2）网络综合应用服务公司。

指提供包括网络基础应用服务（如域名、主机、邮箱）和网络增值应用服务（如网站建设和推广）等业务在内的综合应用服务公司，企业网站建设是重要业务之一，业务总量占到所有企业网站建设市场的 40%。像上海网络（http://www.hotsales.net/）等公司，通过网络综合应用服务业务的宣传与拓展，在业界具有良好的形象和口碑，提供的网站建设服务也普遍为客户所接受。

（3）专业网站建设服务公司。

以网站建设业务为公司主要业务，突出个性化制作和客户长期跟踪服务，业务总量占到所有企业网站建设市场的 40%。

2. 当前网站建设市场的特点分析

（1）第三代网站建设的技术应用特点。

作为第三代网站建设技术，智能建站系统将成为中小企业网站开发建设的生力军。目前市场上的智能建站系统层出不穷，多数网站建设服务商均在提供智能建站服务，但水平参差不齐，缺乏服务标准，有的智能建站系统技术落后，不能代表第三代网站建设技术。

从业务开展流程和企业网站自助管理等角度出发，真正的智能建站系统应当具有以下特点：首先，完善的网站应用服务平台。

对客户：享受专业化的网站服务平台，解决网站管理维护困难的问题；无须拼凑，提供全面的解决方案；可分拆取舍，实现已有网站资源的再利用；创造了企业经营管理与 Internet 完美结合的平台；享受免费升级服务支持，降低网站建设整体费用。

对代理商：为代理商提供了可持续利润空间的全新模式，以代理商的名义提供服务，有效保护代理商的利益；有效缓解了目前网站建设市场混乱、价格低、缺乏竞争力的尴尬局面，极大缩短了网站建设和开发周期；降低了人力资源投入成本，解决了中小企业资金短缺、技术力量薄弱的问题。

其次，全面的内容管理。

通过智能建站系统，开发制作客户网站只需要轻松开通或者关闭客户的网站功能插件即可。所有在网站上体现的相关服务的功能、内容均自动产生，同时客户立即就可以享受到功能强大的网站服务系统。大大改善了传统制作过程中需要技术人员进行大量的重复工作的局面。

（2）网站建设市场走向标准化、规范化操作。

网站建设市场一直以来缺乏行业标准和规范，网络公司各自为政，按照自己的流程开展业务。无论是在网站建设规划、网站建设报价方面，还是在业务合同拟定、网站产品验收、售后服务方面，均没有一个统一的行业标准。网络企业在开展企业网站的建设业务的过程中，无章可循，大量的不规范操作，给整个行业市场造成一定影响和冲击。

针对此局面，国家信息化办公室等机构单位正在展开对网站建设市场进行行业指导规范的拟定工作。此外，部分网站建设服务商也在着手开展民间商业联盟，以规范市场，互利互惠。

（3）网站建设市场向多样化发展。

网站建设市场已经不仅仅局限于企业网站建设。有数据表明，在网站建设市场中，企业网站建设占 56% 的比例，电子商务网站建设占 20% 的比例，电子政务网站建设占 10% 的比例，个人网站建设占 8% 的比例，综合门户网站建设占 5% 的比例，其他类型占 1% 的比例。

（4）网站改版及二次开发成新的增长点。

初次建设网站的企业对网站的作用大多认识不深，但是又认识到上网的重要性，所以一半以上的企业对网站功能要求不高，比较关注的因素主要集中在价格、首页的美观性等；近 40% 的企业对网站需求不明确，但他们期望建立网站可以增加销售；而关心网站的推广方法的企业占 25%，有 22% 的企业表示对网站的作用有疑虑。

调查结果发现，近 40% 的企业对自己的企业网站表示不满意，需要通过改版、升级等活动来加强企业网站的功能和作用。原因是大部分企业的网站功能太简单、设计不美观或者没有反映出企业形象，种种的“后遗症”促使网站的建设需要第二次资金投入。这类企业对网站作用的认识较为深刻，更加注重网站的功能而不是价格和首页的美观性，但是对网站功能需求不很明确的企业仍有 31%，对网站的作用心存疑虑的企业仍有 10%。数据表明，网站改版及二次开发将成为网站建设市场新的增长点，但客户迫切需要专业的指导，以分析得出确切的需求，并体现在网站改版及二次开发升级中。

3. 网站建设业务分析

（1）网站建设客户分析。

通过对网站建设客户的分析发现，客户主要集中在日用化工、医药保健、电子科技、机械工业、饮食餐饮、投资贸易、纺织、房地产、烟草、汽车等行业。

（2）售前服务及问题总结。

大部分网站建设客户非常看重设计售前支持，然而这同网建部的设计师工作繁忙形成矛盾，如何妥善解决设计售前支持同正常业务工作之间的冲突关系成为受关注的内容。此外，加快售前支持的响应速度，也是销售员普遍的要求。

对于售前方案，应当加强方案的个性化和针对性撰写，增加方案的吸引力，避免流于形式。好的网站策划方案是成功的一半。

售前支持的尺度问题，一直是网建部和销售部之间讨论的问题之一，多数销售员希望售前支持直接面对客户，以协助销售攻单，应当制定完善的售前支持人员协同攻单的项目标准和激励办法。

二、网站建设业务发展规划及对策

对于网站建设业务发展规划，现总结有如下思路：

（1）以质为本，不盲目追求量，从质上扩大，提升品牌含金量。

网站建设是一项精细活，做得好的话可以挖掘出许多新的客户需求来，同客户保持长期的业务联系。目标是从售前支持、网站策划，到网页设计、程序开发，到网站维护、营销推广，提供全方位的专业服务。咨询策划、设计开发、维护推广，这成为网建项目开发的标准流程。

网建团队不走中企网的老路：做一个网站，毁一个客户。而是以质为本，追求尽善尽美，做出网建品牌来，提升品牌含金量。不盲目追求量，而是从质上面扩大规模，提升效益，深挖客户需求，把客户项目做大做全。

（2）促进中小企业网站建设业务产品化，强化智能建站系统，减少开发成本。

现状表明，中小企业网站建设成为网建部的主要工作内容，各工作人员项目多，任务紧，压力大。在这种状况下，很难保证优质精力用于大客户项目的开发。最近客户投诉的增多正是反映了同时在建项目过多，管理不顺畅，项目开发进度延期，质量下降这一状况。

网站建设业务发展应当充分重视第三代网站建设技术的发展和应用，促进中小企业网站建设业务的产品化；在现有无忧建站的基础上，强化智能建站系统，使其基本满足中小企业网站建设的需要，以减少项目开发成本，集中精力做好大客户网站建设项目。

（3）总结提炼专家服务模式，成熟应用，服务于大客户。

对于大客户服务，调动公司各领域专家人才，组成该项目专家小组，集思广益，给出专业的咨询诊断和项目策划。这种专家服务模式在几个大客户网站项目上进行了一些尝试，总的来说还是起到了一定的作用，但还不是很明显。目前网建项目的售前咨询和客户需求在引导挖掘上，还没有形成一套成熟完善的机制，主观随意性比较大，这对于有效开展专家服务模式是不利的，应当尽快完善专家服务模式机制。

在完善专家服务模式上，应当详细分析网建大客户从需求了解到项目开发各个环节中所应用到的专家支持，用需要来定责任，以责任来定岗位，使专家服务模式看得见、摸得着；每位专家责任明确，各司其职，发挥团队力量，给大客户以最专业、最好的网建服务。

●阅读资料

网站性能优化的34条黄金原则

完美的内容是用来使用的，不管你的内容多么精彩，如果它们很难访问，用户照样会离开，易用性不仅仅牵扯到技术，更多的是良好的Web创作习惯以及易用性。以下就介绍34条实用的网站建设规则，希望能对想要建站的朋友们有用。

1. 只使用成熟、简单、兼容的技术

Web技术一直在发展，因为Http协议最初只是为了表现简单的超文本，当人们赋予Web越来越多的使命的时候，Web的局限性就表现出来了，为了解决这些问题，人们在Web上面附加了很多新技术以增强Web的表现能力，从Cookie，Javscript，DHTML，ActiveX，Applet，CSS，一直到现在炙手可热的AJAX技术。

2. Cookie，Javascript，CSS

如果你希望你的企业网站能在绝大多数环境下被无障碍地访问，请谨慎使用除此之外的技术。

3. 不使用任何网页特效

虽然网页特效并不一定涉及不兼容技术，但网页特效对绝大多数人来说是非常令人厌烦的，企业网站绝对不应该使用那些仅仅为了好玩的网页特效。

4. 清晰、统一的导航

导航系统必须清晰，它们应该和站点的其他内容用不同的颜色搭配，以便在网页上凸显出来。

5. 导航深度不超过三级

如果你能够很好地组织自己的内容，结合分页机制、Tag机制，对绝大多数网站，三级导航深度已经足够使用了。

6. 导航链接中必须包含文字

在图片按钮式的导航链接上同时加上文字，让文字体现该链接的含义。

7. 必须有纯文本版本的站点地图

站点地图可以帮助用户快速找到他们想要的内容，这是对导航系统的补充，甚至对有些站点来说，比导航系统更有效。另外，纯文本版的站点地图非常容易被搜索引擎抓取并以此遍览你的整个站点。

8. 必须有面包屑导航条

面包屑导航条的作用是告诉访问者他们目前在网站中的位置以及如何返回。

9. 每页都有自己的标题

每页都应有一个和本页内容匹配的标题，这样，即使用户打开了很多窗口，仍然可以通过标题知道那一页是说什么的。当你的页面出现在搜索引擎的搜索结果中时，你的页面标题应当明确地告诉搜索者他们搜到的页面是关于什么的。

10. 每页都有一个链接指向首页

每页都有一个指向首页的链接可以帮助用户在迷失的时候，迅速返回入口重新开始。

11. 网站的 Logo 指向首页

这一条似乎没有什么道理，但几乎所有网站都遵守这样的约定。

12. 对于连贯性内容（sequential content），应提供向导式导航

这样，用户不必滚动回到页面上方访问导航系统，可以直接点击这两个链接在文章中前进或后退，这样不仅节省用户的时间，还可以带来连贯阅读的快感。

13. 全文搜索

应当提供一个本地搜索功能，你网站的本地搜索功能对用户来说，可能比 Google 更有帮助。

14. 不使用欢迎页

应当让用户直接进来，一进来就看到实质的内容，不要用你的浪漫想法浪费用户的时间；而且，一个让搜索引擎无法解读的 Flash 动画会让搜索引擎认为你的网站上什么东西都没有。

15. 任何图片都必须设置 ALT 和 TITLE 属性

ALT 或 TITLE 属性会让浏览器将图片的描述性文字显示在图片的位置，让用户至少知道那个位置将要显示的是什么。这个属性也帮助搜索引擎更好地理解你的图片。

16. 链接必须拥有可标志的视觉特征

你应当为全站的链接设置一致的视觉特征，已经访问过的链接要有不同的视觉特征。

17. 每页都有一个打印友好版本

打印友好版本中可以将导航系统等过分浪费空间的东西隐藏起来，让真正的内容成为页面主体，同时，要使用白底黑字，不要使用背景图案。

18. 页面都使用一致的配色和一致的结构

和全站使用一致的导航系统一样，所有页面使用一致的配色和结构可以帮助用户将注意力只集中在内容上面，你不应该强迫用户在新页面中重新适应新的布局。

19. 你的站点应当避免让绝大多数用户左右滚动窗口

你可以让你的网页自动适应屏幕尺寸，从技术上说，这并不困难；也可以假设一个宽度，这个假设的宽度可以照顾到你的用户群。

20. 站点必须在第一级导航深度处，让用户看到你的完整联系方式

你应当在第一级导航深度的页面中便提供企业的详细联系方式，要让用户看到你的地址、联系电话、同域名下的邮件地址。

21. 每个页面的尺寸应当小于 50k

多数人的 ADSL 接入速度不低于 120kbs，并不意味着人们能以这样的速度访问你的网站，不同网络运营商之间还存在着网络瓶颈，你的网站的外地访问速度可能远远低于本地访问速度。

22. 在所有主流浏览器中拥有一致的表现

你的网站应该符合 W3C 标准，这样，可以被所有主流浏览器无障碍地访问；如果你的网站只支持 IE，就可能将 40% 的用户挡在门外。

23. 在用户操作现场提供帮助，而不是进入专门的帮助系统

网站的帮助系统应当分散到各种操作现场，不需要像常规软件那样使用专门的帮助系统，随时随地为用户提供有用的帮助信息，让帮助简单化，改善用户的访问体验。

24. 用户可以对某些内容进行评论或反馈

在 Web2.0 时代，应当注重用户的参与，网站上的绝大多数内容应该允许并鼓励用户参与评论和反馈，让用户不必注册就可以参与评论；如果用户必须注册才可以参与某些内容，注册过程也应该尽可能简单。

25. 页面不可过分拥挤

即使你必须放那么多内容，也要留出足够多的空白和边界，否则用户会觉得很累，Web 页面的媒介是屏幕，不是纸张，你实在没有必要去节省屏幕的空间，让内容宽松地分布在页面上，给用户以闲适感。

26. 用不同色彩标志未访问和已访问过的链接

Web 公认的配色为，未访问过的链接使用蓝色（Blue），访问过的链接使用紫色（Purple），但你可以根据你全站的色彩搭配设定自己的配色，只要保持全局一致即可。

27. 使用所有人都可以正确显示的字体

在用户那里也可以正常显示，尽可能使用标准字体，并在不同环境下进行测试，保证你的字体不会给任何人带来麻烦。

28. 除非真正必要，否则不用新窗口打开链接

只有新窗口是用来显示一些提示性的消息，或者辅助性的内容的时候，它们才是必要的。

29. 不使用满屏模式显示网页，让用户自己决定窗口的大小

不要自动为用户打开全屏窗口，很多用户并不知道应该怎样从全屏幕状态转回来。

30. 不要使用弹出窗口

如果你必须使用弹出窗口以便向用户显示某个意外消息，如严重错误消息或者通知等，你可以考虑使用 Lightbox，Lightbox 是一种具有很好的视觉效果，又兼容各种主流浏览器的技术，适合在网站上显示通知、错误消息等弹出内容。

31. 用户注册的时候，只填写必要的内容

事实上，应该只填写用户名和密码就够了，完全没有必要要求用户提供更多的详细信息，因为多数人会提供假的。除非你的系统是一些类似 B2B、B2C 的系统，需要用户提供真实身份开展业务。

32. 网页上的广告需要有明确的广告标志

要告诉用户那是广告，广告要和你的内容有一定的分隔边界，免得二者混在一起让用户迷惑。请记住，用户在不知情或被欺骗时点击的广告是没有任何效用的，带不来任何销售，即使你的广告是来自 Google Adsense 那样的点击付费广告，也不要欺骗用户点击，这是一个从业者最基本的操守。

33. 广告不可使用欺骗伎俩，欺骗不熟练的用户点击

明显的欺诈性广告是非常低劣的，是对用户明显的愚弄，不要挑战你的用户的智商，尤其当很多人都上过当并怒不可遏的时候。

34. 剥离了 Javascript, CSS 等支持文件，你的网页仍然能准确地显示

网页设计的一个基本原则是，首先不使用任何 CSS 装饰将内容正确显示，然后套用 CSS 将内容修饰。另外，Javascript 不应该用在导航等关键场合，一旦 Javascript 被禁用，用户可能连导航都使用不了。

（资料来源：中国站长在线）

●技能训练

1. 请为多多建材社区（http：//www. 173dao. com）做综合诊断。
2. 请为 http：//shop57850077. taobao. com 设计一个优化方案。

模块六　网站推广

●学习目标

1. 掌握网络营销常用的工具和方法
2. 掌握搜索引擎营销技巧
3. 掌握许可性 E-mail 和论坛营销的含义和实施
4. 熟悉企业博客和 RSS 营销原理及应用技巧

●引入案例

网络站点多如牛毛，一般情况下，除了大型网站，一般的企业网站访问量通常都不高，有些企业的网站虽然经过精心策划设计，但在发布一段时间后，访问量依然非常小，网站难以发挥阵地作用。想要提高网站的访问量，就需要进行网站推广。网站推广是网络营销工作的基础，是网络营销的主要任务之一。尤其是中小企业的网站，用户了解企业的信息少，主动访问企业网站的可能性更小。因此，网络推广的效果在很大程度上决定着网络营销的最终效果。

中国互联网络信息中心（CNNIC）发布《第 24 次中国互联网络发展状况统计报告》显示：截至 2009 年 6 月 30 日，我国网民人数已经达到 3.38 亿人，域名总数约为1 626万个，其中 CN 域名为 1 296 万个，网站总数约为 306.1 万个，国际出口带宽达到 74 751.40 Mbps；从网民经常使用的互联网服务看，网络娱乐已经成为网民生活的一部分，网络新闻、即时通信和搜索引擎仍旧是网民最常使用的网络服务。值得注意的是传统的服务继续占主流的同时，论坛、博客、网络购物等各种应用或者应用的新形式正在吸引越来越多的网民。

网站推广需要借助于这些服务和工具，网站推广方法是对某种网站推广手段和工具的合理利用。掌握网站推广的方法将能为企业今后发展打下坚实的市场基础，创造良好的运营环境。

6.1 企业网站

企业网站是网络营销最基本的工具，也是所有网络营销中最重要的一个工具。如果没有企业网站，企业的网络营销功能将会大打折扣，许多网络营销方法也将无用武之地。

一、企业网站类型

企业网站是使外界了解企业本身、树立良好的企业形象并适当提供一定服务的网站。根据企业建站的目的、网站的功能及主要目标群体的不同，大致分为两类：信息发布型和网上销售型。

1. 信息发布型网站

信息发布型网站属于企业网站的初级形式，不需要太复杂的技术，将网站作为一种企业基本信息的载体，主要功能定位于企业信息发布，包括公司新闻、产品信息、采购信息、招聘信息等用户、销售商和供应商所关心的内容，多用于产品和品牌的推广以及与用户之间的沟通，网站本身并不具备完善的网上订单跟踪处理功能。这种类型的网站由于建设和维护比较简单，资金投入也较少，初步解决了企业开展网络营销的基本需要。因此，在开展实质性电子商务之前是中小企业网站的主流形式，一些大型企业网站初期通常也是属于这种形式，当具备开展电子商务的条件时，才逐步将在线销售、客户关系管理、供应链管理等环节纳入到电子商务流程中去。其实，这些基本功能和信息也是所有网站必不可少的基本内容，即使是一个功能完善的电子商务网站，一般也离不开这些基本信息。因此，信息发布型网站是各种网站的基本形态。

互联网作为一种有效的沟通渠道，许多企业都利用互联网提供技术支持与售后服务，我们将这类售后服务型网站也列入信息发布型网站。

2. 网上销售型网站

网上销售型网站以订单为中心，以实现交易为目的。这类网站一般具有在线交易、支付、订单管理、用户管理、商品配送等功能，一般说来，比信息发布型网站更复杂。网站的经营重点也有一定的差异：除了一般的网络营销目的之外，获得直接的销售收入是其主要目的之一；而信息发布型网站由于不具备直接在线销售的功能，因此，主要的目的在于建立企业品牌、进行产品促销等方面。

二、企业网站的网络营销功能

企业网站的网络营销功能主要表现在以下六个方面：

1. 品牌形象

网站的形象代表着企业的网上品牌形象，人们在网上了解一个企业的主要方式就是访问该公司的网站，尤其对于以网上经营为主要方式的企业，网站的形象是访问者对企业的第一印象，这种印象对于建立品牌形象、获得用户信任具有至关重要的作用。因此，具备条件的企业应力求在网站建设上体现出自己的风格。

2. 产品/服务展示

通过访问网站，可以让访问者对公司的产品/服务有一个更深入的了解。灵活地向用户展示产品说明的文字、图片甚至多媒体信息正是企业网站的主要价值所在。即使一个功能简单的网站至少也相当于一本可以随时更新的产品宣传资料，并且这种宣传资料是用户主动来获取的，对信息内容有较高的关注程度，因此通常可获得比一般印刷宣传资料更好的宣传效果。在法律许可的范围内，企业可以发布一切有利于企业形象、顾客服务以及促进销售的企业新闻、产品信息、促销信息、招标信息、合作信息、人员招聘信息等。

3. 顾客关系

通过网站可以为顾客提供各种在线服务和帮助信息，如常见问题解答（FAQ）、电子邮件咨询、在线表单、即时问答等。也可以通过网络社区、有奖竞赛等方式吸引顾客参与，不仅可以达到产品宣传的目的，而且有助于增进顾客关系，提高顾客忠诚度乃至直接增加销售。

4. 网上调查

通过网站上的在线调查表或者电子邮件、论坛、实时信息等方式征求顾客意见，可以获得有价值的用户反馈信息。这种方式多用于产品调查、消费者行为调查、品牌形象调查等，是获得第一手市场资料方便而又廉价的有效调查工具。

5. 网上合作

与供应商、经销商、客户网站以及其他内容互补或者相关的企业建立合作关系，实现资源共享，建立互惠链，从而获得更好的网上推广效果。

6. 网上销售

建立网站及开展网络营销活动的最终目的是增加销售，一个功能完善的网站本身就是一个销售渠道，从这一渠道可以完成订单确认、网上支付、商品配送等环节。实现在线销售的方式有多种，利用企业网站本身的资源来开展在线销售是一种有效的形式。

上述只是一般网站应该具有的基本功能，有些网站还具有站内搜索、论坛等特别功能。

企业网站的功能需要与企业的经营策略相适应，在企业网络营销的不同阶段，企业的经营策略对网站功能的需求不同，网站功能也相应有一定的差异。而随着企业电子商务流程的不断变化，企业网站也将不仅仅是网络营销的一种工具，而将会涉及电子商务流程中的各个环节和领域。

达芙妮开辟新渠道

“在连锁成功的前提下，我们希望能增加一个销售的通路，网购市场增长迅猛，使我们想尝试这一新兴的领域。”达芙妮内部人士对《第一财经日报》说。

目前，达芙妮官方购物网上的产品包括女鞋和包，网络平台分为“新品馆”、“折扣馆”、“明星商品馆”等区域，线上和线下产品的价格和折扣率都保持一致。

此外，达芙妮官方购物网上还将推出“主角馆”和“功能馆”，出售限量订购的新娘鞋、party 鞋等。同时，还将出售达芙妮自主研发的舒软健康系列和拥有国际专利“呼吸气垫”系列的鞋。

“后者是只在线上销售的产品，因为考虑到功能性的鞋子比较小众化，我们想在网上先尝试一下。”该人士说。

该人士告诉记者，目前达芙妮已委托一家网络公司为购物网站做专门的设计和技术服务，同时，达芙妮内部也成立了电子商务部门。但对于这一领域，达芙妮目前尚未大力宣传推广，只是在部分网站上做了些广告，同时，门店及鞋盒上也可以见到购物网站的宣传标语。

目前，达芙妮网络电子平台的销售额已经突破百万，这对拥有 2 000 家专卖店的达芙妮而言，还是个小数字，但是网络销售的良好增长态势使该公司计划进一步扩大其网络业务。

6.2　搜索引擎

搜索引擎（Search Engines）是对互联网上的信息资源进行搜集整理，然后供用户查询的系统。在 Internet 上有上百亿可用的公共 Web 页面，即使是最狂热的冲浪者也不会访问到所有的页面，而只能看到其中的一小部分，更不会在这浩瀚的 Web 海洋中发现一般企业那即使精彩却渺小的一隅。搜索引擎是一个为你提供信息“检索”服务的网站，它使用某些程序把因特网上的所有信息归类以帮助人们在茫茫网海中搜寻到所需要的信息。

搜索引擎现在已成为网民获取信息的必备工具，只需输入几个关键词，搜索引擎会将散落在世界各个角落的资讯汇集到用户眼前。它在网络营销中的作用是显而易见的。以登录搜索引擎为主要手段的网络营销并非仅仅是个概念而已，实践证明它的确能为企业的发展带来莫大的效益。

一、搜索引擎的发展历史

在互联网发展初期，网站相对较少，信息查找比较容易。然而伴随着互联网爆炸性的发展，普通网络用户想找到所需的资料简直如同大海捞针，这时为满足大众信息检索需求的专业搜索网站便应运而生了。

现代意义上的搜索引擎的祖先，是 1990 年由蒙特利尔大学学生 Alan Emtage 发明的 Archie。虽然当时 World Wide Web 还未出现，但网络中文件传输还是相当频繁的，而且由于大量的文件散布在各个分散的 FTP 主机中，查询起来非常不便，因此，Alan Emtage 想到了开发一个可以以文件名查找文件的系统，于是便有了 Archie。

Archie 的工作原理与现在的搜索引擎已经很接近，它依靠脚本程序自动搜索网上的文件，然后对有关信息进行索引，供使用者以一定的表达式查询。由于 Archie 深受用户欢迎，受其启发，美国内华达系统计算服务大学于 1993 年开发了另一个与之非常相似的搜索工具，此时的搜索工具除了索引文件外，还能检索网页。

当时，“机器人”一词在编程者中十分流行。电脑“机器人”（Computer Robot）是指某个能以人类无法达到的速度不间断地执行某项任务的软件程序。由于专门用于检索信息的“机器人”程序像蜘蛛一样在网络间爬来爬去，因此，搜索引擎的“机器人”程序就被称为“蜘蛛”程序。

世界上第一个用于监测互联网发展规模的“机器人”程序是 Matthew Gray 开发的 World Wide Web Wanderer。刚开始它只用来统计互联网上的服务器数量，后来则发展为能够检索网站域名。

与 Wanderer 相对应，Martin Koster 于 1993 年 10 月创建了 ALIWEB，它是 Archie 的 HTTP 版本。ALIWEB 不使用“机器人”程序，而是靠网站主动提交信息来建立自己的链接索引，类似于现在我们熟知的 Yahoo。

互联网的迅速发展，使得检索所有新出现的网页变得越来越困难，因此，在 Matthew Gray 的 Wanderer 基础上，一些编程者将传统的“蜘蛛”程序工作原理作了些改进。其设想是，既然所有网页都可能有连向其他网站的链接，那么从跟踪一个网站的链接开始，就有可能检索整个互联网。到 1993 年底，一些基于此原理的搜索引擎开始纷纷涌现，其中以 JumpStation、The World Wide Web Worm（Goto 的前身，也就是今天的 Overture）和 Repository – Based Software Engineering（RBSE）Spider 最负盛名。

然而 JumpStation 和 WWW Worm 只是以搜索工具在数据库中找到匹配信息的先后次序排列搜索结果，因此毫无信息关联度可言。而 RBSE 是第一个在搜索结果排列中引入关键字串匹配程度概念的引擎。

最早的现代意义上的搜索引擎出现于 1994 年 7 月。当时 Michael Mauldin 将 John Leavitt 的“蜘蛛”程序接入其索引程序中，创建了大家现在熟知的 Lycos。同年 4 月，斯坦福（Stanford）大学的两名博士生 David Filo 和美籍华人杨致远（Gerry Yang）共同创办了超级目录索引 Yahoo，并成功地使搜索引擎的概念深入人心。从此搜索引擎进入了高速发展时期。目前，互联网上有名有姓的搜索引擎已达数百家，其检索的信息量也与从前不可同日而语。

二、搜索引擎营销

搜索引擎营销，是英文 Search Engine Marketing 的中文译名，简称 SEM。简单来说，搜索引擎营销就是基于搜索引擎平台的网络营销，利用人们对搜索引擎的依赖和使用习惯，在人们检索信息的时候尽可能地将营销信息传递给目标客户。搜索引擎营销追求最高的性价比，以最小的投入获得最大的来自搜索引擎的访问量，并产生商业价值。

搜索引擎营销的最主要的工作是扩大搜索引擎在营销业务中的比重，通过对网站进行搜索优化，更多地挖掘企业的潜在客户，帮助企业实现更高的转化率。

三、实行搜索引擎营销的原因

1. 潜在顾客在使用搜索

推行搜索引擎营销最根本的原因之一是搜索者会购买产品：33%的搜索者在进行购物，并且44%的网民利用搜索站点来为购物作调研。

如果你公司的网站没有被列在最前面的几个搜索结果里面，那就意味着你已经不在顾客的备选之列。如果没有被列入备选名单，你就根本没有机会推销你的产品。

就算你网站的目的不是做在线销售，顾客也必须能够找到网站，以便了解你们的产品、下载信息或是找到零售店的地址。搜索者比起随便点击广告条的那些人，是更为合格的访问者。所以吸引搜索访问者绝对是件值得去做的事情。

2. 搜索引擎营销的成本效率高

欧洲市场营销人员指出他们为付费搜索产生的每次点击付出约2欧元，55%的人认为是“比较便宜”。实际上，在所有营销手段中，搜索引擎营销产生的每个有效反馈的成本最低。

3. 搜索引擎营销是一种趋势

美国投资银行Piper Jaffray的最新报告指出，2005年的全球付费搜索引擎营销市场规模估计达到100亿美元，2006年增长41%，超过140亿美元。下一个5年，估计付费搜索市场的年增长率为37%，到2010年将达到330亿美元。搜索引擎营销的增长已经成为全球的趋势。中国搜索引擎营销市场的增长率也超过了100%，2006年中国付费搜索市场总收入为2.21亿美元。

四、搜索引擎营销服务的主要方式

1. 竞价排名

顾名思义就是网站付费后才能出现在搜索结果页面，付费越高者排名越靠前。竞价排名服务，是由客户为自己的网页购买关键字排名，按点击计费的一种服务。客户可以通过调整每次点击付费价格，控制自己在特定关键字搜索结果中的排名，也可以通过设定不同的关键词捕捉到不同类型的目标访问者。

在国内最流行的点击付费搜索引擎有百度、雅虎和Google。值得一提的是即使是做了PPC（Pay Per Click，按照点击收费）付费广告和竞价排名，最好也应该对网站进行搜索引擎优化设计，并将网站登录到各大免费的搜索引擎中。

2. 购买关键词广告

即在搜索结果页面显示广告内容，实现高级定位投放，用户可以根据需要更换关键词，相当于在不同页面轮换投放广告。

3. 搜索引擎优化（SEO）

就是通过对网站优化设计，使得网站在搜索结果中靠前。搜索引擎优化（SEO）包括网站内容优化、关键词优化、外部链接优化、内部链接优化、代码优化、图片优化、搜索引擎登录优化等。

4. 按照有效通话收费（Pay Per call）

比如“TMTW 来电付费”，就是根据有效电话的数量进行收费。

五、搜索引擎的实现方法及营销目标

搜索引擎营销的主要实现方法包括：竞价排名（如百度竞价）、分类目录登录（开放目录，www. dmoz. org）、搜索引擎登录、付费搜索引擎广告、关键词广告、TMTW 来电付费广告、搜索引擎优化（搜索引擎自然排名）、地址栏搜索、网站链接策略等。

利用搜索引擎工具可以实现四个层次的营销目标：被搜索引擎收录；在搜索结果中排名靠前；增加用户的点击（点进）率；将浏览者转化为顾客。

在这四个层次中，前三个可以理解为搜索引擎营销的过程，而只有将浏览者转化为顾客才是最终目的。在一般的搜索引擎优化中，通过设计网页标题、META 标签中的描述标签、关键词标签等，通常可以实现前两个初级目标（如果付费登录，当然直接就可以实现这个目标了，甚至不需要考虑网站优化问题）。实现高层次的目标，还需要进一步对搜索引擎进行优化设计，或者说，设计从整体上对搜索引擎友好的网站。

6.3 电子邮件

电子邮件（E-mail）是指通过电子通信系统进行书写、发送和接收的信件，是 Internet 应用最广的服务。通过网络的电子邮件系统，用户可以用非常低廉的价格（不管发送到哪里，都只需负担电话费和网费），以非常快速的方式（几秒钟之内可以发送到世界上任何你指定的目的地），与世界上任何一个角落的网络用户联系，这些电子邮件可以是文字、图像、声音等各种方式。同时，用户可以得到大量免费的新闻、专题邮件，并实现轻松的信息搜索，这是任何传统的方式都无法相比的。正是由于电子邮件的使用简易、投递迅速、收费低廉、易于保存、全球畅通无阻，使得电子邮件被广泛地应用，它使人们的交流方式得到了极大的改变。另外，电子邮件还可以进行一对多的邮件传递，同一邮件可以一次发送给许多人。最重要的是，电子邮件是整个网络系统中直接面向人与人之间信息交流的系统，它的数据发送方和接收方都是人，所以极大地满足了大量存在的人与人通信的需求。

一、电子邮件的工作过程

电子邮件的工作过程遵循客户—服务器模式。每份电子邮件的发送都要涉及发送方与接收方，发送方式构成客户端，接收方构成服务器，服务器含有众多用户的电子信箱。发送方通过邮件客户程序，将编辑好的电子邮件向邮局服务器（SMTP 服务器）发送。邮局服务器识别接收者的地址，并向管理该地址的邮件服务器（POP3 服务器）发送消息。邮件服务器将消息存放在接收者的电子信箱内，并告知接收者有新邮件到来。接收者通过邮件客户程序链接到服务器后，就会看到服务器的通知，进而打开自己的电子信箱来查收邮件。

通常 Internet 上的个人用户不能直接接收电子邮件，而是通过申请 ISP 主机的一个电子信

箱，由ISP主机负责电子邮件的接收。一旦有用户的电子邮件到来，ISP主机就将邮件转到用户的电子信箱内，并通知用户有新邮件。因此，当发送一封电子邮件给另一个客户时，电子邮件首先会从用户计算机发送到ISP主机，再到Internet，再到收件人的ISP主机，最后到收件人的个人计算机。

ISP主机起着“邮局”的作用，管理着众多用户的电子信箱。每个用户的电子信箱实际上就是用户所申请的账号名。每个用户的电子邮件信箱都要占用ISP主机一定的硬盘空间，由于这一空间是有限的，因此用户要定期查收和阅读电子信箱中的邮件，以便腾出空间来接收新的邮件。

二、电子邮件的特点

E-mail与传统的通信方式相比有着巨大的优势，它所体现的信息传输方式与传统的信件有较大的区别：

1. 发送速度快

电子邮件通常在数秒钟内即可送至全球任意位置的收件人信箱中，其速度比电话通信更为高效快捷。如果接收者在收到电子邮件后的短时间内作出回复，发送者仍在计算机旁工作的时候就可以收到回复的电子邮件，接收双方交换一系列简短的电子邮件就像一次次简短的会话。

2. 信息多样化

电子邮件发送的信件内容除普通文字内容外，还可以是软件、数据，甚至是录音、动画、电视或各类多媒体信息。

3. 收发方便

与电话通信或邮政信件发送不同，E-mail采取的是异步工作方式，它在高速传输的同时允许收信人自由决定在什么时候、什么地点接收和回复，发送电子邮件时不会因“占线”或接收方不在而耽误时间，收件人无须固定守候在线路另一端，可以在用户方便的任意时间、任意地点，甚至是在旅途中收取E-mail，从而跨越了时间和空间的限制。

4. 成本低廉

E-mail最大的优点还在于其低廉的通信价格，用户花费极少的市内电话费用即可将重要的信息发送到远在地球另一端的用户手中。

5. 更为广泛的交流对象

同一个信件可以通过网络极快地发送给网上指定的一个或多个成员，甚至召开网上会议进行互相讨论，这些成员可以分布在世界各地，但发送速度则与地域无关。与任何一种其他的Internet服务相比，使用电子邮件可以与更多的人进行通信。

6. 安全

E-mail软件是高效可靠的，如果目的地的计算机正好关机或暂时从Internet断开，E-mail软件会每隔一段时间自动重发；如果电子邮件在一段时间之内无法递交，电子邮件会自动通知发信人。作为一种高质量的服务，电子邮件是安全可靠的高速信件递送机制，Internet用户一般只通过E-mail方式发送信件。

三、电子邮件营销

电子邮件营销（E-mail 营销）是利用电子邮件与受众客户进行商业交流的一种直销方式。它是在用户事先许可的前提下，通过电子邮件的方式向目标用户传递有价值的信息的一种网络营销手段。E-mail 营销有三个基本因素：基于用户许可、通过电子邮件传递信息、信息对用户是有价值的。三个因素缺少一个，都不能称之为有效的电子邮件营销，因此真正的电子邮件营销也就是许可电子邮件营销。

电子邮件营销的特点：

1. *覆盖范围广*

随着 Internet 的迅猛发展，中国的上网总人数已达数亿，全球已经超过数十亿。面对如此巨大的用户群，作为现代广告宣传手段的 E-mail 营销正日益受到人们的重视。只要你拥有足够多的 E-mail 地址，就可以在很短的时间内向数千万目标用户发布广告信息，营销范围可以是中国全境乃至全球。

2. *操作简单、效率高*

使用专业邮件群发软件，单机可实现每天数百万封的发信速度。操作不需要懂得高深的计算机知识，不需要烦琐的制作及发送过程，发送上亿封的广告邮件一般几个工作日便可完成。

3. *成本低廉*

E-mail 营销是一种低成本的营销方式，所有的费用支出就是上网费，成本比传统广告形式要低得多。

4. *应用范围广*

广告的内容不受限制，适合各行各业。因为广告的载体就是电子邮件，所以具有信息量大、保存期长的特点。广告具有长期的宣传效果，而且收藏和传阅非常简单方便。

5. *针对性强反馈率高*

电子邮件本身具有定向性，你可以针对某一特定的人群发送特定的广告邮件，你可以根据需要按行业或地域等进行分类，然后针对目标客户进行广告邮件群发，使宣传一步到位。这样做可使行销目标明确，效果非常好。

四、许可 E-mail 营销

基于用户许可的 E-mail 营销与滥发邮件（Spam）不同，许可营销比传统的推广方式或未经许可的 E-mail 营销具有明显的优势，比如可以减少广告对用户的滋扰、提高潜在客户定位的准确度、增强与客户的关系、提高品牌忠诚度等。根据许可 E-mail 营销所应用的用户电子邮件地址资源的所有形式，可以分为内部列表 E-mail 营销和外部列表 E-mail 营销，或简称内部列表和外部列表。内部列表也就是通常所说的邮件列表，是利用网站的注册用户资料开展 E-mail 营销的方式，常见的形式如新闻邮件、会员通信、电子刊物等；外部列表 E-mail 营销则是利用专业服务商的用户电子邮件地址来开展 E-mail 营销，也就是以电子邮件广告的形式向服务商的用户发送信息。

许可E-mail营销是网络营销方法体系中相对独立的一种，既可以与其他网络营销方法相结合，又可以独立应用。

从营销的手段、提供服务的内容和与顾客的关系等方面综合分析，许可E-mail营销有下列八种主要模式：

（1）顾客关系E-mail。

（2）企业新闻邮件。

（3）提醒服务/定制提醒计划。

（4）许可邮件列表。

（5）赞助新闻邮件。

（6）赞助讨论列表。

（7）鼓动性营销。

（8）伙伴联合营销。

6.4 论坛

论坛又名BBS，全称为Bulletin Board System（电子公告板）或者Bulletin Board Service（公告板服务），是Internet上的一种电子信息服务系统。它提供一块公共电子白板，每个用户都可以在上面书写，可发布信息或提出看法。它是一种交互性强、内容丰富而即时的Internet电子信息服务系统。用户在BBS站点上可以获得各种信息服务、发布信息、进行讨论、聊天等。

像日常生活中的黑板报一样，论坛按不同的主题分为许多版块，版面的设立依据大多数用户的要求和喜好，用户可以阅读别人对于某个主题的看法，也可以将自己的想法毫无保留地贴到论坛中。一般来说，论坛也提供邮件功能，如果需要私下的交流，也可以将想说的话直接发到某个人的电子信箱中。

在论坛里，人们之间的交流打破了空间、时间的限制。在与别人进行交流时，无须考虑自身的年龄、学历、知识、社会地位、财富、外貌、健康状况，也无须知道对方的真实社会身份。这样，参与讨论的人可以处于一个平等的位置与其他人进行任何问题的探讨。

论坛往往是由一些有志于此道的爱好者建立，对所有人都免费开放。而且，由于BBS的参与人数众多，因此各方面的话题都不乏热心者。

1. 论坛营销

论坛营销就是企业利用论坛这种网络交流的平台，通过文字、图片、视频等方式发布企业的产品和服务的信息，从而让目标客户更加深刻了解宣传企业的品牌、加深市场认知度的网络营销活动。

当论坛成为新鲜媒体出现在网民面前时，企业在论坛里发布企业产品的一些信息，人们在那时就开始利用论坛进行各种各样的企业营销活动了。

2. 论坛营销的特点

（1）论坛营销的平台是网络中的论坛。

论坛营销既然借助的平台是论坛，那么论坛营销应该具有论坛这种平台的特点，论坛也可以叫做社区、BBS，意思是电子公告牌。论坛平台的最大特点就是互动、交流。

（2）论坛营销的关键在于营销。

论坛营销主要就是利用论坛进行营销活动。从论坛的特点可以看出论坛营销互动、交流的重要性，比如在某个论坛策划一个专题，如果没有人参加或者回帖，那么你的专题一点作用也不起，所以论坛营销中提倡的是互动和交流。

3. 中小企业操作论坛营销的基本步骤

第一，中小企业首先要有在全国各大知名专业性网站的注册账号即马甲。

第二，中小企业的马甲每个论坛要不低于10个，这个是保证前期炒作的条件。

第三，中小企业要在各大型论坛有专门的人员管理账号、发布帖子、回帖等。

第四，中小企业策划的题目要新颖，也就是有创意，要有一定的创意才会吸引读者。

第五，中小企业策划的题目要能吸引眼球，即标题要有一定的号召性来吸引读者。

第六，中小企业策划的内容一定要具有一定的水准，网友看了之后觉得有话要说才行。

第七，中小企业人员要积极回复，并鼓励其他网友回复。

第八，中小企业人员要正确地引导网友的回帖，不要让事件朝相反的方向发展。

第九，中小企业要仔细监测其带来的效果，同时注意改进。

第十，中小企业要及时和论坛管理员沟通交流，熟悉各大论坛的管理员和版主，有助于论坛营销的开展。

6.5 博客（Blog）与RSS

一、博客（Blog）

Blog就是以网络作为载体，简易、迅速、便捷地发布自己的心得，及时、有效、轻松地与他人进行交流，并集丰富多彩的个性化展示于一体的综合性平台。

“博客”一词是从英文单词Blog音译而来的。Blog是Weblog的简称，而Weblog则是由Web和Log两个英文单词组合而成。

Weblog就是在网络上发布和阅读的流水记录，通常称为网络日志，简称网志。博客概念解释为在网络出版（Web Publishing）、发表和张贴文章，是个急速成长的网络活动，现在甚至出现了一个用来指称这种在网络出版和发表文章的专有名词——Weblog，或Blog。

Blogger即指撰写Blog的人。Blogger在很多时候也被翻译成为“博客”一词，而撰写Blog这种行为，有时候也被翻译成“博客”。因而，中文“博客”一词，既可作为名词，分别指代Blog（网志）和Blogger（撰写网志的人），也可作为动词，意思为撰写网志这种行为，只是在不同的场合分别表示不同的意思罢了。

Blog是一个网页，通常由简短且经常更新的帖子构成，这些帖子一般是按照年份和日期倒序排列的。而作为Blog的内容，它可以是你纯粹个人的想法和心得，包括你对时事新闻、国家大事的个人看法，或者你对一日三餐、服饰打扮的精心料理等，也可以是在基于某一主题的情况下或是在某一共同领域内由一群人集体创作的内容。它并不等同于“网络日记”。作为网络日记是带有很明显的私人性质的，而Blog则是私人性和公共性的有效结合，它绝不仅仅是纯粹个人思想的表达和日常琐事的记录，它所提供的内容可以用来进行交流和为他人提供帮助，是可以包容整个互联网的，具有极高的共享精神和价值。一个Blog就是一个网页，它通常是由简短且经常更新的Post构成；这些张贴的文章都按照年份和日期排列。Blog的内容的有很大的不同，从对其他网站的超级链接和评论，有关公司、个人的新闻到日记、照片、诗歌、散文，甚至科幻小说的发表或张贴都有。许多Blog是个人心中所想之事的发表，其他Blog则是一群人基于某个特定主题或共同利益领域的集体创作。Blog好像是对网络传达的实时讯息，撰写这些Weblog或Blog的人就叫做Blogger或Blog writer。

在网络上发表Blog的构想始于1998年，但到了2000年才开始真正流行。而2000年博客开始进入中国，并迅速发展，但都业绩平平。直到2004年木子美事件，才让中国民众了解到了博客，并运用博客。2005年，国内各门户网站，如新浪、搜狐原本不看好博客业务，也加入博客阵营，开始进入博客战国时代。起初，Blogger将其每天浏览网站的心得和意见记录下来，并予以公开，来给其他人参考和遵循。但随着博客快速扩张，它与最初的目的已相去甚远。目前网络上数以千计的Blogger发表和张贴Blog的目的有很大的差异。不过，由于沟通方式比电子邮件、讨论群组更简单容易，Blog已成为家庭、公司、部门和团队之间越来越盛行的沟通工具，因为它也逐渐被应用在企业的内部网络（Intranet）。目前，BSP商家风起云涌，已有数十家大型博客站点。

1. 博客的分类

（1）基本的博客。

Blog中最简单的形式。单个的作者对于特定的话题提供相关的资源，发表简短的评论。这些话题几乎可以涉及人类的所有领域。

（2）小组博客。

基本的博客的简单变型，一些小组成员共同完成博客日志，有时候作者不仅能编辑自己的内容，而且能够编辑别人的条目。这种形式的博客能够使小组成员就一些共同的话题进行讨论，甚至可以共同协商完成同一个项目。

（3）亲朋之间的博客。

这种类型的博客的成员主要由亲属或朋友构成，他们是一种生活圈、一个家庭或一群项目小组的成员。

（4）协作式的博客。

与小组博客相似，其主要目的是通过共同讨论，使参与者在某些方法或问题上达成一致，通常把协作式的博客定义为允许任何人参与、发表言论，讨论问题的博客日志。

（5）公共社区博客。

公共出版在几年以前曾经流行过一段时间，但是因为没有持久有效的商业模型而销声匿迹了。廉价的博客与这种公共出版系统有着同样的目标，但是使用更方便，所花的代价更小，所以也更容易生存。

（6）商业、企业、广告型的博客。

对于这种类型博客的管理类似于通常网站的Web广告管理。商业博客分为：CEO博客、企业博客、产品博客、“领袖”博客等。以公关和营销传播为核心的博客应用已经被证明将是商业博客应用的主流。

①CEO博客。“新公关维基百科”原来已经统计出了近200位CEO博客，或者处在公司领

导地位的人撰写的博客。美国最多，有近120位；其次是法国，近30位；英德等欧洲国家也都各有先例。中国目前没有CEO博客列入其中。这些博客所涉及的公司虽然以新技术为主，但也不乏传统行业的国际巨头，如波音公司等。

②企业博客。即以企业的身份而非企业高管或者CEO个人名义进行博客写作。“新公关维基百科”已经统计到85家严格意义上的企业博客，不单有惠普、IBM、思科、迪斯尼这样的世界百强企业，也有Stonyfield Farm乳品公司这样的增长强劲的传统产业，这家公司建立了4个不同的博客，都很受欢迎。服务业、非赢利性组织、大学等，如咖啡巨头星巴克、普华永道事务所、Tivo、康奈尔大学等也都建立了自己的博客。NOVELL公司还专门建立了一个公关博客，专门用于与外介的沟通。

③产品博客。即专门为了某个品牌的产品进行公关宣传或者以为客户服务为目的所推出的“博客”。据相关统计，目前有30余个国际品牌有自己的博客。例如，在汽车行业有日产汽车Tiida博客和Cube博客，后来我们看到了通用汽车的两个博客，福特汽车的野马系列也推出了“野马博客”，马自达在日本也为其Atenza品牌专门推出了博客。今年，通用汽车还利用自身博客的宣传攻势协助公司成功地处理了《洛杉矶时报》公关危机。

④“领袖”博客。除了企业自身建立博客进行公关传播，一些企业也注意到了博客群体作为意见领袖的特点，尝试通过博客进行品牌渗透和再传播。

（7）知识库博客，或者叫K-LOG。

基于博客的知识管理将越来越广泛，使企业可以有效地控制和管理那些原来只是由部分工作人员拥有的、保存在文件档案或者个人电脑中的信息资料。知识库博客提供给了新闻机构、教育单位、商业企业和个人一种重要的内部管理工具。

（8）按照博客主人的知名度、博客文章受欢迎的程度，可以将博客分为名人博客、一般博客、热门博客等。

（9）按照博客内容的来源、知识版权还可以将博客分为原创博客、非商业用途的转载性质的博客以及二者兼而有之的博客。

2. 博客营销

博客营销是利用博客这种网络应用形式开展网络营销的工具，是公司、企业或者个人利用博客这种网络交互性平台，发布并更新企业、公司或个人的相关概况及信息，并且密切关注并及时回复平台上客户对于企业或个人的相关疑问以及咨询，并通过较强的博客平台帮助企业或公司零成本获得搜索引擎的较前排位，以达到宣传目的的营销手段。

博客营销的优势：

（1）细分程度高，定位准确。

（2）互动传播性强，信任程度高，口碑效应好。

（3）影响力大，引导网络舆论潮流。

（4）与搜索引擎营销无缝对接，整合效果好。

（5）有利于长远利益和培育忠实用户。

3. 博客营销的特点

（1）博客可以直接带来潜在用户。

博客内容发布在博客托管网站上，如博客网（www.bokee.com）属下的网站

（www. blogger. com）等。这些网站往往拥有大量的用户群体，有价值的博客内容会吸引大量潜在用户浏览，从而达到向潜在用户传递营销信息的目的，用这种方式开展网络营销，是博客营销的基本形式，也是博客营销最直接的价值表现。

（2）博客营销的价值体现在降低网站推广费用方面。

网站推广是企业网络营销工作的基本内容，大量的企业网站建成之后都缺乏有效的推广措施，因而网站访问量过低，降低了网站的实际价值。通过博客的方式，在博客内容中适当加入企业网站的信息（如某项热门产品的链接、在线优惠券下载网址链接等）达到网站推广的目的，这样的"博客推广"也是降低成本的网站推广方法，降低了一般付费推广的费用，或者在不增加网站推广费用的情况下，提升了网站的访问量。

（3）博客文章内容为用户通过搜索引擎获取信息提供了机会。

多渠道信息传递是网络营销取得成效的保证，通过博客文章，可以增加用户通过搜索引擎发现企业信息的机会。其主要原因在于，一般来说，访问量较大的博客网站比一般企业网站的搜索引擎可见性要好，用户可以比较方便地通过搜索引擎发现这些企业博客的内容。这里所谓的"搜索引擎的可见性"，也就是让尽可能多的网页被主要搜索引擎收录，并且当用户利用相关的关键词检索时，这些网页出现的位置和摘要信息更容易引起用户的注意，从而达到利用搜索引擎推广网站的目的。

（4）博客文章可以方便地增加企业网站的链接数量。

获得其他相关网站的链接是一种常用的网站推广方式，但是当一个企业网站知名度不高且访问量较低时，往往很难找到有价值的网站给自己链接，通过自己的博客文章为本公司的网站做链接则是顺理成章的事情。拥有博客文章发布的资格增加了网站链接的主动性和灵活性，这样不仅可能为网站带来新的访问量，也增加了网站在搜索引擎排名中的优势，如一些主要搜索引擎把一个网站被其他网站链接的数量和质量也作为计算其排名的因素之一。

（5）可以实现以更低的成本对读者行为进行研究。

当博客内容比较受欢迎时，博客网站也成为与用户交流的场所，有什么问题可以在博客文章中提出，读者可以发表评论，从而可以了解读者对博客文章内容的看法，作者也可以回复读者的评论。当然，也可以在博客文章中设置在线调查表的链接，便于有兴趣的读者参与调查，这样扩大了网站上在线调查表的投放范围，同时还可以直接就调查中的问题与读者进行交流，使得在线调查更有交互性，其结果是提高了在线调查的效果，也意味着降低了调查研究费用。

（6）博客是建立权威网站品牌效应的理想途径之一。

作为个人博客，如果想成为某一领域的专家，最好的方法之一就是建立自己的 Blog。如果你坚持不懈地博客下去，你所营造的信息资源将为你带来可观的访问量，在这些信息资源中，也包括你收集的各种有价值的文章、网站链接、实用工具等，这些资源为自己持续不断地写出更多的文章提供了很好的帮助，这样就形成了良性循环，这种资源的积累实际上并不需要多少投入，但其回报却是可观的。对企业博客也是同样的道理，只要坚持对某一领域的深度研究，并加强与用户的多层面交流，这样会提高用户的品牌认可度和忠诚度。

（7）博客减小了被竞争者超越的潜在损失。

2004 年，博客在全球范围内已经成为热门词汇之一，不仅参与博客写作的用户数量快速增长，浏览博客网站内容的互联网用户数量也在急剧增加。在博客方面所花费的时间成本，实际上已经为其他方面节省的费用所补偿，如为博客网站所写的内容，同样可以用于企业网站内容的更新，或者发布在其他具有营销价值的媒体上；反之，如果因为没有博客而被竞争者超越，那种损失将是不可估量的。

(8) 博客让营销人员从被动的媒体依赖转向自主发布信息。

在传统的营销模式下，企业往往需要依赖媒体来发布企业信息，不仅受到较大限制，而且费用相对较高。当营销人员拥有自己的博客园地之后，你可以随时发布所有你希望发布的信息，只要这些信息没有违反国家法律，并且信息对用户是有价值的。博客的出现，对市场人员的营销观念和营销方式带来了重大影响，博客给予每个企业、每个人自由发布信息的权利。如何有效地利用这一权利为企业营销战略服务，则取决于市场人员的知识背景和对博客营销的应用能力等因素。

博客赚钱出新模式　利润率超过50%

JOY（网名）一听到电话响，就会激动起来。

"只要海天国际瑜伽（化名）那边的电话铃一响，我就又小赚一笔了。" JOY小声嘀咕着。

原来，JOY是在利用自己的博客赚钱呢！作为一个兴趣在休闲、娱乐、养生方面的博主，JOY也没有想到自己曾经精心经营的博客居然还能带来收益。提起自己用博客赚钱的历程，JOY说那是从两个月前开始的。

财源来自电话铃响

通过撰写体验式文章，吸引眼球，引起关注。而每有一个电话被打通，博主就会获得一次收益分成。

"当时是一个朋友介绍的，说网上正流行一种博客营销的新模式，博主也能一起分享收益，问我是否有兴趣参与。" JOY回忆自己当时在朋友的指导下，登录了一个网站，并进行了注册。"注册成功后，他们让我选择已经跟他们签约的客户，然后撰写与客户有关的体验式文章，放在我的博客里。" JOY的主要爱好在休闲、娱乐方面，所以她选择了一家曾去过的瑜伽中心。

由于对瑜伽中心比较了解，所以JOY就按要求把客户的有关情况融合在了自己的体验式文章中。没有想到的是，几天后JOY就收到注册网站发过来的E-mail，说她的账户上已经有400多元了，这着实让JOY惊喜了半天！

"这钱到底是怎么来的？" 原来，在注册成功之后，JOY就获得了一个与自己的博客相匹配的专属电话号码，这个号码就被放在了JOY的博客里。如果有看过JOY博客文章的网友想了解更多的情况，可以免费拨打这个电话进行咨询。这个电话背后的系统会根据号码被拨打的有效次数，自动按既定的分成比例来计算博主的收益。JOY后来才知道，每有一个电话打过来，她都会获得4~5元的广告收益。

"我经常会写一些关于健身心得方面的文章，很多朋友都是在网上认识的，大家兴趣一致，因此他们老上我的博客，估计打电话咨询的就是他们。”一边窃喜，JOY手里的一篇关于周末打网球的博客文章又快出炉了。

利润率在50%以上

一个有效的电话广告，收费约10元，其中分给博主4～5元，广告公司得5～6元，若咨询量较大，利润还是较为可观的。

“对于JOY这样的博主来说，可以做到无任何负担地轻松赚钱；而对于广告客户来说则是一个精准的投放。”据推出这一博客营销新模式的北京龙拓互动广告有限公司CEO苏义介绍：一般一个有效的电话广告，他们会从广告客户那里收费约10元钱，然后分给博主4～5元，而他们平均能赚5～6元，利润率在50%以上，这是相当可观的。

所谓有效电话，其实指的是有意向的咨询电话。广告主在接到有效电话后，就需要支付给广告公司相应的费用。对于可能存在的有效电话的数量争议问题，广告公司的技术系统专门设立了一个申诉和跟踪机制，即每一个来电都是有迹可查的，如果广告主认为是无效的电话，在经过调查确认无效后，系统会自动屏蔽掉这个电话。

据苏义透露，这种“按来电计费”的博客营销模式只是他计划中的第一步，很快他就会推出“按成交付费”的博客广告。“再之后也许还会有按照舆论来计费的，比如按照我在博客上的话题引起的讨论和成为大家谈资的规模来计算费用。”显然在苏义眼里，博客营销在未来是充满无穷想象力的。

然而，就目前而言，“按来电计费”的模式毕竟才推出不到半年，效果与生命力如何，现在断言还为时尚早。以目前收集到的数据显示：目前参与的博主已有将近10万人，点击量较大的博主，平均一个月能赚到将近2 000元；从应用行业来看，招生、美容、家装、快递等服务行业的效果比较好，博主从这些行业里赚的钱也是最多的。

好的用户体验才是获利关键

虽然每种获利模式都有自己的优势，但共同面临的问题需要不断增强用户体验，这将决定这种商业模式的生命长短。

互联网观察人士王宏亮认为，博客在兴起后的短短几年内，已经成为中国互联网最主流的应用，也是网民关注度最高的互联网服务之一，但一直没有找到一种具有普适性的商业模式，互联网巨头们也一直在尝试博客赢利模式，比如Google推出的Adsence、新浪等门户网站推出的博客广告收入分成模式等。相比前两者，“按来电计费”这种个人博客的商业模式，看上去的优点是操作更简易，在收入分成上也更便于结算。但存在的问题是，多数个人博客的流量较低，广告分成为其带来的收入能否吸引多数个人博主们的广泛参与，还是个未知数。

实际上，利用博客赢利的模式已经有很多，他们都是基于博客本身的特点。博客网CEO方兴东认为：开发这些新模式的公司往往都有着不同领域的优势，比如“按来电计费”模式就是基于广告公司的客户优势，并把这种优势通过技术平台转化为竞争力优势。但他同时也指出，未来这些博客广告可能会更多地与电子商务相结合，甚至与生活模式相结合，但每一种赢利的模式也许都难以做得特别大，因为这个市场太分散了。所以他建议：博客本身要不断增强用户体验，把这条利益链上的每一点都分工细化，博客营销才能真正深入地发展下去。

（资料来源：www. meihua. info）

二、RSS

RSS（内容聚合）是一种消息来源格式规范，用以发布经常更新资料的网站，如 Blog 文章、新闻等的网摘。RSS 文件（也称为摘要、网络摘要、频道更新）包含了全文或是摘录的文字，再加上发布者所订阅的网摘资料和授权的数据。在时效性比较强的内容上使用 RSS 订阅能更快速获取信息，网站提供 RSS 输出，有利于让用户获取网站最新更新的内容。网络用户可以在客户端安装支持 RSS 的聚合工具软件，在不打开网站页面的情况下阅读支持 RSS 输出的网站内容。

RSS 可以是以下三种解释中任一种的缩写，事实上这三者都是指同一种联合供稿（Syndication）的技术。

（1）Really Simple Syndication（RSS 2.0）。

（2）RDF（Resource Description Framework）Site Summary（RSS 0.91，RSS 1.0）。

（3）Rich Site Summary（RSS 0.9 and 1.0）。

1. RSS 的作用

（1）订阅 Blog。

用户可以订阅工作中所需的技术文章；也可以订阅与自己有共同爱好的作者的 Blog。总之，对什么感兴趣就可以订什么。

（2）订阅新闻。

无论是奇闻怪事、明星消息、体坛风云，只要想知道的，都可以订阅。用户再也不用一个网站一个网站、一个网页一个网页地去逛了，只要将需要的内容订阅在一个 RSS 阅读器中，这些内容就会自动出现你的阅读器里；也不必为了一个急切想知道的消息而不断地刷新网页，因为一旦有了更新，RSS 阅读器就会自动发送通知。

RSS 阅读器基本可以分为三类：

第一类是大多数阅读器，它是运行在计算机桌面上的应用程序，通过所订阅网站的新闻供应，可自动、定时地更新新闻标题。在该类阅读器中，有 Awasu、FeedDemon 和 RSSReader 这三款流行的阅读器，都提供免费试用版和付费高级版。国内最近也推出了几款 RSS 阅读器：周博通、看天下、博阅。另外，开源社区也推出了很多优秀的阅读器，如 RSSOWl（完全 java 开发），它不仅完全支持中文界面，而且还是完全的免费软件。

第二类是新闻阅读器，通常是内嵌于已在计算机中运行的应用程序中。例如，NewsGator 内嵌在微软的 Outlook 中，所订阅的新闻标题位于 Outlook 的收件箱文件夹中。另外，Pluck 内嵌在 Internet Explorer 浏览器中。

第三类则是在线的 WEB RSS 阅读器，其优势在于不需要安装任何软件就可以获得 RSS 阅读的便利，并且可以保存阅读状态，推荐和收藏自己感兴趣的文章。提供此服务的有两类网站，一种是专门提供 RSS 阅读器的网站，如国外的 Google reader，国内的鲜果、抓虾；另一种是提供个性化首页的网站，如国外的 netvibes、pageflakes，国内的雅蛙、阔地。

2. RSS 营销

RSS 营销是指利用 RSS 这一互联网工具传递营销信息的网络营销模式，RSS 营销的特点决定了其比其他邮件列表营销具有更多的优势，是对邮件列表的替代和补充。目前 RSS 营销的应用还处于初级阶段，因此对 RSS 营销方法和一般规律的研究也有待深入。

●阅读资料

亚马逊是全球最大的 B2C 网上购物站点，2003 年销售收入达到 52.6 亿美元，所售商品种类达几十万种。如此庞大的商品数目使用户越来越难以找到他们想要的商品，也使亚马逊新商品介绍和商品促销的信息越来越难以找到合适的渠道传递给成千上万口味不同的用户。传统的 E-mail 发布形式由于“垃圾”邮件和病毒的盛行，已为大多数用户所摒弃，成本很高但收效甚微。

于是亚马逊于 2004 年初将注意力转向了 RSS。今天打开亚马逊的网站，你会发现几乎所有种类的商品（图书、电子产品、音像制品、玩具、服装等）都已打包成相应的“RSS 频道”，向用户终端的阅读器定期发送。

通过 RSS 这个新渠道，亚马逊每当有新商品上市、新促销信息和新重大新闻时，都能快速及时地将这些信息“推”向其用户，不仅给用户提供了方便，而且大大提高了这些信息的普及率、针对性和时效性，从而抓住了大量以前被白白浪费的商机。

●技能训练

根据网站推广的策略及方法，尝试为一中小企业制订网站推广方案。

●课后练习

1. 网站推广策略有哪些主要形式？

2. 请对以下案例进行分析和评价。

中国酒业大王五粮液集团全资子公司——五粮液葡萄酒有限责任公司宣布，与国内最大的跨平台博客传播网络 BOLAA 网携手合作，通过该平台在博客红酒爱好者中组织了一次大规模的红酒新产品体验主题活动。利用互联网新媒体对其红酒新产品进行大规模的市场推广，这是传统名牌酒类企业利用互联网渠道进行的一次重要的营销突破。活动开展后短短几天，报名参加体验活动的人数就突破了 6 000 多人，最终五粮液葡萄酒公司在其中挑选了来自全国各地的 500 名知名的博客红酒爱好者参加了此次活动，分别寄送了其新产品国邑干红以供博客品尝。博客们体验新产品后，纷纷在其博客上发表了对五粮液国邑干红的口味感受和评价，迅速在博客圈内引发了一股关于五粮液国邑干红的评价热潮，得到了业界的普遍关注。五粮液葡萄酒公司通过此次活动受益匪浅，不仅产品品质得到了大家的认可，品牌得到了大幅度提升，而且还实实在在地促进了产品销售。许多参加活动的博客主表示：五粮液新产品确实口感不错，以后他们自己也会去购买五粮液国邑干红。

据五粮液葡萄酒公司相关负责人王晓军先生介绍，此次活动是五粮液国邑干红通过互联网传递企业品牌及产品特性的一次重大尝试，希望通过博客体验的方式找到打开网络营销的突破口。随着2006年博客在中国的蓬勃发展，一些目光敏锐的商家注意到了隐藏在博客中的巨大营销商机，他们不再拘泥于长期沿袭的传统广告，而是开始把新产品信息直接投放到定向准确的终端消费者中间，其中博客的消费特性更是与红酒产品的受众定位非常吻合。因此五粮液葡萄酒公司计划利用BOLAA网跨平台的博客渠道优势，对博客中的红酒爱好者组织一次新产品体验活动，即由部分消费者在实际品尝体验五粮液国邑干红后，以博客的方式描述自己的切身感受和中肯意见，或围绕红酒文化开展系列的讨论，并进一步在同类属性的博友中大范围传播，逐步吸引红酒爱好者们加入到五粮液红酒博友联盟圈子中，以达到宣传产品和培养忠实用户的效果。

体验经济概念的创始者、《体验经济——工作是剧院，业务是剧目》的作者James Gilmore习惯“把体验视为一种独特的经济提供物，将会开启未来经济增长的钥匙”。谈到这次营销的探索，五粮液葡萄酒公司相关负责人表示：“与BOLAA网的合作是五粮液国邑品牌在市场营销的一次全新尝试。对于博客体验，我们希望大家在体验五粮液国邑干红后能真实地表达感受，无论大家肯定还是提出意见，对我们进一步改善产品质量都是有益的。”

此次博客体验的是五粮液国邑系列干红葡萄酒，该产品是从生产葡萄酒历史最为悠久、品质最为世界推崇的欧洲国家直接进口优质原酒，灌装生产而成，届时博客享受到的将是100%纯粹的欧洲葡萄酒。五粮液葡萄酒公司负责人认为，通过让博客真实品尝国邑干红葡萄酒，不仅能在第一时间获得用户体验的第一手资料，而且通过博客体验进行的口碑传播，更能使红酒品牌得到广泛的传播，激发消费者的购买欲望，培育忠实的用户群体，博客体验不失为一种十分有效的营销方式。获得国邑干红葡萄酒的博客纷纷表示：这样的体验方式很好，不仅可以优先免费获得最新产品的体验机会，而且整个主题活动和产品本身具备的文化韵味可以更好地唤起人们心中的情感记录，很能让人产生共鸣。

由此我们可以预见，众口相传的口碑传播方式将成为最有效的营销方式之一。与传统方式的口碑传播相比，基于互联网的口碑传播，在传播速度和传播范围上已发生了质的飞跃，因而广告效果也是几何倍增，以博客为载体的口碑传播则更具备了受众精准和高信任度传播的特点，在提升企业品牌的同时，也更易于激发销售行为。

模块七　网络在线服务

●学习目标

1. 了解 FAQ 的设计
2. 掌握网络即时信息工具的应用
3. 熟悉论坛维护技巧
4. 熟悉在线服务的特征
5. 熟悉网络在线表单的设计

●引入案例

CISCO 公司的网上顾客服务

CISCO 是专营网络设备和软件的公司。它在网上设立了专门用于销售产品和提供顾客服务支持的站点，其中尤其以顾客服务体系独具魅力。它的站点很受欢迎，获得 Ponit 的 Top5% 及 Magellan 评选的四星级站点的称号，这两项荣誉一般很少授予专门从事商业活动的企业站点，但因为 CISCO 的顾客服务系统如此成功以至同时获得这两项荣誉，这是非常难得的。

首先，它的站点上有一个专门介绍负责 CISCO 站点的高级顾客服务系统小组（ACS Team）成员的页面。这个页面详细介绍了小组中每个成员的职能，这是使站点人格化、给顾客以亲切感和责任感的重要举措。

其次，对于顾客的提问，除 FAQ 外，CISCO 采用以下两个措施：一是开放论坛（Open Forum）；二是案例库（Case Library）。开放论坛是由顾客服务部门管理的私人新闻组（所谓私人，就是需要有密码才能进入）负责。它是只面向顾客的，对稍复杂的技术问题提供帮助的工具。

问题的答案提交给开放论坛的同时，也会给问题创建者发出 E-mail。当他们回来后，会发现一个电灯泡的图标，提示他问题的答案已经发至信箱，正等候他的阅读。再单击图标，即可看到你提的问题和一个或多个答案，顾客可以根据自己的需要选择最合适的解决方法。

顾客接受答案后，他所提的问题及答案会被添加到数据库中，以后出现类似提问，通过对数据库的检索即可解决。

CISCO 不仅设置了功能完备的顾客服务系统，还设置了顾客追踪系统。CISCO 顾客调研页面询问顾客的个人情况及访问者所在公司的技术情况等这类基本信息，这些基本信息可直接用于产品规划、市场分析。CISCO 为每一位填写调查表的顾客提供一份小礼物——一件 T 恤衫。

对登记在案的顾客，CISCO 公司了解他们的基本信息：公司、服务、合同编号、地址、电话、传真、E-mail 地址等。公司对这些信息非常珍视，从不滥用；他们一直恪守着对顾客负责的信条，因此也获得了顾客的信任。顾客不担心这些信息的泄露，因为这些信息被安全地放置在防火墙的保护之下。

7. 1　网络在线服务概述

相关调查数据显示：95% 以上的访问者（潜在客户）在浏览企业网站过后，都没有主动与企业联系，也就是说，我们每天都在流失 95% 的商机。互联网时代，客户追求个性，需要个性化的服务，网络为客户服务提供了一个全新的工具：随时、随地而且互动。这些特性符合当代客户个性化的需求特征。因此，越来越多的企业将网络在线服务整合到企业的整体营销计划中去，使网络营销兴起一轮客户服务的浪潮。事实上，在线服务是企业或个人在互联网上增强客户服务的必备工具。

网站在线服务是专门为网站量身订制的在线服务和访客价值挖掘工具，可被运用在企业的网站、网络广告、邮件签名、网上论坛等处。任何访客只需进入网站，即可与企业进行交流，从而实现用户与企业的便捷沟通。

1. 网络在线服务的特点

（1）空间无限。

企业可以在网站上将有关产品和服务的信息按照不同的详细程度提供给不同的客户。

（2）客户获得信息不受限制。

客户可以随时获得企业的产品和服务信息，且付出的成本远远低于印刷、邮寄或者电话所需的成本。

（3）网络具有互动性。

通过网络在线服务，顾客能直接与企业对话，企业能直接了解客户的需求。

（4）企业在网站中设置 FAQ（常见问题）。

可以帮助客户解决常见问题，减少客户服务人员的重复劳动；企业有更多的时间和人力为客户及时解决更复杂的问题。

2. 现代客户的需求

(1) 了解企业产品、服务信息。

客户需要了解企业产品服务的详细信息，从中发现能满足自身需求的特性信息，这些需求是传统的营销媒体所难以实现的。网络在线服务则能帮助企业向客户提供这些信息。

在许多网上书店，客户可以找到自己喜欢的某位作家的所有在版图书作品，或者某个专业的最新书籍。在 Amazon 就设立了一个名叫 Eyes 的自动搜索工具为客户搜寻他们所需要的图书信息，并及时给顾客发送 E-mail。

(2) 需要企业帮助解决问题。

客户服务的另一种说法就是帮助顾客解决问题。从产品安装、调试、使用到故障排除、提供产品系统更深层次的知识等都是顾客服务的范围，帮助顾客解决问题常常占用了传统营销部门大量的时间、人力，而且这其中的一些常见问题反复出现，服务人员重复着同一类问题的答案，效率低下且服务成本高。

同时客户需要的不仅是一个问题的解决，还需要对产品知识的自我学习、自我培训。微软公司和 Intersolv 公司都在它们的网络站点中设置了供顾客自我学习的知识库，这里不仅能提供常见问题的解决方案，还能将顾客自我教育为产品专家。

(3) 接触企业人员。

客户不仅需要自己了解产品、服务的知识和解决问题的方法，同时还需要像传统顾客服务一样，在必要的时候和公司的有关人员直接接触，解决比较困难的问题，或询问一些特殊的信息，反馈他们的意见等。

(4) 了解整个过程。

客户不仅需要了解信息、接触人员，常常还要作为整个营销过程中的一个积极主动的因素参与产品的设计、制造、运送等。这一点充分体现了现代顾客个性化服务的双向互动的特性。客户了解的产品信息越详细，他们对自己需要什么样的产品也就越清楚。公司要实现个性化的顾客服务，应将它的主要顾客的需求，作为产品定位的依据，纳入到产品的设计、制造、改进的过程中。让客户了解整个过程，实际上就意味着企业和顾客之间“一对一”关系的建立，这种关系的建立为小企业挑战大企业独霸市场的格局提供了有力的保证。小企业对市场份额的不断占领是大规模市场向细分市场演变的具体表现，比如在计算机市场或软件市场中，最大的份额不再是 IBM，而是无数的小企业群体。

客户整合是现代客户的个性化需求，发展的结果表明：现代客户的个性化需求不是一个静态过程，而是一个双向、互动的过程，这就为运用网络这一优秀的顾客服务工具奠定了基础。

网络客户服务的最大优势在于：它能够与顾客建立起持久的“一对一”的服务关系，而这种关系的得来应归功于网络即时互动的特性。

3. 网络顾客服务与传统顾客服务的比较优势

众所周知，服务具有不可感知性、不可分离性、差异性、不可储存性等特征。而网络服务尽管不能从根本上改变这些特性，但在某种程度上作出改良，赋予其新的内涵，从而显示出对传统顾客服务的比较优势，有利于达到更高的服务水平，提高顾客的满意度。

(1) 降低顾客对服务的不可感知性。

不可感知性是服务最重要的特征，而通过互联网可以明显降低这种不可感知性。网络能提高服务的有形程度，把服务通过某些有形的方式表现出来，可以增强顾客的体验和感受。如别克汽车提供的网上汽车试驾系统就可以增强顾客对其服务的感性认识，减少顾客对该项服务的陌生感。

（2）突破服务时空的不可分离性。

一般而言，服务的生产与消费过程同时进行，服务人员服务于顾客时，也就是顾客在消费服务，二者在时空上不可分离。互联网的远程服务则在一定程度上突破了这一点，使顾客无论何时何地都可以轻松享受现代服务的快捷与方便。如人们可以进行远程购物、远程支付、远程咨询、产品定制等。

（3）便于提供相对统一规范的服务。

由于服务人员自身因素（如心理状态）的影响，有时即使是同一服务人员提供的服务也可能会有不同的水准。因此，造成服务的构成成分及其质量水平经常变化，呈现出服务的差异性。相比较而言，绝大多数网络顾客的服务内容来源于企业服务数据库，从形式到内容都相对规范、统一，有利于消除传统服务产生的“形象混淆”，维护企业服务形象的一致性，建立一个相对统一的企业服务形象。

（4）改善服务的不可储存性。

由于传统服务不可感知与不可分离，使得服务不可能像有形产品那样可以储藏起来，以备未来出售，而网络服务尽管没有从根本上改变这一点，但似乎在某些方面已经做了很大程度的改善。如产品的安装、调试、试用和故障排除等，对于不同的顾客而言，往往是简单的重复，如果把相应问题的解决方案放在网上，当顾客需要时，就可以自行到网上查找相应的解决方案。这既方便了顾客，又可减少企业大量的简单重复劳动，从而在一定程度上实现了服务的可储存性。

4. 网上客户服务的方式

网上常用的在线客户服务方式主要有：FAQ；在线表单；在线即时通信；论坛。

7.2 FAQ

FAQ是所有网上企业几乎都有的页面，它的英文全名是Frequently Asked Questions，即常见问题。这个页面主要为顾客提供有关产品、公司情况等常见问题的现成答案。

FAQ最初产生在Usenet的新闻组中，对某个主题经过一段时间的争论与研究，一些基本问题大家都达成共识，把这些问题和答案列在一起形成常见问题。Usenet新闻组中大多数议题都有FAQ，并定期更新，所以，每个新进入新闻组参加讨论的人都应首先阅读FAQ，弄清基本问题后，再参加讨论、提出问题。FAQ之外的问题是受欢迎的，因为这可以拓展所讨论主题的深度。企业把这种方法借鉴到网络营销管理中，就形成了企业的FAQ。

一、企业FAQ的设计

步骤一：列出哪些是常见问题。这个问题对顾客服务部门的人来说是比较容易解决的。只要把客户提出的问题集中到一起进行整理，常见问题的清单很快就能列出来。特别是需要工作在客户服务第一线的人员更能列出非常具体而有意义的客户常见问题。

步骤二：组织问题。对于问题的组织需要认真思考，精心组织的 FAQ 可方便客户的使用，从而节省企业接受咨询电话、收发电子邮件等客户服务的费用。很多企业的 FAQ 显示的是长长的文本文件，它们确实对一些常见问题进行了解答，但它们的编排没有按照提问的频率进行。有时候，最常见的问题可能并不是很重要的问题，有些企业就可能不回答这些不重要的问题，FAQ 解决不了客户的问题，客户转向其他的客户服务方式。因此，对问题的组织应精心策划。

在编排 FAQ 页面时，需要解决以下两个问题：

（1）提供信息的详细程度。

此时的 FAQ 页面，应从客户的角度出发，信息的详细程度以客户的需求为标准。可以利用超链接将客户引导到更详细的信息上，只要客户想了解，单击鼠标即可。

（2）如何使客户易于导航，寻找到他想提问的问题的答案。

要将客户引导到问题的解答页面上，应从 FAQ 的布局和内部链接出发。FAQ 最常见的布局方式是将问题分门别类，按主题分类。

二、FAQ 的分类

1. 关于产品的 FAQ

关于产品使用和维护等的常见问题解答。如图 7－1 所示。

图 7－1　格力电器集团的常见问题解答

2. 关于升级的 FAQ

关于企业产品和服务升级等常见问题的解答。如图 7－2 所示。

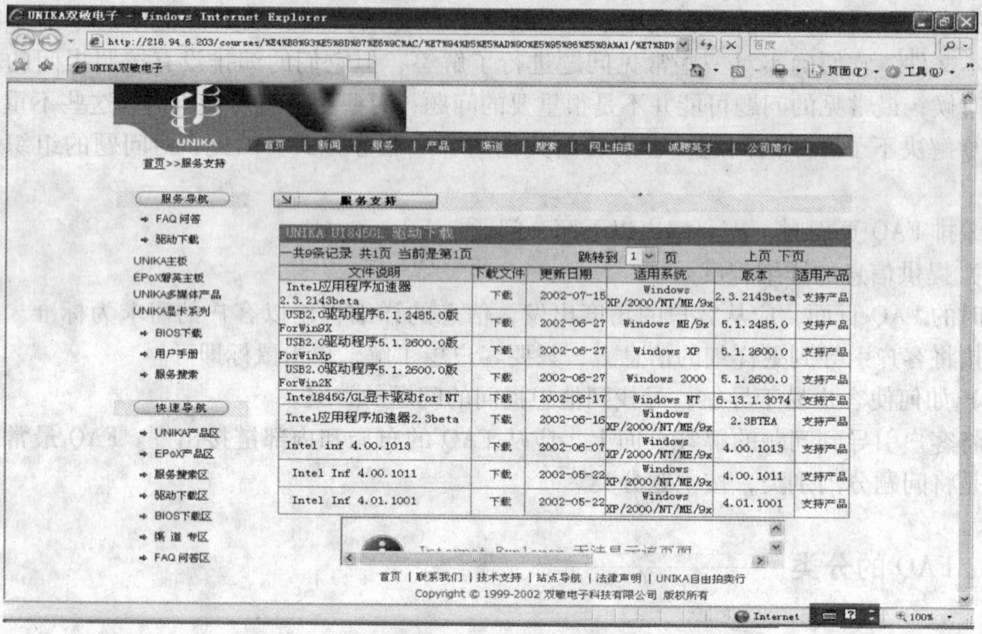

图 7－2　双敏电子科技有限公司的常见问题解答

3. 关于订货、运输的 FAQ

如图 7－3 所示。

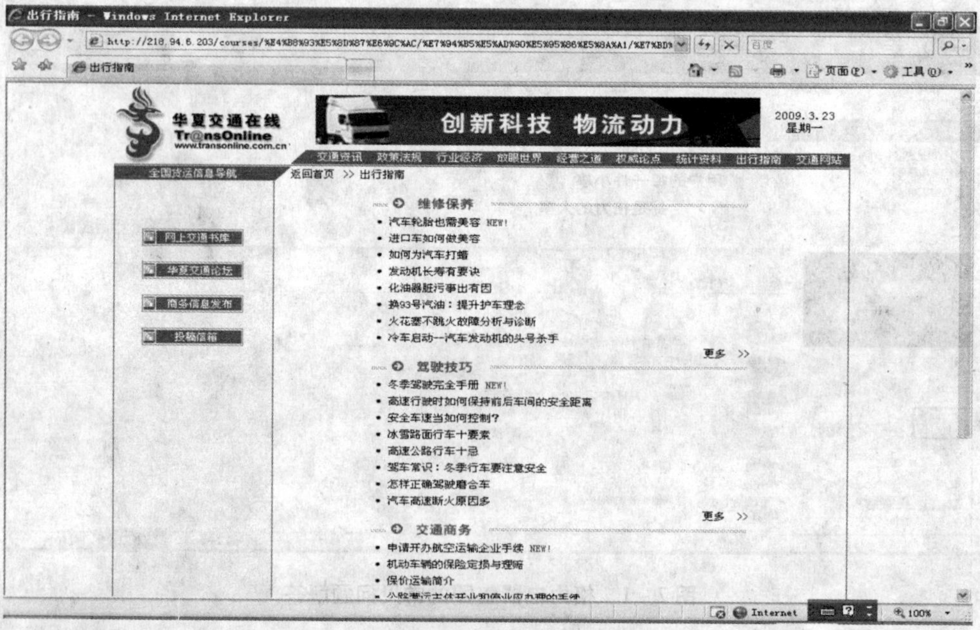

图 7－3　华夏交通在线的出行指南

4. 关于获得单独帮助的 FAQ

如图 7－4 所示。

图 7－4　常见问题索引

5. 关于企业情况的 FAQ

如图 7－5 所示。

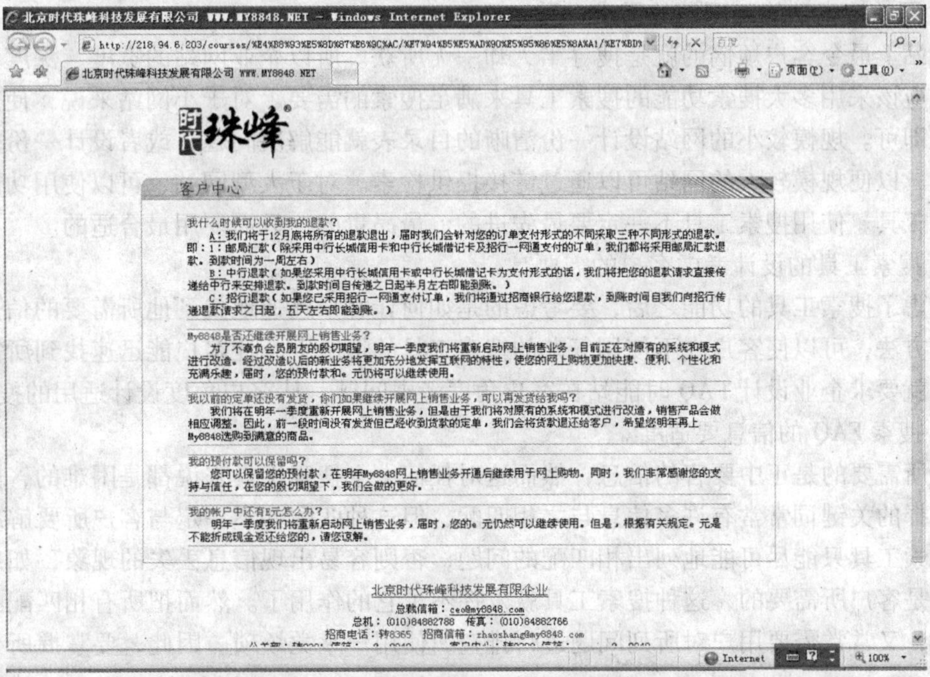

图 7－5　关于企业情况的 FAQ

根据问题分类表，链接到每一类主题的常见问题及答案中，顾客根据所属的主题分类查找到问题，并得到相应的答案。在FAQ页面上通常都要设置一个最近的更新日期，以提醒经常阅读FAQ的客户内容是否更新。

布局设计合理的FAQ能让客户在急需帮助的时候很快地找到问题的答案，易于导航。但设计得再好的FAQ也不能使每一位客户都能快速地寻找到问题的答案，所以还必须为客户提供检索的方法。

三、 FAQ的搜索

几乎所有的FAQ都提供搜索工具，整个工具不仅能在主页上显示，而且还能在所有其他页面上进行搜索。搜索工具不仅要具有强大的搜索功能，而且还要易于使用。网络上有许多可用的搜索工具，不少可以免费获得。

在客户搜索信息时所花的时间起到关键作用。客户搜索所花的时间分为两个层面：第一，搜索工作实际所花的时间；也就是进入企业网站直到搜索到所需信息的时间。第二，是客户的心理时间；这一时间对用户和企业来说都很重要。许多人把为企业查询网络信息作为日常工作的一部分，因为当客户查询网页时，需要在固定的地点，而且难以同时完成其他事情，且有时在收集信息时将大部分时间都消耗在信息传输上了。因此，网络信息应更具有价值才能吸引客户上网浏览。客户特别关心他们花费在网络上的时间是否有价值，所以，企业FAQ最好能清楚地告诉客户哪些信息可以找到，哪些网络上没有，以避免客户浪费时间。

FAQ搜索应注意的问题：

（1）网站搜索功能与网站的需求一致。

在网站上最令客户烦恼的就是搜寻半天却一无所获。所以企业网站的宽度、深度和复杂程度将决定应该采用多大搜索功能的搜索工具来满足搜索的需要。对于小网站来说，使用简单的搜索方案即可。规模较小的网站设计一份清晰的目录表就能解决问题，或者设计一份较为详细的目录表，以便规模较大的网站可以通过链接提供检索。对于大型网站，可以使用功能较强的专门搜索工具。使用搜索工具不一定要最先进的、最昂贵的，只需要用最合适的。

（2）搜索工具的设计考虑客户的需要。

在考虑了搜索工具的功能之后，要考虑的是如何让客户迅速地找到他所需要的信息。要寻找有效的方法，可以使客户在不使用复杂的搜索工具的情况下，让客户能迅速找到所需的正确信息，这就要求企业设计FAQ时能站在客户角度考虑问题，从客户角度设计适用的搜索工具。

（3）搜索FAQ的信息要适度。

客户所需要的是正中要害的信息，然而这对任何一个搜索工具来说都是困难的，因为搜索工具所选择的关键词常常有许多信息与之相匹配，但这种匹配并不一定与客户所要解决的问题相关。搜索工具只能尽可能地列出相匹配的问题，否则容易出现信息丢失的现象，如果丢失的信息正好是客户所需要的，这种搜索工具就发挥不了它的作用了。然而把所有相匹配的问题全部列出来，又常常需要用户对所列问题进行排查，使用户感觉烦琐。因此，要掌握所列出信息的度。

7.3　在线表单

许多商业站点都包含一个与用户交互的页面进行信息的沟通，这样的页面被称为在线表单。用户使用在线表单来提交姓名、地址、联络方式等信息，做出一些选择或确认，将他们的意见和问题反馈给企业，进行网上购物等活动。在线表单充分体现了网络的交互、及时、信息丰富的强大优势，与 E-mail 相结合构成了功能强大的企业与顾客沟通的桥梁。

一、在线表单的功能

在线表单在网络营销沟通中常用来完成信息反馈、用户注册和问卷调查的功能。

1. 信息反馈

倾听潜在顾客和现有顾客的声音，获得他们的意见反馈，对公司来说无疑是非常重要的。这时，企业首先要做的是确定需要问的问题，准确地提出问题不仅给回答者提供了方便，节省了他们宝贵的上网时间，而且可以大大地简化企业需要做的后期管理与数据处理工作。

用简洁、明了的语言来表达自己的意图，提出相应的问题，告诉顾客希望他们做什么。这可以使顾客更好地了解信息反馈的目的。如“您觉得××产品在性能方面是优秀、一般，还是比较差”比“请您谈谈对××产品的感觉”要好得多，并且会得到更接近反馈意愿的回答。

在具体的提问时，也要注意方式。表单页面通常很难在外观上有什么特别之处，文字内容的创意就成了吸引访问者的焦点。如“您的意愿就是我们下一步的目标”，“为我们留下些意见好吗”，虽然并不能起决定性作用，但无疑会对吸引访问者花两分钟的时间来填写表单有很大帮助。

需要注意的是，信息反馈表单不是问卷调查表，它更像一个意见箱，是给用户留下他们反馈意见的地方，所以最好不要提太多的问题，而应当让用户来提问，否则会引起用户的反感。

2. 用户注册

用户注册表单的即时性远非传统的纸张注册表能比，企业可以随时改变要用户填写的内容，并能迅速地收集到顾客的注册信息，这几乎是和顾客的填写同步的，尤其是在用户亟待享受一些需要注册才能享受的服务时，这种即时性的重要性更是凸显出来。这种即时性将成为吸引顾客的有力工具。

然而，更为方便的是用户注册表单的数据库扩展功能。借助一些工具程序，可以很方便地将用户提交的结果直接转换成多种数据库的记录格式，与企业已有的数据库相链接，实现数据的即时、自动加载，这将真正体现出信息时代的工作方式。基于网络的特殊性，在设置注册表单的选项、选择问题时需要注意以下问题：

(1) 仅在真正需要时才向访问者询问电子邮箱地址。

由于电子邮箱与普通邮箱不同，极易受到恶意的攻击，因此很多浏览者不愿意在他们遇到的网站中随便提供自己的电子邮箱地址。如果作为必填项一定要求他们提供，很可能使他们放弃注册，而他们中很可能有成为企业主要顾客的人。

(2) 不要包括宗教、种族等文化背景。

（3）在提出选项时用一些简洁而通用的语句。

（4）在页面上对每个进行注册的顾客表示感谢。

其实，在消费者市场上，更为关键的是掌握顾客的消费行为，而不是顾客的真实身份、地址、联系方式之类的既敏感又对企业采取何种营销策略缺乏有效价值的信息。所以应多设计一些涉及消费者行为（如消费动机、场所、价格敏感性）等有助于企业进行有效市场细分、把握消费者需求的问题。

3. 问卷调查

网页上的问卷调查同注册表一样，比纸张形式的问卷有即时、迅速、便于处理等优势，它的形式灵活，这主要是指有许多页面元素控件可供选择。可用作制作调查问卷的页面元素有：

（1）文本内容，告诉用户需要他们做什么。

（2）下拉选项，提供了许多选项供用户选择，减少了输入文字的麻烦，并且占用了很少的页面空间。

（3）单选或多选按钮，用选择题的方式给用户提供了多种选择，提高了用户答题的速度，也活跃了整个页面。单选按钮是指所有的选择项中只能选择一个答案，而多选按钮是指可以在所有的选择项中同时选择多个答案。

（4）文本编辑框，这是可供用户输入多行文本内容的地方，需要用户自己输入（如意见或建议的内容）。由于增加了回答问题的难度，建议少用。

表单可以表达的交流内容多种多样，在规划好内容之后，可以灵活地应用上面介绍的多种页面元素来创建表单页面。

二、在线调查问卷设计中的六项常见问题

专业的在线调查问卷设计是网上调研获得可靠结果的基础，设计一份真正专业的调查问卷有时并不是一件简单的事情，尤其当问卷设计要涉及专业领域的问题时。对一些网站上的在线调查表进行认真分析不难发现：许多在线调查表设计都存在一定的问题，有些甚至是很明显的错误。这种状况不仅影响调查数据的可信度，也可能直接影响调查问卷的回收率，使得在线调查的总体效果不理想。归纳起来，在线调查问卷设计中的一些常见问题表现在以下六个方面：

（1）调查内容过多，使得参与者没有耐心完成全部调查问卷。

这是在线调查最常见的误区之一，应引起高度重视。如果一个在线调查在10分钟之内还无法完成，一般的被调查者都难以忍受，除非这个调查对他非常重要，或者是为了获得奖品的目的才参与调查，即使完成了调查，也隐含一定的调查风险。比如，被调查者没有充分理解调查问题的含义，或者没有认真选择问题选项，最终会降低调查结果的可信度。

（2）对调查的说明不够清晰。

一份完整的调查问卷在调查问题之前首先应该对调查作出必要的说明。如果对调查说明不够清晰，将会降低被调查者的信任和参与兴趣，结果是参与调查的人数减少，或者问卷回收率低。

（3）调查问题描述可能造成歧义或者不够专业。

这种情况会造成被调查者难以决定最适合的选项，不仅影响调查结果的可信度，甚至可能

使得参与者未完成全部选项即中止调查。

(4) 遗漏重要问题选项。

有些问题很难将可能的答案全部罗列出来，使得参与者从中无法选择自己认为最合适的条目，这种状况会降低调查结果的可信度，但是至少不能遗漏重要的问题选项，尤其是倾向性的“遗漏”。如在一个“用户最常用的搜索引擎”调查选项中，如果选项只有Google、中搜、雅虎、搜狐、新浪这五个选项，那么在最终的调查结果会将百度排除在外，这显然不符合当前国内用户使用搜索引擎的习惯，这与实际情况有很大的差别，调查结果自然也很难让人信服。对于相对专业的调查问题选项，对在线调查表的设计者提出了更高的要求，因为任何一项重要信息的遗漏都可能意味着调查结果价值的降低。对于这个问题的弥补办法之一是，在调查表中设置一个“其他”选项，当然这不是最好的办法，如果最终的调查结果中选择“其他”的比例较高，那么就说明对于这个问题的选项设置不尽合理，甚至有可能遗漏了某些重要问题。

(5) 调查数据没有实际价值。

有些调查问卷在设计时缺乏缜密的考虑，尽管将认为有必要的问题都罗列出来，但在调查结果统计处理时发现，有些调查数据并没有实际价值，或者与调查报告所需要的信息不尽一致，这样不仅造成了调研资源的浪费，也会影响调查报告的价值。

(6) 过多收集被调查者的个人信息。

有些在线调查对参与者的个人信息要求较多，如真实姓名、出生年月、学历、收入状况、地址、电话、电子邮箱，甚至连身份证号码也要求填写。由于担心个人信息被滥用，甚至因此遭受损失，很多人会拒绝参与这样的调查，或者填写虚假信息，导致问卷的回收率较低，影响在线调查的效率，并且可能影响调查结果的可信度。一般来说，收集用户的个人信息应尽可能简单。

7.4 在线即时通信

一、在线即时通信概述

即时通信（IM）是指能够即时发送和接收互联网消息的业务。自1998年面世以来，特别是近几年的迅速发展，即时通信的功能日益丰富，逐渐集成了电子邮件、博客、音乐、电视、游戏和搜索等多种功能。即时通信不再是一个单纯的聊天工具，它已经发展成集交流、资讯、娱乐、搜索、电子商务、办公协作和企业客户服务等为一体的综合化信息平台。

随着互联网的迅猛发展，网络时代已经来临，电信网络、互联网络、广电网络三网合一的呼声越来越高，大量的应用软件不再局限网络的因素，在不同的网络媒介上同时运营。这时，通信的概念也不再局限于传统的媒介，随着互联网的迅速普及，网民数量骤然增加，越来越多的人开始尝试使用更新的通信方式来进行沟通。

互联网作为重要的通信平台崛起，推动客户和企业以前所未有的更多方式进行联络。除了传统的基于电话的沟通，客户和企业现在还能够通过电子邮件、Web聊天、VoIP和Web自助服务等方式沟通。这些基于互联网的沟通渠道发展十分迅猛，革新了企业与外界的联系互动方式，试图以此为企业的网络营销带来新的机遇。

传统的营销模式就是以大量的人力、物力和财力做大量的宣传，但随着网络应用在人群里的迅速普及，这种形式并没有从真正意义上解决原始营销所存在的根本性问题，所以企业还是发展迟缓，于是各类企业开始紧锣密鼓地建立自己的网站。他们花费巨资，以期通过网络来达到开拓市场的目的，通过网站发布公司的一些新闻动态、产品资讯和图片信息等，但这些并未达到预期的效果，网站的访客依然寥寥无几。据相关统计数据显示：95%以上的访客在浏览企业网站后就悄然离去。也就是说，企业每天都有95%的网络商机在默默流失，我们只能眼睁睁地看着这些客户流失却无能为力，这样看来也许竞价排名和推广也并没为企业带来可观的效益，这就是传统网络营销的尴尬和不足。

网站如果能够为访客提供一种即时服务的工具，犹如商场为顾客安排了一名导购员一样，访客是否可以受到更好的服务呢，效果是否会更加不一样呢？即时沟通工具就可以充当这个导购员的角色，如北京华铁广通公司最近推出的400IM和自由呼都是一种在线即时沟通系统，400IM是支持访客点击直接弹出对话框进行聊天；自由呼是支持访客在网页上输入自己的电话号码就可以实现访客与企业端直接电话沟通。如果说文字聊天只是沟通一些基本信息，具体事宜可能还得落实到电话沟通比较方便，于是自由呼就上场了。这是一种新型沟通模式，它与现在流行的即时通信软件如传统的QQ、MSN不同，它无须客户安装客户端，可以在访客浏览网页的同时选择是否与企业人员沟通，而企业的坐席人员也可以随时监测是否有人关注网站或相应的商品。这样，客户与企业营销人员的无缝沟通方式拉近了企业与客户的距离，同时也留住了有意向的客户，增加了大量的营销机会，使花大力气和高成本投入的网站建设能够最大化地发挥作用。

晶华酒店的即时营销模式

2006年，晶华酒店把酒店的计算机工程师陈胜璨调来做电子商务专员，推出和网友互动的“MSN发烧友”方案，陈胜璨邀请网友加入晶华酒店的MSN群，方便即时地向网友传递优惠信息。到现在为止，已经有800多名网友把晶华酒店加为好友。

陈胜璨每天的工作之一，就是回应网友的问题。酒店有什么新活动、新优惠，只要在MSN上改一下显示留言，网友就都看到了。

比如，酒店在2006年5月推出了“厚切牛排超值特惠”促销方案，陈胜璨当时就把信息发布在MSN上，立刻引起网友的热烈回应。

晶华酒店认为，MSN留言的效果比传统的登报纸广告好多了，比起报纸乱枪打鸟，网友更能注意来自MSN在线好友的信息。

MSN营销，还有一个显著特点，那就是它能把存货及时地卖出去。我们知道，餐厅座位、饭店住房等商品，只要没有卖出去，就是闲置资源，所以，餐厅经理当天清点订单，发现有多余存货，就可以利用MSN的网络平台帮饭店招揽来最后一拨客人。

比如，当餐厅经理发现当日还有座位、服务员人手又够的话，只要打个电话给陈胜璨，请他把限时、限量的特惠内容改成新的MSN留言，很快就能吸引到特别喜欢拣便宜的网友。

如在2006年11月的某天，餐厅经理下午打电话给陈胜瓈，要求他帮忙销售一批香槟。陈胜瓈就把MSN昵称改成“晶华酒店香槟喝两杯送一杯”，果然就有网友询问，并登门享受限时特惠。结果，五、六瓶香槟都销掉了，加上网友的其他消费，酒店又小赚了一笔。

除了MSN，晶华酒店还开通了Skype专线，让国外的网友不用花高额的国际电话费，就能了解饭店服务内容。

2007年上半年，晶华酒店的餐饮收入比去年同期增长了7%，这是酒店利用MSN和Skype成功吸引新的顾客群的结果。

二、在线即时通信工具

随着移动互联网的发展，互联网即时通信也在向移动化扩展。目前，微软、AOL、Yahoo、UcSTAR等重要即时通信提供商都提供通过手机接入互联网即时通信的业务，用户可以通过手机与其他已经安装了相应客户端软件的手机或电脑收发消息。

这类产品最早的创始人是3个以色列青年，是他们在1996年做出来的，取名叫ICQ。1998年当ICQ注册用户数达到1 200万时，被AOL看中，以2.87亿美元的天价买走。目前ICQ有1亿多用户，主要市场在美洲和欧洲，已成为世界上最大的即时通信系统。

现在国内的即时通信工具有：QQ、百度Hi、E话通、UC、UcSTAR、商务通、网易泡泡、盛大圈圈、淘宝旺旺等。QQ的前身OICQ在1999年2月第一次推出，目前几乎垄断中国的在线即时通信软件市场。百度Hi具备文字消息、音视频通话、文件传输等功能，你可通过它找到志同道合的朋友，并随时与好友联络感情。随着其功能日益丰富、应用日益广泛，特别是即时通信增强软件的某些功能如IP电话等，已经在分流和替代传统的电信业务，使得电信运营商不得不采取措施应对这种挑战。2006年6月，中国移动已经推出了自己的即时通信工具——Fetion，中国联通也将推出即时通信工具“超信”，但由于进入市场较晚，其用户规模和品牌知名度还比不上原有的即时通信服务提供商。

三、即时通信工具的发展趋势

(1) 与电子邮件整合将成为业务推广的主流。

随着IM在网民中的日益普及，IM已经在很大程度上对电子邮件功能进行了替代，人们可以通过IM软件进行即时的交互式通信，并且这种通信可以以文本、图片、音频、视频等丰富多彩的形式进行，同时，人们也可以通过IM软件进行文件的传送，这可以替代邮件的附件功能。此外，有许多IM软件还支持离线消息收发，这更进一步缩短了IM软件同电子邮件功能之间的差别。当然，电子邮件也有其自身的诸多优点，并且电子邮件的历史远长于IM软件，相对也更为成熟，其用户数目前也远远大于IM。因此，倘若我们不提替代一词，而代以整合或融合，或许更为准确。事实正是如此，IM 软件如今大都捆绑了电子邮件，并支持邮件到达的即时提示，这代表着一种 IM 与电子邮件日益融合的趋势。

（2）多媒体化将成为必然。

IM 早已不再是简单的文本交互，现在的 IM 已经是名副其实的多媒体软件。随着 IM 技术的进步，并受益于互联网网络带宽的不断拓展，音频、视频功能已经逐渐成为 IM 软件标配，并在逐步成为主流。

（3）多功能化将成为即时通信工具差异化竞争的主要工具。

IM 事实上早已突破了即时通信的范畴，现在的 IM，其丰富多彩的功能远不是即时通信这几个字所能涵括的。从某种意义上讲，现在的 IM 不能再被称为即时通信软件，它几乎能捆绑各种互联网上的流行应用，它既可以是一款媒体播放器，也可以是浏览器、搜索引擎，也可以是网络硬盘，或者又可以是 RSS 信息聚合器等。即时通信只是其众多功能中的一项，当然，它是一项最为基础的功能，也是人们仍将其称为即时通信软件的最后一点理由。

（4）跨平台将是即时通信业务发展的必由之路。

跨平台也是 IM 软件发展演变的一大趋势，这不仅表现在 IM 软件通常可以在不同类型的操作系统平台上运营并且互通，如 Skype 既有 Windows 版本，也有 Linux 版本，甚至 PalmOS 版本，而且 IM 软件的网络承载平台已经由最初的互联网拓展到了电信网，甚至广电网，并且它们之间也是能够实现互通，如目前方兴未艾的移动 IM。这种跨平台通信的特性有助于 IM 在未来成为通信的核心，并整合其他各种通信方式，为用户提供真正的综合通信解决方案。

7.5 在线自助服务和论坛

一、在线自助服务

企业的在线自助服务提供给客户更个性化的服务平台。网站的在线自助服务是客户在企业网站上的自我服务，按照自己喜欢的方式与企业接触。比如在网上商店，客户能够检查自己的订单、送货情况和发票等。

在线自助服务可降低企业整体的运营成本，还能够加强客户、业务伙伴及员工之间的沟通。这种服务不但能给企业带来效益，也能让消费者减少与企业接触的成本。因此，在线服务逐渐成为企业网络服务应用的基础。

通过自己动手的自助方式，企业与消费者的良好互动关系将使双方得到更多的利益。网站的交互能力是维持品牌忠诚度的基础。为客户提供自助服务的机会和平台是提升企业品牌忠诚度的重要方式。网站的互动性为市场营销中的交流和沟通提供了方便而有效的手段。企业可以通过提供自助服务获得客户的好感和信任，从而提高客户对企业的忠诚度。另外，客户可通过在线自助的方式完成与企业的沟通，获得自身想要的信息与服务。

二、论坛

论坛是网络社区的常见形式之一，企业网站上的论坛除了可以了解顾客的意见和各种反馈信息之外，也可以作为一种顾客服务工具。顾客可以将自己的问题发表在论坛上，网站服务人员或者其他顾客通过论坛回答顾客的问题，一个顾客的问题可能代表多个用户的心声。所以，通过论坛开展顾客服务也是对 FAQ 的一种有效补充，并且可以将论坛上的常见问题及解答补充到 FAQ 中去，从而使更多的人了解有关问题。

论坛在客户服务中发挥的作用有：

（1）可以与访问者直接沟通，容易得到访问者的信任。如果你的网站是商业性的，你可以了解客户对产品或服务的意见，访问者很可能通过和你的交流而成为真正的客户。因为人们更愿意从了解的商店或公司购买产品；如果是学术性的站点，可以方便地了解同行的观点，收集有用的信息，很有可能给自己带来启发。

（2）为参加讨论或聊天，人们愿意重复访问你的网站，因为那里是和他志趣相投者聚会的场所，除了相互介绍各自的观点之外，一些有争议的问题也可以在此进行讨论。

（3）通过在线回答访问者提出的问题，可以建立主持人的专家形象，增加客户对公司的信任。

（4）可以利用论坛开设免费在线讲座或实时问题解答，对于增加网站访问量有着独到的作用。

（5）当你的论坛的人气逐渐旺盛时，除了为自己的产品或服务做广告之外，还可以出售网络广告空间，这可以成为一笔额外的收入。也可以与其他网站建立互换广告，吸引更多人的注意，进一步增加访问量。

（6）可以与那些没有建立自己社区的网站合作，允许使用自己的论坛。当然，那些网站必须为进入你的社区建立链接和介绍，这种免费宣传很有价值。

（7）建立了论坛之后，可以在相关的分类目录或搜索引擎登记，有利于更多人发现你的网站，也可以与同类的社区建立互惠链接。

（8）方便进行在线调查。无论是进行市场调研，还是对某些热点问题进行调查，在线调查都是一种高效廉价的手段，在主页或相关网页设置一个在线调查表是通常的做法。然而对多数访问者来说，由于占用额外的时间，大都不愿参与调查，即使提供某种奖励措施，参与的人数比例也只能达到25%左右。如果充分利用论坛，主动、热情地邀请访问者或会员参与调查，参与者的比例一定会大幅增加。

●阅读资料

老牌企业搭网络快车　发力网络营销

提起五丰，恐怕浙江的老百姓都耳熟能详：“杭州的老牌子了，东西好，信得过。”的确如此，杭州五丰自 1993 年成立以来，15 年来终坚持“以顾客满意为中心，以价值创造为宗旨，五丰冷食使您从嘴里舒服到心里”的经营理念，倡导“学习、创新、整合、诚信、灵捷、务实”的企业精神。目前，五丰已发展成为华东地区冷食行业的龙头企业之一，是集冷食产品研发、生产、储运和销售为一体的大型冷食制造企业。如今，五丰借助网络营销，将其服务广泛地深入浙江乃至周边华东其他地区的广大消费者中。

尤其难能可贵的是这个老百姓心目中的老品牌能不断创新、进取。口味上创新，营销上创新，企业管理上也是不断创新。近年来又紧跟时代潮流，搞起网络营销，推广品牌和产品。方方面面的改革让人耳目一新。

2006 年和杭州易特互动行销部的一个网络调查活动的小尝试让五丰尝到了网络营销的甜头，从此就一发不可收拾，越来越多的宣传资金开始投入这一块。这标志着，五丰抓住空前的机会，网络互动的特质让消费者能更深入地感受五丰、了解五丰和分享五丰。融入互联网、运营五丰品牌将成为五丰发展的全新起点，这也是五丰品牌发展战略的一个重要里程碑。

2007 年 5 月下旬开展的“爽一族雪顶杯炫爽争锋大奖赛”又是一个网络营销的大手笔。这次活动是宣传五丰新品“雪顶杯”，这个产品是专门为年轻时尚的非主流人群量身打造的。其冰凉、酷爽的口感相信能俘获不少炫酷一族的心。

“秀酷照、赢大奖”是活动的主题内容，只要选手上传炫酷或者乐爽风格的照片就有机会获得数码相机、时尚礼品、千元现金等大奖。奖品和活动内容具有相当的吸引力，活动启动后吸引了不少网友积极的响应和参与。此次活动投放的媒体主要集中在浙江地区知名门户网站和论坛，影响力非常广泛。活动目前已接近尾声，主办方接收到近千张照片，活动论坛每天都热闹非凡。

作为杭州食品业的领导品牌，五丰通过浙江都市网等地方强势门户网站，成功牵手互联网网络营销。互联网快速、广泛、深入的传播也将把五丰的文化植入浙江乃至周边其他地区的广大消费者心中。

●技能训练

请为服装生产与销售的中小企业制订网络在线服务方案。

●课后练习

1. 比较目前常用的在线服务方式。
2. 列举目前常用的即时通信工具，说明其在网络客户服务中的作用。

模块八　网络促销

●学习目标

1. 掌握网络促销的实施程序和方案
2. 掌握网站公共关系的策略
3. 了解网站销售促进策略的运用

●引入案例

“新江南”公司的网络促销

“新江南”是一个旅游公司，为了在“五一黄金周”之前进行公司旅游项目促销，公司营销人员计划将网络营销作为一项主要的促销手段，其中将E-mail营销作为重点策略之一。

由于公司在网络营销方面以前并没有多少经验，因此这次活动计划将上海作为试点城市，并且在营销预算方面比较谨慎，并不打算大量投入广告，仅选择部分满足营销定位的用户，向其发送E-mail广告。目前暂时没有条件开展网上预订活动，主要是品牌宣传，并为网下传统渠道的销售提供支持。

“新江南”公司的网络营销现状为：公司网站已经建立了两年多，但是网站的功能比较简单，主要是公司介绍、旅游线路介绍、景点介绍等；网站上有一个会员注册区，有用户1 000多人，但是由于疏于这方面的管理，已经有半年多的时间没有向会员发送过信息了，最后一次发送是元旦前的促销信息：向会员发送新增的旅游线路信息。因此，公司内部的营销资源非常有限，还需要借助于专业服务来发送E-mail广告。

在服务的选择上，花费了比较多的时间，因为首先要对服务的邮件列表的定位程度、报价和提供的服务等方面进行比较分析，在多家可提供E-mail营销服务的网站中，“新江南”最终选择了新浪上海站。该网站有一份关于上海市白领生活的电子周刊，用户数量超过300 000人，这份电子刊物将作为本次E-mail营销的主要信息传递载体。为了确保此次活动取得理想的效果，计划将从2004年3月26日开始连续四周投放E-mail营销信息，发送时间定为每周三，前两次以企业形象宣传为主，后两次针对公司新增的旅游路线进行推广。接下来该公司的市场人员的主要任务是设计E-mail广告的内容，针对内部列表和外部列表分别制作，并且每个星期的内容都有所不同，他们仍然有许多工作需要准备。E-mail营销活动结束后，当网络营销人员分析每个月的公司网站流量时吃惊地发现，在进行E-mail营销期间，公司网站的日平均访问量比上个月增加了3倍多，日均独立用户数量超过了1 000人，而平时公司网站独立用户数量通常不到300人，尤其在发送邮件的次日和第三日，网站访问量的增加尤为明显，独立用户数量的最高纪录日达到了1 500多人。通过这次活动，公司的营销人员也发现了两个问题：一是内部列表发送后退回的邮件比例相当大；二是企业网站上的宣传没有同步进行，来到网站浏览的用户的平均停留时间只有3分钟，比活动开始前用户的平均停留时间少了2分钟。

8.1　网络促销概述

网络促销是指利用现代化的网络技术和方法向虚拟市场传递企业产品和服务的信息，以增加需求、影响消费者购买行为的各种活动。与传统促销方式相比，网络促销在时间和空间观念上、在信息传播模式上以及在顾客参与程度上都发生了较大的变化。网络使时空得到了大大的拓展，订货或购买可能在任何时间、任何地点进行。独有的、双向的、快捷的、互不见面的信息传播模式为网络促销提供了更加丰富多彩的表现形式。在网络中，消费者的观念和消费行为都发生了很大的变化，他们直接参与生产和商业流通的循环，进行大范围的选择和理性的购买。网络促销使促销活动有了新的含义和形式。

一、网络促销的特点

由于网络促销所利用的信息传递工具是互联网，依附于网络技术的强大功能，使得网络促销也具有一些有别于传统促销的特点：

（1）网络营销环境对企业的促销策略和实施方案有了更新的要求。

网络促销是在虚拟的网络市场中进行的，由于网络市场空间的无限性使得这个市场上融合了不同国家的多种文化，聚集了具有不同法律背景、不同信仰的消费群体，没有了传统促销所受到的物理距离和时间上的限制。这种环境的变化，要求企业在进行网络促销时要用适合网络营销环境的思维方式指导网络促销的策划和实施，不要受传统营销思想的束缚。

（2）营销环境的变化，带来了消费者认知和消费行为的变化。

在信息技术和网络环境的熏陶下，消费者的消费思想和行为都发生了很大的变化，这种变化主要表现在需求的个性化和购买行为的理性化两个方面。因此，网络促销策略和方法应适应网上消费者特有的消费行为。

(3) 信息沟通渠道的变化，带来了促销方法和效果的改变。

网络技术的实时、互动、快捷等特点，给网络促销带来了能够与消费者进行任何时间的、一对一的、具有针对性的沟通方式，这无疑会使网络促销的策略、方法和效果与传统的促销有所不同。

二、网络促销的作用

(1) 传递企业以及产品的信息。

作为一个现代企业，要想扩大产品的销售，就要及时、准确地向消费者传播信息，想方设法地让尽可能多的人了解企业的产品。在竞争激烈、商品大量充斥市场的今天，一般的商品宣传难以促成消费者购买本企业的产品。因此，通过网络宣传和强调本企业产品的特点，有助于消费者加深对产品的认识和记忆，增强购买的信心。

(2) 加强与顾客的沟通，挖掘潜在需求。

利用网络促销的各种形式，企业不仅能够达到迅速传播信息的目的，同时还可以实现企业与顾客之间实时、异地的双向沟通，利用互联网的特点获得目标消费者的信息反馈，比传统促销方式更方便、更快捷、更广泛地获取第一手资料。企业与消费者之间建立的良好沟通，可以更好地了解消费者的消费需求、消费心理和消费行为，更敏锐地洞察消费者的潜在需求，更及时地发现潜在的顾客。

(3) 树立企业产品形象。

现代社会的企业之间，在产品和技术上的差异越来越小，已进入靠形象赢得消费者、占领市场的时代。在现代商战的激烈竞争中，企业以及产品如果没有良好的形象，就只能被消费者冷落，被市场抛弃。因此，网络促销活动不仅仅是为了当前多卖几个产品，更重要的是在做长期的潜移默化的工作，是在为树立企业及其产品的良好形象打基础。

三、网络促销的形式

网络营销中企业根据网上促销的需要综合利用网络营销的各种促销方式。网络促销方式主要有以下四种：站点推广、网络广告、销售促进和关系营销。其中，站点推广和网络广告是企业网络营销中必不可少的促销方式和手段。

(1) 站点推广是指利用各种营销策略提高企业站点的知名度，吸引网上用户访问站点以达到宣传和推广企业及其产品的效果。站点推广的方法主要有：搜索引擎注册、互换链接等。

(2) 网络广告是指通过在网上知名站点、自己的网站或利用 E-mail、新闻组、BBS 等发布有关企业的信息，达到宣传推广企业或企业产品的目的。随着网络广告的发展，网络广告已经形成了一个很有影响力的产业市场。根据形式的不同可分为网络广告、电子杂志广告、新闻组广告、公告栏广告等。网络广告作为有效而可控制的促销手段，被许多企业用于在网上进行新产品的推广、扩大企业知名度。

(3) 销售促进是指企业利用可以直接销售的网上店面采用价格折扣、有奖销售、拍卖销售等方式吸引网上用户、销售企业产品的促销方式。

（4）关系营销是指借助互联网作为媒体和沟通渠道，通过与企业利益相关者，包括供应商、顾客、经销商、社会团体等建立良好的合作关系，为企业的经营管理营造良好的环境。

“AMD 真龙一族”成功案例

AMD 公司希望通过线下活动、线上促销相结合的立体推广方式，让消费者更安全、省时、省心、省钱地购买到 AMD 的产品，为他们的生活带来更多乐趣。

随锐科技为此设计了“AMD 真龙一族”网站。网站完美体现了 AMD 作为业界唯一一家同时拥有处理器、图形显示、芯片组创新能力的整合平台解决方案的提供商的强大实力。以往，消费者在购买电脑时，不仅需要具备丰富的电脑知识，而且还要花费大量时间和精力“扫荡”卖场，经过多方对比及筛选，才能决定购买。随锐科技设计的“AMD 真龙一族”网站就完美地解决了这一问题。消费者仅需登录社区即可完成产品资讯、导购、对比、成交等一系列服务。这种新的模式也将成为 IT 硬件营销的一个必然发展趋势。作为业界唯一一个综合电脑互动社区，重视电脑知识的汇聚和交流是“AMD 真龙一族”社区的又一亮点。该社区不仅是作为消费者了解、选择、对比和购买硬件的平台，它更像是一个高手帮新手、用户帮用户的大家庭。

“AMD 真龙一族”活动上线仅仅数日，就吸引了近万名网友注册参与，网站访问量突破 10 万次，成交订单上百个。为 AMD 进行了深层次的品牌传播，树立了 AMD 在电脑消费者心中的主流地位，促进渠道和零售商的产品销售，将产业链上下游全面整合，对打造 IT 业全新营销的新时代起到了重要的作用。

8.2 网络促销的实施过程

网络促销是伴随着互联网而出现的一种新兴的营销方式，对于任何企业来说，如何实施网络促销都是一个新问题。每一个将要从事网络促销的营销人员都必须从传统营销的促销观念中跳出来，摆正自己的位置，深入了解在网络上传播产品信息的特点，分析网络信息接受对象的特点，设定合理的网络促销目标。结合传统营销的促销程序，网络促销的实施过程可以通过以下几个步骤来逐步完成：

1. 确定网络促销对象

网络促销对象是指在网络虚拟市场上可能产生购买行为的消费群体。随着互联网的普及，在虚拟市场上进行消费的网络群体也在不断地壮大。这一群体主要包括产品的使用者、产品购买的决策者及产品购买的影响者三部分人员。

（1）产品的使用者，指实际使用或消费产品的人。

对产品的实际需求是他们关注和购买产品的直接原因。因此，企业如能利用合理的促销方式抓住这一消费群体，将会为自己创造一个稳定的市场。

（2）产品购买的决策者，指实际决策购买产品的人。

由于网络市场上的消费者大多都具有独立的决策和经济支付能力，所以，一般情况下，产品的使用者和决策者是一致的。但随着网络产品的日益丰富和上网人群的不断扩大，有些产品市场上的产品使用者和购买决策者是分离的。例如，低龄上网者想要购买的产品，最后决定购买的大多是他们的父母。因此，网络促销人员应该认清促销对象在购买过程中所充当的角色。

（3）产品购买的影响者，指对购买决策有一定影响的人。

这个群体通过发表对产品的看法、建议或亲身的体会来影响消费者的购买决策。由于网络信息的传播能力巨大，因此，营销人员应该对这个群体加以关注。

2. 设计网络促销内容

网络促销的最终目标是引起需求，产生购买行为。这个目标是通过具体的信息内容来实现的，所以设计网络促销内容以实现这个目标是十分重要的。消费者的购买是一个复杂的、多阶段的、波动性的过程，促销内容应当根据产品所处的生命周期的不同阶段、购买者目前所处的网络消费需求的不同阶段和购买者目前所处的购买决策过程的不同阶段来决定。

新产品刚刚投入市场的开始阶段，是消费者对该种产品还非常生疏的阶段，促销活动的内容应侧重于宣传产品的特点，以引起消费者的注意。当产品在市场上已有了一定的影响后，促销活动的内容则需要偏重于唤起消费者的购买欲望。同时，还需要创造品牌的知名度。当产品进入成熟期后，市场竞争变得十分激烈，促销活动除了针对产品本身的宣传外，还需要对企业的形象做大量的宣传工作，树立消费者对企业产品的信心。在产品的衰退期阶段，促销活动的重点在于加强与消费者之间的感情沟通，通过各种让利促销活动延长产品的生命周期。

3. 决定网络促销组合方式

虽然网络促销的方式主要只有站点推广、网络广告、销售促进和关系营销四种形式，但是由于企业网上产品类型多样、销售对象不同，因此，促销方式与产品类型、销售对象之间就会产生多种不同的网络促销组合方式。决定采用何种促销组合，企业营销人员应该根据产品特点、消费对象、促销方式自身的优势以及企业促销的费用来灵活策划，并保证整体促销组合的相互协调。

4. 制定网络促销预算

对企业网络促销进行预算必须建立在以下三个方面的基础上：

（1）需要确定网络促销的目标。

网络促销的目标有：树立企业形象、宣传产品、宣传售后服务。确定了促销目标之后，再策划促销的内容，包括文案的数量、图片的多少、投放时间及内容更换的时间间隔等。细节确定好了，也就初步确定了投资数额。

（2）确定产品的销售对象。

需要明确希望影响的是哪个群体、哪个阶层，是国内的还是国外的。因为在服务对象上，各个站点是有很大差别的。所以，企业促销人员应当熟知自己产品的销售对象和销售范围，根据自己的产品特点在适当的网站上进行促销。

（3）必须明确网上促销的方法及组合的方法。

选择不同的ICP，宣传的价格可能悬殊极大。企业应该认真比较各网站的服务质量、服务价格、知名度、服务广度，从中选择适合本企业的信息服务网站。

5. 衡量网络促销效果

任何企业都必须对已经实施的网络促销活动进行评价，衡量一下促销的实际效果是否达到了预期的促销目标。对促销效果的评价主要依赖于两个方面的数据：

（1）要充分利用互联网上的统计软件，及时对促销活动的好坏作出统计。在网上可以依靠统计软件统计网站的访问人数和广告的浏览人数。利用这些统计数据，网上促销人员可以了解自己在网上的优势、弱点以及与其他促销者的差距。

（2）统计促销量的增加情况、利润的变化情况、促销成本的降低情况，有助于判断促销决策是否正确。同时，还应注意促销对象、促销内容、促销组合等方面与促销目标的因果关系的分析，以便对整体促销工作作出正确的判断。

宁夏沙湖风景区网络促销方案市场分析

宁夏沙湖风景区目前年接待游客为50万人次，以邻近省区客源为主，从游客接待增长速度上分析，景区的发展周期正处于成熟期阶段，面临着产品升级、开发外围市场的新挑战。

沙湖风景区其本身的资源价值与其市场影响力不相符，已经影响到了景区接待人数的提高和沙湖远期的发展潜力。亟须通过促销带动品牌价值的提升和市场规模的扩大，以规模带效益，把沙湖旅游推进到新的发展阶段。

而本次活动更是借助于和网友有着巨大亲和力和归属感的网络社区，同时把景区通过实在的利益让度与关注景区的网友分享。这必将吸引更多的人关注本次活动，关注沙湖风景区，提升沙湖风景区的品牌形象和品牌价值。

活动主题

魅力沙湖　激情共享

促销利益点分析

天涯社区是全球最大的中文虚拟社区，乃至在海外华人世界也有着强大的号召力和影响力，目前注册用户达100万人以上。一般时段在线人数10万左右，因为其人文性的突出特点受到众多受过高等教育的年轻人的喜爱。而这部分群体正是旅游市场的主要客源和具有可培养特性的潜在客源。

同时，本次“带我最爱的人去沙湖”活动，更以其浪漫色彩给人以想象空间和诗化意境，加之宁夏沙湖浓郁的塞外风情和富有民族特色的文化，对喜欢冒险和猎奇的年轻人来说，有着不凡的吸引力，有助于提高沙湖在国内外华人中的知名度和美誉度。

活动明细

（1）天涯公司向所有的注册用户发系统消息，告知活动事宜——“带我最爱的人去沙湖”。凡是注册用户均可参加由宁夏沙湖风景区和海南天涯在线公司共同举办的此项活动，为期一年。

（2）奖项设置（略）。

(3) 活动内容：

幸运网友将在宁夏沙湖风景区进行为期2天的旅游体验和交流活动，沙湖集团作为活动承办方负担110人在宁期间的景区游玩、住宿、交通、送别晚宴（一餐），提供网络直播的必需条件。

(4)（可选择项）由天涯社区安排一次沙湖高管在线访谈，邀请韦总与天涯网友网上互动交流，推介沙湖，共商发展。

(5) 远期目标（略）。

(6) 注意事项：

其中一等奖的抽奖规则如下：凡是2007年5月前社区积分在500分以上的社区用户均可参加幸运抽奖。

二、三等奖将在“我为沙湖旅游献一策”活动中产生。

(7) 活动截止时间（略）。

活动预算（略）

效果评估（略）

（资料来源：http://chunjiang713.blog.sohu.com/22415017.html）

8.3　网络公共关系

公共关系是指利用各种传播手段唤起人们对企业及企业产品的好感、兴趣和信赖，争取人们对企业经营理念的理解，树立企业形象的一种营销工具。通过实施公共关系策略，企业可以培养消费者对企业产品和服务的信任和忠诚度，提升企业在社会公众和消费者心目中的形象，为企业营造良好的经营环境。

近年来，网络的飞速发展以及在商业领域的广泛应用，为企业带来了前所未有的机遇和空前严峻的挑战，也为企业公共关系活动开拓了新的领域，提出了新的要求。如何把握网络公共关系的优势、特点、形式及活动规律，利用网络有效地开展公共关系活动，是企业公共关系活动人员所面临的现实问题。

一、公共关系的职能和构成要素

1. 公共关系的职能

公共关系作为企业管理的一项重要职能，通过以下四个方面的具体职能体现出来：

(1) 信息搜集职能。

信息搜集、整理、分析与评估的作用，在于监测企业的外部环境的变化，以便企业与外部环境的变化保持动态的平衡。企业的外部环境是由公众以及影响企业生存、发展的社会政治、经济、文化等因素构成。企业必须对外部环境的变化保持高度敏感性，特别是对其中潜在的问题和危机及时发出预报，并能够随机应变，采取科学的对策，才能保证顺利运营。

（2）决策咨询职能。

公共关系在企业的运营过程中，起到咨询、建议和参谋等作用。这是由企业公共关系活动所处的特定地位所决定的。企业公共关系对企业决策的影响与作用，立足于从社会公众、企业形象和传播沟通的角度，为企业决策者提供咨询服务，因而不同于企业其他部门。这些部门主要是从技术、经济、业务、人力资源等方面，对企业决策提供可行性意见。

（3）传播推广职能。

公众对企业的了解、信任与支持，都同企业公共关系部门传播推广的力度大小密切相关。企业公关部门通过运用各种传播媒介，将企业的经营宗旨、目标、方针、战略等信息及时传递给公众，求得社会各界的理解和认同，进而争取公众的关心与支持。

（4）协调沟通职能。

企业的运营面对错综复杂的社会、经济与人际关系。因此，建立一种有效的协调沟通机制，是企业公关的一项最基本的职能。它起到减少矛盾、调解冲突、疏通渠道、发展关系的诸多作用。协调沟通的目的是实现内求团结、外求和谐的良好生存状态。

2. 公共关系的构成要素

在公共关系中存在着三大基本要素：主体、客体和载体。

（1）公共关系的主体是组织自身，又以企业为最基本单元。

公共关系之所以产生，即在于为组织谋求最优化的外在形象，为组织争取最大的发展空间，为组织营造最和谐的环境氛围，从而利用传播沟通的手段调节组织与其他组织、个人以至各种社会单元之间的种种关系。组织是公共关系的主体所在，与人际关系有别。

（2）公共关系的客体是公众。

公众既是组织开展公关工作的依据，也是组织赖以生存和发展的前提与基础。公共关系之所以得以成名，即在于重视公众的利益和情感需求。比如，“公关泰斗”伯尼斯即强调“投公众所好”。公共关系要求组织通过探寻公众的观点、尊重公众的意愿、满足公众的需求，和他们建立起有效的沟通，争取公众对组织的了解、信任、支持以至合作。公众是维系公共关系之所在，也是某组织外在形象的基石。

（3）公共关系的载体——传播媒介。

信息传播的过程是一个双向交流的过程。传播媒体指的是在企业和公众之间传递信息的介质和途径。在公共关系中，信息传播的过程既是一个企业有计划的行动过程，也是一种信息分享的过程。一方面，企业利用传播媒体及时有效地向公众传递企业的信息，收集公众对企业的各种意见和建议，了解公众的态度；另一方面，公众从企业发布的信息中获取有用的信息并作出反馈。

二、网络公共关系的特点和优势

由于网络的开放性和互动性特征，使网络公共关系与传统公共关系相比又出现了一些新的特点和优势：

（1）网络公共关系的主体主动性增强。

网络特有的特点使企业在网络公共关系中的主动性得以增强，几乎在整个互联网公共关系活动中的任何环节都可以拥有主动权。企业通过网络论坛、BBS、新闻组、E-mail 等直接面向目标市场及时发布新闻，不受篇幅、媒体、时间与空间的限制，不需要通过新闻媒介的审批，打破了传统公共关系活动利用新闻媒介的局限性，利用新闻媒介方面的主动性得到了加强。

（2）增强了信息传播的互动性和针对性。

提高了公共关系活动的效能。由于网上社区、论坛及 E-mail 等信息传递方式有着极强的互动性，因此，企业可以在网上和公众实现“一对一”的信息沟通，为目标公众提供他们特需的企业产品等方面的信息；同时，还可以收集目标公众的信息反馈，了解他们的需求和爱好，有针对性地提供产品和服务。所以，与传统的公共关系相比，随着信息传播和沟通效能的提高，企业公共关系活动的效能也有了很大提高。

（3）网络公共关系的传播时空更广泛。

开展网络公共关系使传播时空大为扩展。从传播空间上看，传统公共关系活动中所撰写的新闻稿件，受到版面、播放时间的制约，必须提纲挈领、简洁明了。有时，许多重要的信息只好忍痛割爱，消费者很难从简短的新闻中获得完整的、感兴趣的信息。网络公共关系活动中没有这种限制，企业有足够的时间和空间传播内容详尽的信息，并可通过与其他相关信息的链接增加信息容量，实现企业与消费者之间的即时互动。从传播时间上看，传统公共关系的传播媒介都有固定的播放和发行时间，如报纸和杂志是按日、周、月等期限发行的，电视和广播虽然可以连续播映，但也有固定的栏目和时段分配，而在网络上可以全天 24 小时随时发布新闻，一有消息即可播出，不必为传统媒介的时间等问题大伤脑筋。

三、网络公共关系的形式

企业在网络上开展公共关系活动有许多种形式，主要有以下几方面：

1. 网上新闻发布

网上新闻发布完全摈弃了传统新闻发布会需花费大量人力、物力和财力进行筹划和安排的方式，可以以较少的费用、最快的速度将新闻传播出去。企业在网上发布新闻的表现形式有以下几种：

（1）通过网络新闻服务线发布。

（2）通过企业自己的站点发布。

（3）通过相应的新闻组或邮件列表来发布。

2. 栏目赞助

由企业对其他网站的某些栏目提供赞助，访问者可以通过赞助页面直接链接到企业的网站，从而扩大企业网站的知名度。企业赞助对象一般是一些会议、公共信息、政府或非赢利性的活动，如赞助一个电视剧的展出页面，以吸引观众对自己的企业、产品或服务的注意。

3. 参加或主持网上会议

各网络服务商的网络论坛经常举办一些专题讨论会，有的网络会议吸引了许多客户参加，网络会议的参加者可以看到其他人提交给会议的发言，同时自己的发言也处于许多人的关注之下。企业参加有关的专题会议，并积极提交客观性的发言稿，可以提高企业的形象和知名度。或者企业选派一些专家充当网上会议的客串主持人，通过公众与客串专家频繁地接触，也可起到提高企业知名度的作用。企业也可以组织网上会议，邀请一些著名的专家客串主持人，利用专家的名气吸引公众，树立企业在公众心目中的良好形象。

4. 发送电子推销信

网络公共关系的一种最常用的形式就是给新闻记者或编辑发送电子推销信，在信中简述企业新闻内容；也可以给某些老顾客发送一些企业的新闻，如新产品的信息等。这就要求企业从事公共关系的人员要与新闻记者或编辑以及老顾客建立起稳定的关系，通过多种途径收集E-mail 地址。为了吸引注意力，电子推销必须做到主题明确、标题鲜明、内容简洁。

5. 网络社区

网络社区是指由组织或个人在互联网上组成的群体，这个群体的成员具有共同的兴趣和爱好，并乐于在社区中提供和传递有价值的信息。企业可以利用网络社区的信息传递能力，增强目标受众对企业及企业产品的了解和认识，树立企业的形象。

四、网络公共关系的建立和维护

与各类公众建立并保持良好关系是企业公共关系活动的一项基本任务，那么如何在网络上建立与各类公众的关系呢？又采取什么样的策略来维持这样一种关系呢？具体来讲有以下几种：

1. 新闻媒介关系策略

与新闻记者和编辑的关系会对企业网络公共关系的效果带来很大的限制和影响。要保持与新闻媒介的良好关系，必须遵循以下原则：

(1) 开诚布公，真实坦率，坚信“诚实是最好的策略”。只有这样，才能赢得他们的好感和信任。

(2) 为他们提供的信息服务必须是及时有效的。为此，网络公关人员应为新闻记者和编辑提供企业产品、竞争者、行业等情况，及时回复他们的提问，保证他们能与企业中掌握信息的人员顺利接触。

(3) 严禁要求新闻媒体取消某项新闻的发布，这样做是让新闻记者和编辑背弃他们的责任，丧失公众的信任，是对他们的侮辱，只会给企业带来不良的后果。充分利用 E-mail 与新闻记者取得联系，经常与他们交流和探讨双方共同感兴趣的一些观点和问题，并建立起友好的私人关系。

(4) 积极参与新闻媒介主持的网上闲谈，并主动发言、提问，努力给主持者留下深刻印象，与他们建立起稳固的关系。

(5) 在新闻组、邮件列表中及时发现他们的要求，根据他们的要求及时提供相应信息，这是与新闻媒介建立良好关系的有效办法。

(6) 保持资料不断更新，这样才能引起新闻媒介的注意，让新闻媒介和编辑经常光顾企业的站点进行采访。

2. 网络社区公关策略

网络社区是由网民基于共同的兴趣和目的，互相交流而在网络上形成互惠互利的一个群体。组成网络社区的各个成员的活动场所是网络。一般而言，网络社区可分为两种，一种是以共同兴趣为纽带维系的，称为横向网络社区；另一种是以利益关系为纽带维系的，称为垂直型网络社区或商业网络社区，它是围绕网上企业的业务关系以及站点的利益而形成的以企业站点为中心的网络社区，它是由利益驱动的。企业利益与社区利益休戚相关，社区成员都非常关注社区活动对自身利益的影响。因此，商业网络社区的建立和维护，应以满足社区成员的不同利益要求为出发点，为他们提供有价值的信息，从而提高企业在网上的知名度，创造良好的网络社区环境。

这里主要介绍建立垂直型（商业）网络社区的公关策略：

（1）通过网站直接发布企业新闻。

通过新闻媒介发布企业新闻，容易被受众接受。但由于新闻媒介对所配发的新闻稿件有删改、不全面，这样会对企业公共关系活动产生不利影响。因此，网上企业可以通过自己的网站或新闻服务商直接面向商业网络社区发布自己的新闻稿，避免了信息传送过程中的失真。

（2）在网络社区成员经常光顾的网络论坛、电子公告板直接张贴新闻。这种新闻可以保留很长时间，不仅能稳固老顾客，还能为企业吸引新顾客。

（3）创建面向网络社区成员的单向邮件清单，及时将企业的新闻发送给他们，可以巩固和提高企业与网络社区成员的关系。但需要注意的是，必须要得到邮件列表中所有成员的同意才能向他们发送有关信息，否则就违背了网络协议，会引起不良后果。

（4）帮助网络成员解决问题，提供多种形式的服务。企业对网络社区的无私奉献会得到真诚的回报，这样可以提升企业的形象，建立企业的网上信誉。

（5）举办新闻发布会和网上年会，或在网络论坛举办的专题研讨班中客串主持，这对于提高企业的知名度，树立企业良好形象有很大的帮助。

（6）为社区成员安排多种形式的活动，可以加强与网络社区公众的联系，建立一种更为密切的关系。

（7）利用 E-mail 建立关系。E-mail 是网络上运用最广泛的信息传播工具，它具有速度快、不受时间和空间的限制、信息形式多样化、且具有较强的私人性和个性等特点，因此公共关系人员应重视和善于利用 E-mail 建立与维持公共关系。

3. 公共论坛关系策略

企业可以通过这种公共论坛找到合适的细分市场目标，能发现新顾客，留住老顾客；可以进行市场研究，发现市场新热点；能够监控信息，实现危机的预防与控制；能与论坛成员加强关系等。因此做好公共论坛的公共关系也是企业网络公共关系的重要工作，具体策略可包括以下内容：

（1）熟悉公共论坛的讨论环境。

当企业公共关系人员想参加某个讨论组时，在进入之前，他先要详细地阅读该论坛提供的基本信息，对讨论环境有了一定的了解，然后再加入讨论。如果没有熟悉该讨论组的环境就盲目进入，急于发表自己的意见，很可能由于冒犯别人而遭到驱逐。

（2）遵守公共论坛的行为规范。

任何公共场所都有自己的行为规范，网络公共论坛当然也不例外，最重要的一条就是在讨论组中不能发布赢利性的商业广告，这样会激起公共论坛成员的极度厌恶，会招致他们的报复。另外，在公共论坛发布信息要短小精干、主题鲜明，且与讨论组的主题相符，避免重复消息，对问题的叙述要简要，要相互尊重、互通有无等。

(3) 密切关注与企业有关的讨论。

企业公共关系人员必须密切关注公共论坛上与企业相关的讨论，特别是对企业不利的言论，使公共论坛不仅成为与客户交流、获得宝贵信息资源的场所，而且成为企业表明态度、消除不良影响的舞台。

(4) 积极与公共论坛成员建立关系。

良好的公共论坛关系需要企业主动建立与精心维护。企业的公共关系人员在加入论坛讨论时，应积极与论坛成员建立密切的关系，耐心细致和真诚地回答顾客提出的疑难问题，消除误会，努力为论坛多作贡献，使信息沟通上升到情感的层次。与论坛成员建立关系的一条有效途径是利用论坛成员概貌文档，文档中包括成员的姓名、编号、兴趣和主要从事的领域。

(5) 注意在公共论坛上发布信息的频率。

在公共论坛上不能无限制地发布信息，这样容易引起人们的厌恶和拒绝。网上企业应根据讨论组信息更新的速度来确定信息发布的频率，应经常监测讨论组中企业发布的信息是否还在。如没有被后续信息所代替则没必要再发，若已经被别的信息代替，就需再发一次，且需要有所变化。

(6) 主动要求做系统管理员。

公共论坛的系统管理员是论坛的编辑，既要审查论坛成员提交的信息，确定是否发布，又要作为一名成员加入讨论，并掌握讨论方向。企业公关人员若能主动申请成为某个与企业有关的论坛的系统管理员，无疑会提高企业信誉，树立企业形象。

8.4 E-mail、搜索引擎、博客等在网络促销中的运用

一、利用电子邮件促销

电子邮件也称为E-mail，它是用户或用户组之间通过网络收发信息的服务。目前，电子邮件是互联网上使用最为广泛的功能，现已成为企业进行客户服务的强大工具，成为网络用户之间快捷、简便、可靠且成本低廉的现代化通信手段，也是互联网上使用最广泛、最受欢迎的服务之一。

电子邮件是网络客户服务双向互动的根源所在，它是现实企业与客户对话的双向走廊和实现客户整合的必要条件。目前互联网上60%以上的活动都与电子邮件有关。使用互联网提供的电子邮件服务，实际上并不一定需要直接与互联网联网，只要通过已与互联网联网并提供邮件服务的机构收发电子邮件即可。下面将讲讲如何利用电子邮件进行网络促销。

(1) 利用电子邮件可与客户建立主动的服务关系。

传统的客户服务常常是被动的，客户向企业提出问题后，企业再解决；而通过电子邮件，企业可以实现主动的客户服务，而不是被动地等待客户要求服务。

(2) 利用电子邮件传递商务单证。

为了规范电子商务的过程和信息服务的方式，人们常常在企业商务站点中设置许多表格。通过表格在网络上的相互传递来达到商务单证交换的目的。在Web Site的设计过程中，表格是通过屏幕设计的结构和内容来完成的，而表格中所填写的内容则是通过电子邮件来传送的。

利用电子邮件还可以进行其他访问的信息服务。

二、利用搜索引擎促销

搜索引擎是常用的互联网服务之一，很多网站都有搜索引擎以帮助用户寻找相关主题内容。它是一种特殊的页面软件，可找到与用户输入的单词或短语匹配的页面。输入的单词或短语叫做搜索关键词，它实际上就是给搜索引擎下达搜索指令。随着互联网上信息的爆炸式增长，如何寻找有价值的信息显得日益重要，因此搜索引擎便应运而生。由于搜索引擎成为上网用户常用的信息检索工具，这种可以为用户提供发现信息的机会的搜索引擎，也就理所当然地成为网络营销的基本手段之一。

所谓搜索引擎营销，就是根据用户使用搜索引擎的方式，利用用户检索信息的机会，尽可能地将营销信息传递给目标用户。搜索引擎营销得以实现的基本过程是：企业将信息发布在网站上，成为以网页形式存在的信息源；搜索引擎将网站/网页信息收录到索引数据库；用户利用关键词进行检索；检索结果中罗列相关的索引信息及其链接 URL；根据用户对检索结果的判断，选择有兴趣的信息并点击 URL，进入信息源所在网页。这样，便完成了企业从发布信息到用户获取信息的整个过程，这个过程也说明了搜索引擎营销的基本原理。正是因为搜索引擎对企业网络营销的有效性，搜索引擎服务的竞争也越来越激烈，提供的搜索引擎营销方式也越来越多，搜索引擎营销对网络营销的影响也越来越大。目前常见的搜索引擎营销方式主要有以下几种：

（1）免费登录分类目录。

这是最传统的网站推广手段。

（2）搜索引擎优化。

这是指通过提高网站设计质量，利用 Google 等技术型搜索引擎进行推广，通常不需要自己登录搜索引擎，而是让搜索引擎自动发现自己的网站。

（3）收费登录分类目录。

类似于原有的免费登录，只有当网站缴纳费用之后才可以获得被收录的资格。一些搜索引擎提供的固定排名服务，一般也是在收费登录的基础上开展的。此类搜索引擎营销与网站设计本身没有太大关系，主要取决于费用；只要交费，一般情况下就可以被登录。但正如一般分类目录下的网站一样，这种付费登录搜索引擎的效果也在日益降低。随着搜索引擎收录网站和网页数量的增加，增加了用户通过分类目录检索信息的难度。同时，一些有价值的信息由于没有登录到搜索引擎，无法被检索到，这也就意味着分类目录型的搜索引擎的营销效果在不断降低，即使付费登录也避免不了这种状况。

（4）关键词广告。

它也称为“关键词检索”，简单来说，就是在搜索引擎的搜索结果中发布广告的一种方式。它与一般网络广告的不同之处在于，关键词广告出现的位置不是固定在某些页面，而是当有用户检索到你所购买的关键词时，才会出现在搜索结果页面的显著位置。不同的搜索引擎有不同的关键词广告显示，有的将付费的关键词检索结果显示在搜索结果列表最前面，也有的显示在搜索结果页面的专用位置。由于关键词广告具有较高的定位程度，并且往往可以提供即时的点击率、随时修改关键词及更加合理的收费模式等，因而逐渐成为搜索引擎营销方法的常用形式。

（5）关键词竞价排名。

所谓竞价排名，也是搜索引擎关键词广告的一种形式，是按照付费最高者排名靠前的原则，对购买了同一关键词的网站进行排名的一种方式。竞价排名一般采取按点击收费的方式。关键词广告和竞价排名方式较传统的搜索引擎营销方式的主要特点有：可以方便地对用户的点击情况进行统计分析，可以随时更换关键词以增强营销效果。目前关键词竞价排名成为一些企业利用搜索引擎营销的重要方式。

（6）网页内容定位广告。

基于网页内容定位的网络广告是搜索引擎营销模式的进一步延伸，广告载体不仅仅是搜索引擎的搜索结果网页，也是延伸到这种服务的合作伙伴的网页。搜索引擎 Google 于 2003 年 3 月 12 日开始正式推出按内容分类的广告，按照 Google 的说明，这项服务是将通过关键词检索定位的广告显示在 Google 之外的相关网站上。

三、利用博客促销

博客（Blog，全名 Weblog）又名网志，是继 E-mail、BBS 之后出现的一种新的网络交流方式。博客实质上是一种可以通过日记、评论等形式实现作者与浏览者交流的网站内容管理系统（CMS）。博客网站是网民们通过互联网发表各种思想的虚拟场所。

据估计，2008 年中国博客数量已经超过 1 亿，而 2002 年国内博客的数量不足 1 万个。博客为网民开辟了一个自由的论坛，同时也为营销活动打开了一个新的领域。博客营销是通过博客网站或博客论坛接触博客作者或浏览者，利用博客作者个人的知识、兴趣和生活体验等传播商品信息的营销活动。博客营销有下述几个特点和作用：

（1）博客营销以文字表述为基础。

博客信息的主体是个人，博客作者在介绍个人情况和发表热门话题的评论时，都可以对企业和产品加以宣传。尤其是在某领域有一定影响力的人物，所发布的文章更容易引起关注。通过个人博客文章引导浏览者了解企业信息和产品信息是博客营销的主要方法。

（2）博客商务信息具有多种优势。

与企业网站相比，博客文章的内容、题材和形式多种多样，容易受到浏览者的青睐；与门户网站发布的广告和新闻相比，博客商务信息传播具有更大的自主性；与供求信息平台的信息发布方式相比，博客的信息量更大；与论坛营销的信息发布方式相比，博客文章显得更正式，可信度更高。

（3）博客营销可以直接带来潜在客户。

博客内容常常发布在博客托管的网站上，这些网站往往拥有大量的用户群体，有价值的博客内容会吸引大量潜在的客户浏览，从而达到向潜在客户传递营销信息的目的。这种方式是博客营销的基本形式，也是博客营销最直接的价值表现。

（4）博客营销的成本低，效果明显。

博客内容主要以文字为主，所占空间小，容易长期保存。博客文章对格式、语言没有严格的限制，容易写作，客户可以比较方便地通过搜索引擎发现这些博客的内容。通过博客的方式，在博客内容中适当加入企业网站的信息，可以方便地达到网站推广的目的。

●阅读资料

Stormhoek 葡萄酒公司的博客营销

2005 年 5 月，也就是 Stormhoek 葡萄酒诞生后的六个月，马尔给英国最热门的 150 名博客每人寄了一瓶中等价位的葡萄酒。只要博客满足以下两个条件就可以收到一瓶免费的葡萄酒：

（1）住在英国、爱尔兰或法国，此前至少三个月内一直写博。读者多少不限，可以少到 3 个，只要是真正的博客。

（2）已具法定饮酒年龄，收到葡萄酒并不意味着你有写博义务。你可以写，也可以不写；可以说好话，也可以说坏话。

Stormhoek 通过博客发动的“病毒”营销，产生的滞后效应还很难具体估量，但 Stormhoek 发现，在过去不到一年的时间里，他们的葡萄酒销量翻倍了，达到了“成千上万箱”的规模。从去年夏天至今，Stormhoek 的月销售量翻了一番，这个品牌已经得到了 Sainsbury 超市和 Majestic 葡萄酒公司的订单。因特网上的对话也引爆了零售市场的巨大需求，零售商 Asda 和 Threshers 都和马尔进行过网络对话，现在他们也在销售 Stormhoek 的产品。

在英国 5 英镑以上的瓶装酒市场，Stormhoek 占了南非葡萄酒销售量的五分之一。马尔说，我们这些年取得了辉煌的成绩，博客对此功不可没，一些消费者告诉葡萄酒商店和超市的售货员，他们是通过博客知道 Stormhoek 品牌的。博客不仅使我们销量飙升，而且彻底改变了我们的行为方式。

Stormhoek 的公司网站本身就是一个博客。Stormhoek 在自己公司的博客上，发布一些关于 Stormhoek 葡萄酒的产品信息和最新的市场活动信息。举例来说，当 Stormhoek 去年决定改变瓶子上的商标时，公司把这个消息发到了博客上，公司还通过博客举行了评酒会。当然，博客日记上也有一些尖酸的评价。马尔说：“博客的伟大之处在于我们能看到别人的评价，能够回复评价，公司能和我们的顾客进行双向交流。”

●技能训练

某中型企业，专门从事教学软件开发与销售业务。原来的产品销售主要是通过各地区的代理来实现的。企业希望运用自己的网站来开展网络营销活动。请为该公司制订一套较完整的网络促销方案。

●课后练习

请从网络上收集 Levis（李维斯）的网上促销方案，并回答以下问题：

1. 你如何看待 Levis 公司的网络促销活动？
2. 对于 Levis 公司的网络营销，你有什么可操作的建议？

模块九　网络广告

●学习目标

1. 掌握网络广告的主要形式及特点
2. 掌握网络广告的策略
3. 掌握网络广告的效果评价方法
4. 了解网络广告的本质特征及价值
5. 了解网络广告效果的影响因素及措施

●引入案例

追本溯源，网络广告发源于1994年的美国。当年10月14日，美国著名的Wired杂志推出了网络版Hotwired（www. hotwired. com），其主页上开始有AT&T等14个客户的广告Banner。这是广告史上里程碑式的一个标志。从1994年网络广告商业化开始，网络广告就以非常快的速度发展，艾瑞咨询整理实力传播数据发现，2008年全球广告市场规模为5 064亿美元，在全球经济增长放缓的形势下，广告市场的增长势头仍然较为强劲。

中国的第一个商业性的网络广告出现在1997年3月，传播网站是Chinabyte，广告表现形式为468×60像素的动画旗帜广告。Intel和IBM是最早在国内互联网上投放广告的广告主。历经多年的发展，网络广告行业经过数次洗礼已经慢慢走向成熟。网络广告的出现使得网络开发商和服务商看到了无限商机，此后网络广告逐渐成为网络应用的焦点。

网络广告是利用网站上的广告横幅、文本链接、多媒体等介质，在互联网刊登或发布广告，通过网络传递到互联网用户的一种高科技广告运作方式。

与传统的四大传播媒体（报纸、杂志、电视、广播）广告及近来备受垂青的户外广告相比，网络广告具有得天独厚的优势，是实施现代营销媒体战略的重要的一部分。Internet是一个全新的广告媒体，速度最快，效果很理想，是中小企业扩展壮大的很好途径，对于广泛开展国际业务的公司更是如此。

9.1　网络广告概述

一、网络广告的发展状况

目前网络广告的市场正在以惊人的速度增长，网络广告发挥的效用越来越明显。以致广告界甚至认为互联网络将超越路牌，成为传统四大媒体（电视、广播、报纸、杂志）之后的第五大媒体。因而众多国际级的广告公司都成立了专门的“网络媒体分部”，以开拓网络广告的巨大市场。

1. *网络广告在全球的发展现状*

根据Zenith Optimedia最新统计，全球在2008年的广告市场规模达到4 860亿美元，比2007年增加6.7%。其中北美地区增长4.1%，达到了1 950亿美元。而在网络广告这部分的市场规模继续超高速增长，2008年网络广告市场规模的增长达到29.9%，总额达到446亿美元。而网络广告在整个广告市场中的比例也由2007年的8.1%提高到2008年的9.4%。Zenith Optimedia还预计，2009年在整个广告市场中的份额超过10%，并在2010年超过所有杂志的广告投放。

另外，作为网络广告发展的先锋美国，由于2008年9月份爆发经济危机，导致房地产、IT、交通等实体经济受到严重冲击，广告投放能力大幅下降。然而由于在奥运会、美国大选等因素的拉动下，美国网络广告增速依然达到21.7%，市场规模达到258亿美元。

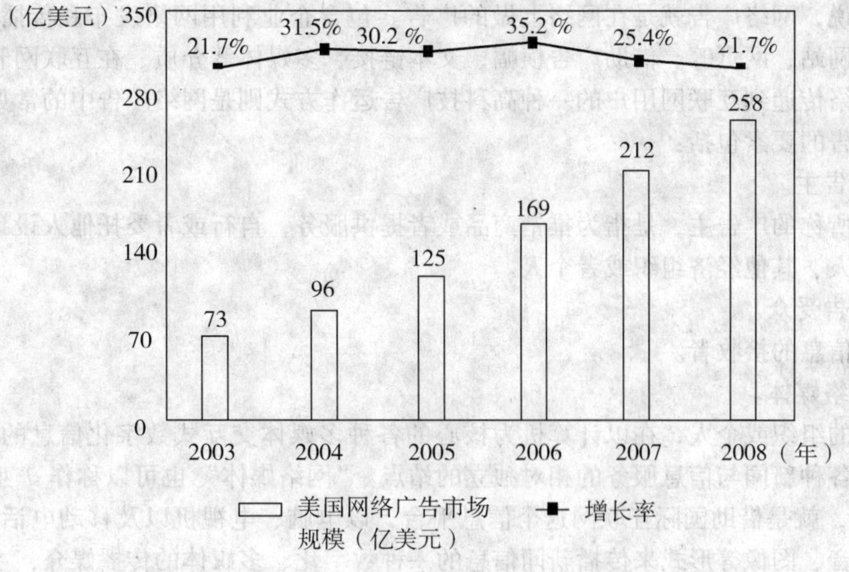

图9－1　2003—2008年美国网络广告市场规模

（资料来源：www.irerearch.com.cn）

2. 网络广告在中国的发展现状

中国的网络广告市场起步较晚，但发展速度较快。艾瑞咨询研究发现，2008 年中国网络各媒体都获得了不俗的增长，网络广告市场规模达到 170 亿元人民币，市场份额达到 8.4%，比 2007 年增长 2.3 个百分点，与国际和美国网络广告市场份额分别占 10.2% 和 8.8% 相比，仍然有提升空间。

二、网络广告的定义

1. 广告的定义

“广告”一词是英文“Advertising”的译名。据考证，英文“Advertising”这个词来源于拉丁语——Adverture，最初的意思是吸引人注意，带有通知、诱导、披露的意思。17 世纪中后期，英国开始了大规模的商业活动，广告一词因此得以流行，受到人们的青睐。随着历史的推进和人们对广告认识的加深，原来带有静止意义的名词 Advertise，被人们赋予了现代意义，转化为具有活动色彩的词汇 Advertising，广告已不单指某一个广告，其更多的是指一系列的广告活动。也有人考证说，英文 Advertising 这个词来源于法语，意思是通知或报告。无论源于何处，广告这个词作为社会的一个基本概念得以确定，并被广泛地运用于社会生活之中。

广告在各个时期都有许多较有代表性的定义。而我国 1994 年公布的《中华人民共和国广告法》中所称的广告，是指商品经营者或者服务提供者承担费用，通过一定媒介和形式直接或者间接地介绍自己所推销的商品或所提供的服务的商业广告。

2. 网络广告的定义

简单地说，网络广告就是在网络上做的广告。包含企业利用网络发布和传播的一些信息，比如域名、网站、网页等。借助广告横幅、文本链接、多媒体等介质，在互联网刊登或发布广告，通过网络传递到互联网用户的一种高科技广告运作方式则是网络广告中的常见形式。

网络广告的要素包括：

（1）广告主。

广告法所称的广告主，是指为推销商品或者提供服务，自行或者委托他人设计、制作、发布广告的法人、其他经济组织或者个人。

（2）广告受众。

指广告信息的接收者。

（3）网络媒体。

指一定的组织或个人，在以计算机为核心的各种多媒体交互式数字化信息的传输网络上，建立的提供各种新闻与信息服务的相对独立的站点。“网络媒体”也可以称作“互联网媒体”、“第五媒体”，就是借助国际互联网这个信息平台，以电脑、电视机以及移动电话等作为终端，以文字、声音、图像等形式来传播新闻信息的一种数字化、多媒体的传播媒介，主要功能是通过互联网进行新闻信息传播。

（4）广告信息。

指广告媒体传递给广告受众的知识内容。

三、网络广告常用概念和术语

1. 网络广告定价模式相关术语

（1）CPA（Cost-per-Action）：每次行动的费用，即根据每个访问者对网络广告所采取的行动收费的定价模式。对于用户行动有特别的定义，包括形成一次交易、获得一个注册用户，或者对网络广告的一次点击等。

（2）CPC（Cost-per-click）：每次点击的费用，即根据广告被点击的次数收费。如关键词广告一般采用这种定价模式。

（3）CPL（Cost for Per Lead）：按注册成功支付佣金。

（4）CPM（Cost per Thousand Impressions）：每千次印象费用。广告条每显示 1 000 次（印象）的费用。CPM 是最常用的网络广告定价模式之一。

（5）CPO（Cost-per-Order）：也称为 Cost-per-Transaction，即根据每个订单/每次交易来收费的方式。

（6）CPS（Cost for Per Sale）：营销效果，即销售额。

（7）PPC（Pay-per-Click）：是根据点击广告或者电子邮件信息的用户数量来付费的一种网络广告定价模式。

（8）PPL（Pay-per-Lead）：根据每次通过网络广告产生的引导付费的定价模式。例如，广告客户为访问者点击广告完成了在线表单而向广告服务商付费。这种模式常用于网络会员制营销模式中为联盟网站制定的佣金模式。

（9）PPS（Pay-per-Sale）：根据网络广告所产生的直接销售数量而付费的一种定价模式 。

（10）CPTM（Cost per Targeted Thousand Impressions）：经过定位的用户（如根据人口统计信息定位）的千次印象费用。CPTM 与 CPM 的区别在于，CPM 是所有用户的印象数，而 CPTM 只是经过定位的用户的印象数。

2. 网络广告效果监测相关术语

（1）Ad View：广告浏览。

即广告被用户实际看到一次称为一次广告浏览。广告浏览数是最早的定价基础之一，但由于出现的广告是否被浏览实际上无法测量，因此现在已经不用这一概念。现在采用的最接近广告浏览的概念是“广告显示”。

（2）Page View：页面浏览。

即用户实际上看到的网页。由于页面浏览实际上并不能准确测量，因此现在采用的最接近页面浏览的概念是“页面显示”。

（3）Ad Impression：广告印象。

广告印象包括两个方面：服务器端和用户端。网络广告可以来自服务器为用户浏览器提供的广告显示，也可以是来自用户浏览器的请求。对广告印象有不同的测量方式。粗略地说，广告印象和页面显示、广告下载比较接近。

（4）Impression：印象，同 Page view。

受用户要求的网页的每一次显示，就是一次印象。

(5) Ad Impression Ratio：广告印象率。

点击数与广告印象数的比例，同点击率。

(6) Ad Click：广告点击。

这是指用户对广告的反应形式之一，通过对广告的点击引起当前浏览内容重新定向到另一个网站或者同一个网站的其他网页。

(7) Click Throughs：点击次数。

即网上广告被用户打开、浏览的次数。

(8) Click-through Rate：点击率。

网络广告被点击次数与显示次数的比例。

(9) Ad Display/Ad Delivered：广告显示/广告传递。

一个广告在用户电脑屏幕上完全显示称为一次广告显示 /广告传递。

(10) Ad Download ：广告下载。

服务器完整地将一个广告下载到用户的浏览器称为广告下载。如果用户的请求并没有被完全执行，广告下载不完整或者没有被下载，就形不成广告浏览。广告下载与广告显示意义相近。

(11) Transfer /Ad Transfers：传送/广告传送。

传送是指服务器对来自网页请求的成功反应，也指浏览器接收到来自服务器的完整网页内容。广告传送是指用户点击一个广告之后成功地显示广告客户的网站。当一个网络广告被点击之后，正常情况下将重定向或者说为用户的浏览器"传送"广告客户的网站内容，如果用户浏览器成功地显示广告客户的网站内容，那么就形成了一次广告传递；否则，将只有点击而没有形成传递。

(12) Reach：送达。

有两个方面的含义：一是在报告期内访问网站的独立用户，以某类用户占全部人口的百分比表示；二是对于一个给定的广告所传递到的总的独立用户数量。

(13) Unique Users：独立用户数量。

指在一定的统计周期内访问某一网站的所有来自不同服务器的用户的数量。通过一个服务器来的不同用户，无论多少人次，都被认为是一个独立用户。

(14) Return Visits：重复访问数量。

用户在一定时期内回到网站的平均次数。

(15) Repeat Visitor ：重复访问者。

在一定时期内不止一次访问一个网站的独立用户。

(16) Traffic：访问量。

来到一个网站的全部访问和访问者的数量。

9.2 网络广告的主要表现类型

随着网络技术的发展和网络应用服务的多样化，网络广告的表现形式也摆脱了最初网页框架的限制而更加丰富。

一、旗帜广告（banner）

旗帜广告是最常见的网络广告形式，是互联网界最为传统的广告表现形式，其形象特色早已深入人心。旗帜广告通常置于页面顶部，最先映入网络访客眼帘，创意绝妙的旗帜广告对于建立并提升客户品牌形象有着不可低估的作用。

在互联网时代之初，旗帜广告是在线营销的主要方式之一。那时候还没有太多的高质量站点。为搜索具有好的特色及内容的网站，访客们积极地点击旗帜广告。今天，情形已经完全不同了，旗帜广告的泛滥使得我们不得不对其视而不见。除非特殊情况，访客们尽量不去点击旗帜广告。所有这些是否意味着旗帜广告已濒临灭亡？其实还没有那么快。尽管与过去相比旗帜广告的点击率比较低，但你的目标旗帜广告仍然可以非常有效。今天所使用的旗帜广告，要么是用于品牌识别，要么是用于给网站带来更多的流量，从而带来更多的销售。品牌识别作为全方位的意识活动，公司都将旗帜广告放在特定的站点之中。

图 9－2　旗帜广告

1. 旗帜广告的影响因素

（1）广告位置效应。

在一个网页上一般不会出现 2 个以上的网络旗帜广告。如果只有一条，往往放置在顶部比较有效。放在顶部的旗帜广告，网民受众不用拖动拉条就可以看到，因此，这个位置受到绝大多数客户的青睐。

（2）点击次数。

网民受众点击网络旗帜广告与否，对产品能否在消费者当中建立忠诚度的影响是巨大的。据美国传媒机构所作的调查，若受众未打开网络旗帜广告，广告在消费者中产生的影响只有 5%，而那些浏览过广告的消费者的忠诚度高达 50%。

(3) 互动性。

网络传播的高度参与性，使得网络旗帜广告传播中受众和销售传播者之间能够互动，相互作用，相互影响。这也导致了关系营销（Relationship Marketing）。关系营销正是 Intemet 促销中最流行的营销方式。所以，现在的趋势在于提高网络旗帜广告的参与性，以增强网络旗帜广告的有效性。

旗帜广告由于篇幅有限，主要目的是为了加深消费者的印象或者吸引受众点击后获得更多的广告信息，因此必须在几秒之内抓住观者的注意力，尽量在旗帜广告中增加与受众喜好、口味相似的内容，使观者对此感兴趣，有点击的倾向。如无法做到这一点，观者就会很快地进入其他的页面。

(4) 协调性。

设计者可安排一系列出现时间先后不同的旗帜广告，从而形成整体效应。后出现的旗帜广告往往是与前几条主题相关的。经常更换图片也是吸引注意力的好方法，有研究表明，一幅图片放置一段时间之后，点击率就开始下降，而更换与之主题协调的另一幅图片后，点击率就会上升。据统计，一般在两周左右更换一次图片，可以使受众保持新鲜感。尽量使旗帜广告的内容和风格更接近所在网页的内容，与网页内容密切相关的旗帜广告往往能与该网页相互补充，相得益彰。

2. 旗帜广告媒体的选择

首先要考虑广告费用；其次是考虑广告的收益，比如广告发布后是否增加了访问量，是否增加了销售收入等；第三是要考虑广告的效率，即广告接受者是否是你想接触到的；第四是媒体的形象是否与你广告推广的形象吻合；另外，还要考虑媒体能否给你详细的广告效果统计分析数据，这是网络媒体与传统媒体的最大区别所在。

投放旗帜广告的首选站点是导航台。好的导航台能够将成百上千从来没有访问过你的站点的网民吸引过来。导航台为客户提供了很多旗帜广告的展位，首页自然是最好的，但也是最贵的。在导航台中还有很多按照主题划分的类，每次检索，数据库还会根据关键词动态地组合生成检索结果的主页，在这些不同层次的主页中都可以设置旗帜广告，这些位置并不见得就比首页差，因为与你的广告内容相近的主页的消费者才是你最想吸引的。

在导航台中投放旗帜广告，网民覆盖面广、数量大。但也应看到，其中的很多浏览者与你的旗帜广告无关，而且价格也较高。

另外，可以选择有明确的浏览者定位的站点。这种站点的浏览者数量可能较少，覆盖面也会比较窄，只要这些浏览者是你需要的，他们就是你的有效宣传对象。从这个角度看，有明确的浏览者定位的站点的有效浏览量可能并不比导航台少。选择这样的站点放置旗帜广告，如果获得很多有效点击，说明你的选择是经济有效的。

当然，为了更好地确定投放旗帜广告的站点，还可以向已经在这些站点上设置旗帜广告的单位咨询，这些单位往往能够提供一个比较客观、准确的评价。

3. 对旗帜广告的建议

(1) 选择能抓住别人注意力的内容。

在旗帜广告中空间有限，你必须要提供一些真正能引起访客注意的内容。由于你必须在一个或者两个句子中完成，尝试使用一些有趣的、荒谬绝伦但有吸引力的内容；你也可以使用图片，它们的效果是相似的。

（2）点击反馈。

许多人喜欢受到引导，告诉他们如何做。比如，“点击这里”或者“去网站”。

（3）一次关注一个内容。

你的旗帜广告应该只携带一条信息。如果在一则广告中携带多条信息，你所得到的结果不是吸引访客而会使他们感到混乱。

（4）使信息是可读的。

如果信息是不可读的，即使做得再好的旗帜广告也不会成功。

（5）避免信息量过大。

太多的图片、颜色和文本使得旗帜广告看上去很繁杂。访客们会尽量避免这种类型的旗帜广告。活泼的旗帜广告应该少于 4 个框架。

（6）不要使用大容量旗帜广告。

确保你的旗帜广告的文件小于 5K。太大的文件加载的时间太长。

（7）在投放之前测试你的旗帜广告。

检查一下你的旗帜广告在各种浏览器中的显示情况。检查旗帜广告的链接地址是否正确，是否链接到你的网站中的正确网页。无论你什么时候对网站进行修改，都要记得再次检查你的旗帜广告。

二、按钮广告（Button）

按钮广告是从 banner 演变过来的一种形式，是表现为图标的广告，通常广告主用它来宣传其商标或品牌等特定标志。按钮广告与标题广告类似，但是面积比较小，而且有不同的大小，版面位置可以选择，最早是浏览器网景公司用来提供使用者下载软体之用，后来这样的规格就成为一种标准。

按钮广告能提供简单明确的资讯，而且其面积大小与版面位置的安排都较具有弹性，可以放在相关的产品内容旁边，是广告主建立知名度的一种相当经济的选择。例如，戴尔曾将一个广告按钮放在一份科技类报纸的电脑评论旁边。一般这类按钮不是互动的，当你选择点击这些按钮的时候会被带到另外一个页面。有时这类广告可以提供音效和影像，但要花很多时间下载，因此不是很受用户欢迎。

按钮广告由于尺寸偏小、表现手法较简单，多用于提示性广告，容量不超过 2K。

三、文字链接广告（Text Link）

文字广告是以公司名称、产品名称或相关的产品信息来链接相应内容的一种广告形式。

四、弹出式广告（Pop Up Ads）

当人们浏览某网页时，网页会自动弹出一个很小的窗口，窗口里显示广告客户的企业或产品文字介绍、图片或视频，用户直接点击可了解该企业或企业产品的相关信息，这就是弹出式广告。

五、漂浮广告

漂浮广告是会“漂”的图标广告，可以根据广告主的要求并结合网页本身特点设计“漂浮”轨迹，增强广告的曝光率，漂浮广告始终在页面中，默认跟随浏览器右侧滚动条移动，其表现形式灵活，能极大地满足广告主宣传自己形象的需要。该类型广告突破传统广告的定式，不再固定在某一指定位置，而是随鼠标拖动而动，巧妙的设计会使得在不妨碍网友浏览的同时满足广告增加曝光率的需求。

（1）漂浮广告的表现方式。

一是沿着某一固定的曲线飘动；二是随着网友拖动浏览器的滚动条而做直线上下浮动。

（2）漂浮广告的特点。

一是广告位置明显，信息传达面广；二是采用动态游动广告图片，在视觉上使访客产生新鲜的感觉。

六、网络游戏广告

网络游戏广告可以出现在游戏开始、中间或结束的时候，可以根据广告主的产品特点与宣传需要量身定做互动式游戏。网络游戏广告具有以下优势：

1. 广告发布的针对性强

首先，网络游戏的主要玩家群一般为18～30岁的年轻人。明确的广告诉求对象，让广告主做到有的放矢，避免浪费资金投入。其次，网络游戏一般以省、市为单位，通过架设多个服务器，把不同地区的玩家引导入最近的服务器上以保证游戏的稳定进行。这样就会使网络游戏玩家的分布有着鲜明的地域性。再次，玩网络游戏的花费除了一般的上网费用外，还需要玩家购买网点卡。玩家为了方便给游戏充值，在注册时必定要留下详尽而准确的用户资料，这在无形中就形成了十分有价值的资料库。

正因为这些特点使得广告商可以就年轻人的性格、喜好及所处地域等特征发布有针对性的广告或制定销售策略。

2. 广告发布方式灵活多变

网络游戏广告多以内在形式嵌入游戏的界面或内容，方式隐含而易于让人接受。这些发布方式主要有：

（1）根据广告主的产品定制不同形式的网络游戏。

美国箭牌糖类有限公司为给旗下的新装黄箭口香糖上市造势，在网上进行了为期10周以“黄箭水果乐园”为主题的网络游戏竞赛。该游戏由若干个趣味小游戏组成，这些小游戏有着不同的内容及鲜明风格，充分考验了玩家手指的灵活性和大脑的反应能力。针对产品定制的网络游戏，有效地缩短了公司和消费者的距离，极大地吸引了消费者有限的注意力。

(2) 广告商品成为网络游戏的道具或场景。

广告商品变成游戏的某个道具或场景，非但不会使玩家感到厌烦，反而能够增强游戏虚拟社会的真实感，使玩家在玩游戏的同时潜移默化地接受商品的信息，深化对商品品牌的认知感，达到“润物细无声”的功效。

美国 Electronic Arts 公司在 2002 年与美国英特尔公司和美国麦当劳公司签署了数百万美元规模的网上广告合同。通过该合同，当用户在玩该公司在当年秋季推出的游戏“模拟人生”网络版时，可看到英特尔和麦当劳公司的商品和商标。

在该游戏中采用英特尔奔腾 4 电脑和该公司宣传活动中所使用的“Intellnside”主题音乐。当玩家为自己的虚拟人物选择从低档到高档的虚拟电脑以后，可以在游戏中邀请朋友一起玩游戏，也可以开网络咖啡厅等，做虚拟生意。

(3) 网络游戏运营商与广告主合作制定促销战略达到双赢目的。

运用这种广告方式，玩家可以在现实生活中得到实惠，很受玩家的欢迎。如游戏运营商第三波与必胜客合作，只要玩家在在线游戏宠物王中打怪物，就有机会获得从怪物身上掉下来的必胜客打折赠券甚至免费吃比萨。另一种方式是，只要在游戏中为虚拟人物购买广告主品牌的产品就能在现实购买该产品时享受折扣优惠。或者反而为之，在现实生活中购买的产品能够免费“移植”入游戏的虚拟世界。

(4) 在网络游戏的开启画面、结束画面上刊载广告信息。

这种做法的优缺点都是显而易见的。优点是游戏的开启和结束画面一般布满整个电脑显示屏，发布的广告信息比较直接、清晰。但同时也可能因广告时间过长而引起玩家的反感。

3. 市场促销方式新颖多样

网络游戏吸收了市场营销的许多精华，广告的促销方式表现出了惊人的创造性和新颖性。

(1) 产品商结合网络游戏举办公关活动。

如可以由产品制造商出资举办企业冠名的某网络游戏竞技大赛，并给优胜者颁发印有企业标志的奖杯以及把企业生产的产品作为奖品。对游戏运营商而言，实物奖品的诱惑可以吸引大批人参与到游戏当中，达到推广游戏的目的。对产品生产方而言，大型活动的造势加上众媒体的新闻报道，可以无形中提高企业的知名度及产品形象。如果是新面市的产品还能达到口头宣传的效果。

(2) 在游戏销售网点进行购买光盘送小纪念品的活动。

抓住大多数人求利的心理，利用实物吸引顾客。只要游戏玩家在指定的销售点购买游戏光盘，均能得到纪念品。这些纪念品的种类很多，如带有企业标志或信息的钥匙扣、圆球笔等。当然，由网络游戏衍生的小礼品更对玩家具有强烈的吸引力。例如，赠送由广告主定制的网络游戏人物小模型，在这些小模型上可以看到各种产品的信息，如玩具模型身上穿戴的各款新上市的服饰，甚至是他们乘坐的各类交通工具。收集这些姿态各异、神情迥然的小模型对一个真正的游戏玩家来说都是不小的乐趣。

(3) 借网络游戏代言人召开记者招待会或玩家见面会。

广告主负责提供会场上所用的招待物，在参会者离场时还可派送产品小样。

(4) 为了增加网络游戏的玩家人数，许多游戏运营商特别在官方网站上提供了游戏程序软件，让玩家免费下载。

免费下载游戏对运营商来说无疑少了一条销售游戏光盘赢利的途径，但这可通过广告商支付的广告费用来补偿。玩家在网站下载游戏软件之前，必须收看一段广告，虽然付出的是自己宝贵的时间，但相对于动辄几十元的软件购买费用来说还是值得的。

车企捧网络广告　用户体验成关键

2009年中国汽车网络广告的市场前景被愈发看好，广大厂商因此不断翻新广告营销手段。但要挖掘更大商机，应发挥网络优势，将广告融入用户体验。

市场咨询公司艾瑞最新的一份调查数据显示，2009年中国网络汽车广告市场将由去年的人民币13.8亿元增长至17.5亿元，约合2.56亿美元。

目前，中国的汽车业还有很大的发展空间，互联网是吸引中国新一代汽车爱好者注意力的有效途径，中外汽车厂商因此加大了对网络广告的投入。

要抓住这一巨大商机，中国各大网站不仅要提供网络游戏、论坛、视频等“花样”吸引网民点击，更重要的是要将广告融入用户体验中。

网络汽车广告“火”了

近期网上流传这样一则视频广告：4位创意青年正在进行搞笑试验，将试验的雪佛兰新乐骋放空挡，放下手刹，尽可能减少车辆内部的多余负载。24升可乐和120粒曼妥思经过充分反应后，车辆在喷射所产生的推动力下，利用惯性前行了66厘米。这让网友们对此啧啧称奇。

虽算不上什么新型的替代能源方案，但看过这段视频的网友们记住了这几个“爱做试验”的年轻人和这台时尚的小车。诸如此类的视频广告还有很多。新车发布一段时间后就出现五花八门的视频，确实“雷倒”了不少爱车发烧友。

这一大胆尝试网络营销方式的广告形式在经济萧条的背景下着实让大家乐了，被网友们称为现代的阿Q精神。这种以较低投入，让企业赢得更高营销回报的做法，在银根紧缩的现状下不能不说是一招。相关广告业主表示：“通过与中国网站合作，我们有机会在互联网上展示我们的新车型。未来我们将与社交网站进行更多合作。”

网络广告优势多，成汽车广告新宠

中国市场现正受到越来越多汽车厂商的青睐。受中国刺激汽车工业发展政策的鼓励，去年中国汽车销量增长6.7%，今年的市场情况尽管略有低头，整体上仍被看好。汽车厂商们表示，国家公布、施行了包括减免购置税、补贴在内的政策，起到了功不可没的推动作用。

据了解，大多数首次购车的中国用户主要是通过亲友、同事的推荐，依靠互联网获得具体购买信息，所以互联网便成为潜在购车用户的一个重要信息来源。除了专业汽车网站外，社交、视频分享等网站的汽车广告业务也因此出现了大幅增长。

一些厂商还开始在广告方面求新求变。如已经被人熟知的博客营销，还有本田汽车在2009年情人节时别出心裁地推出的一款贺卡：将相关信息巧妙地融入贺卡中，然后让用户选择贺卡的场景、车型、圣诞节主题情景，再由用户将包含本田汽车信息的贺卡发送给更多的亲朋好友。这种独具匠心的发送电子邮件的方式也就成了网民们自然而然转发的“举手之劳”。

一家公司的广告人员表示，经济形势低迷，广告预算缩减，也正好给汽车业主们尝试新的广告营销提供了机会。由于网络广告收费较低，又易于通过点击量、画面停留时间监测到广告效果，目前有许多汽车广告主都逐渐加大了网络广告的投放。

需借力网络融入用户体验

网络并不只是当前经济危机中汽车企业的“过冬棉衣”。要想发展更多的客户，挖掘更大的市场潜力，获得长远的经济收益，汽车厂商和广告主只有让用户在日常生活中尝到甜头，生意才会纷至沓来。

调查显示，网民们有28% ~29%的时间都在上网，但网络广告的支出仅为所有广告总支出的8% ~10%。人们花在网络上的时间远远多于花在网络上的钱财，因此广告支出还会从其他领域转向互联网。

因此，中国各大网站不仅要提供网络游戏、论坛、视频等“花样”吸引网民点击，更重要的是要将汽车信息融入用户体验中。

这样的广告还将更具互动性，互联网给人的印象就是参与，而不是静态的，与坐在电视机前看广告不同，用户在体验网络互动方式的时候，可以对产品的意见通过体验的形式反馈给网络，最后流向业主。

（资料来源：《通信信息报》 作者：张琳琳）

9.3 网络广告管理

一、网络广告的网络营销价值

网络广告的网络营销价值可以归纳为六个方面：

1. 品牌推广

网络广告最主要的效果之一就表现在对企业品牌价值的提升，这也说明了为什么用户浏览而没有点击网络广告同样会在一定时期内产生效果，在所有的网络营销方法中，网络广告的品牌推广价值最为显著。同时，网络广告丰富的表现手段也为更好地展示产品信息和企业形象提供了必要条件。

2. 网站推广

网站推广是网络营销的主要职能，获得尽可能多的有效访问量也是网络营销取得成效的基础，网络广告对于网站推广的作用非常明显，通常出现在网络广告中的“点击这里”按钮就是对网站推广最好的支持，网络广告（如网页上的各种 banner 广告、文字广告等）通常会链接到相关的产品页面或网站首页，用户对于网络广告的每次点击，都意味着为网站带来了访问量。因此，常见的网络广告形式对于网站推广都具有明显的效果，尤其是关键词广告、banner

广告、电子邮件广告等。

3. 销售促进

用户由于受到各种形式的网络广告吸引而获取产品信息，已成为影响用户购买行为的因素之一，尤其当网络广告与企业网站、网上商店等网络营销手段相结合时，这种产品促销活动的效果更为显著。网络广告对于销售的促进作用不仅表现在直接的在线销售，也表现在通过互联网获取产品信息后对网下销售的促进。

4. 在线调研

网络广告对于在线调研的价值可以表现在多个方面，如对消费者行为的研究、对于在线调查问卷的推广、对于各种网络广告形式和广告效果的测试、用户对于新产品的看法等。通过专业服务商的邮件列表开展在线调查，可以迅速获得特定用户群体的反馈信息，大大提高了市场调查的效率。

5. 顾客关系

网络广告所具有的对用户行为的跟踪分析功能为深入了解用户的需求和购买特点提供了必要的信息，这种信息不仅成为网上调研内容的组成部分，也为建立和改善顾客关系提供了必要条件。网络广告对顾客关系的改善作用也促进了品牌忠诚度的提高。

6. 信息发布

网络广告是向用户传递信息的一种手段，因此可以理解为信息发布的一种方式。通过网络广告投放，不仅可以将信息发布在自己的网站上，也可以发布在用户数量更多、用户定位程度更高的网站，或者直接通过电子邮件发送给目标用户，从而获得更多用户的注意，大大增强了网络营销的信息发布功能。

二、网络广告资源选择

1. 网络广告的发布形式

网上发布广告的渠道和形式众多，各有长短，企业应根据自身情况及网络广告的目标，选择网络广告发布渠道及方式。在目前，可供选择的渠道和方式主要有：

（1）主页形式。

建立自己的主页，对于企业来说，是一种必然的趋势。它不单是企业形象的树立，也是宣传产品的良好工具。在互联网上做广告的很多形式都只是提供了一种快速链接公司主页的途径，所以，建立公司的 Web 主页是最根本的。从今后的发展看，公司的主页地址也会像公司的地址、名称、电话一样，是独有的，是公司的标志，将成为公司的无形资产。

（2）网络内容服务商。

如新浪、搜狐、网易等，它们提供了大量的互联网用户感兴趣并需要的免费信息服务，包括新闻、评论、生活、财经等内容，因此，这些网站的访问量非常大，是网上最引人注目的站点。目前，这样的网站是网络广告发布的主要阵地，但在这些网站上发布广告的主要形式是旗帜广告。

（3）专类销售网。

这是一种专业类产品直接在互联网上进行销售的方式。现在这样的网站越来越多，打开这样的网站，消费者只要在一张表中填上自己所需商品的类型、型号、制造商、价位等信息，然后按一下搜索键，就可以得到你所需商品的各种细节资料。

（4）企业名录。

这是由一些 Internet 服务商或政府机构将一部分企业信息融入它们的主页中。如香港商业发展委员会的主页中就包括汽车代理商、汽车配件商的名录，只要用户感兴趣，就可以通过链接进入选中企业的主页。

（5）免费的 E-mail 服务。

在互联网上有许多服务商提供免费的 E-mail 服务，很多网民都喜欢使用。利用这一优势，能够帮助企业将广告主动送至使用免费 E-mail 服务的用户手中。

（6）黄页形式。

在 Internet 上有一些专门用以查询检索服务的网站，这些站点就如同电话黄页一样，按类别划分，便于用户进行站点的查询。采用这种方法的好处，一是针对性强，查询过程都以关键字区分；二是醒目，处于页面的明显处，易于被查询者注意，是用户浏览的首选。

（7）网络报纸或网络杂志。

随着互联网的发展，国内外一些著名的报纸和杂志纷纷在 Internet 上建立了自己的主页；更有一些新兴的报纸或杂志，放弃了传统的“纸”的媒体，完完全全地成为一种“网络报纸”或“网络杂志”，其影响非常大，访问的人数不断上升。对于注重广告宣传的企业来说，在这些网络报纸或杂志上做广告，也是一个较好的传播渠道。

（8）新闻组。

新闻组是人人都可以订阅的一种互联网服务形式，阅读者可成为新闻组的一员。成员可以在新闻组上阅读大量的公告，也可以发表自己的公告，或者回复他人的公告。新闻组是一种很好的讨论和分享信息的方式。广告主可以选择与本企业产品相关的新闻组发布公告，这将是一种非常有效的网络广告传播渠道。

在以上几种通过 Internet 做广告的渠道和方式中，主页形式是最主要的。选择怎样的渠道和方式，要根据企业诉求对象的特点和广告的目标以及网上用户的情况来决定，也可以将若干方式组合应用。

2. 网络广告发布资源的选择

（1）在投放平台的选择上考虑网站流量，同时，也应避免单纯以网页浏览次数为主要衡量标准。

广告站点必须有比较高的流量，在 CPM 计价方式下，虽然客户并不会为过少的广告显示多支付费用，但广告效果难以保证，对于有时效性的广告活动，还会贻误时机。人们总是喜欢在访问量高的站点做广告，有统计资料表明，一些大型网站控制了 90% 以上的网络广告市场。

随着网络的发展，网站的分类更加专业化，它们之间的区别使它们所吸引的用户人数、类别和特征各有特色。广告主在选择投放平台的时候，在考虑站点访问量的同时，站点访问者的特点是否与自己的产品特征相符合，也是需要考虑的重要因素。

（2）在投放上正确定位目标，避免只考虑在网站的首页投放广告。

门户网站、娱乐网站、新闻网站等的首页通常有较高的访问量，但广告效果未必好，而且这些高访问量的网站，CPM 的价格也比较高，对一些专业性比较强的公司来说，不见得是最好的选择。每种商品在投放网络广告的时候，应将网络广告投放在适合企业产品的相应网页上，才能赢得广告效益。

(3) 考虑网络广告的价格因素，避免单纯追求投放量。

在投放广告时，最好对比几家类似的网站，在同等情况下，当然选择价格低一些的网站刊登广告。另外，网站首页的广告价格通常比次级页面要高，可根据自己的情况作出选择。在广告投放上，有些广告主认为在某个页面上投放的量越大就越能获得广告效益，然而事实并非如此。

在某个固定的网站上投放大量的广告，可能达到了所期望的浏览量，但是这些广告受众在很大程度上是重复的，无法达到广告主的目的。广告的效果虽然是随着广告的投放量不断上升，但这种上升有一定的阶段性，并非线性的。在网络上投放的广告达到一定数量时，广告的效果可能就不会再发生太大的变化。所以在投放网络广告时，考虑广告价格，还要避免单纯追求网络广告的投放量。

(4) 网络广告的投放要考虑方便广告管理。

需要在一定时期内不断更换广告内容，广告发布管理接口应便于日常的上传、查看、调整、确认等操作，并对重要操作过程作记录，甚至应该考虑在有多个操作者的情况下对权限的分配和协作的实现。另外，客户服务接口应使客户看到的查询和统计报表简明、清晰、易懂，但又必须能在各种层次上满足多样化的广告投放方法和具体资料。

(5) 网络广告发布源选择时还应考虑服务提供商的服务。

网络广告服务提供商提供的是网络广告服务的商业站点或者是搜索引擎。不同的服务商在网站设备、带宽、人员服务等几个方面的内容可能存在很大的差异。用户希望网页能够尽快下载，这需要提供广告服务的网站设备稳定运行，并能保证在高访问量时的带宽需求，同时，应该有方便的人工服务措施，在发现广告出现异常情况时，便于及时联系并尽快解决。因此，选择一个服务优秀、价格公道的网络广告服务提供商是企业成功开展网络营销的重要环节。

三、网络广告策划

网络广告策划是一种系统的综合性的工作，因此，它涉及的任务和内容也是多方面的，在具体操作当中可以根据实际需要的不同，有所偏重。一般来说，一个完整的网络广告策划，一般由这四个大的环节组成：网络广告策划的调查分析、拟订计划、实施和评价总结。

1. 调查分析

广告策划方案的产生，主要是针对企业营销中的某个问题或针对某个特定目标。因此策划的最先程序就是设定清楚而准确的目标。为了达到既定的目标，这一阶段首先要对策划环境进行分析，主要是开展市场调查、消费者调查和产品调查，将调查来的资料汇总、综合、分析、归纳，得出初步结果，然后再就调查结果进行研究，权衡比较、筛选之后，供下一步使用。分析研究所取得的资料，才能有针对性地制定广告战略和广告策略，并使广告策划建立在科学和可靠的基础之上。

网络广告策划应和一般广告策划一样，将网络广告调查放在首位。网络技术为广告调查提供了崭新的调查方式，也为其提供了丰富的信息来源。

2. 拟订计划

在第一阶段调查研究的基础上着手拟订广告计划，拟订计划是产生构想的阶段，这是策划者创造性思维的用武之地，是实现广告目标的重要步骤，其主要内容有：

（1）确立整体广告战略。

这是确立策划的大致方向，大致方向是围绕着目标与问题，结合环境因素而确定的。

（2）确立广告目标。

广告目标与广告战略是相辅相成的。广告战略是围绕目标提出的，又赋予目标以更明确的方向，而广告目标是广告战略实施的核心环节。

（3）确定广告中的具体策略。

策划人找到了解决问题，达到目标的具体方法，如营销策略、媒体策略等。这样，广告策划的构想就显得清晰与完整，具有现实的可行性。

（4）形成广告策划书。

策划书是广告战略与策略的具体化，是见诸于文字的方案，也是广告活动的“蓝本”。策划书写作实际上从最初的构想就已开始。一份好的策划书应符合市场变化的实际情况，并反映了策划人驾驭市场的能力。能否提供一份完整的、有说服力的策划书，是广告人或广告公司策划能力的重要表现之一，也是实行广告代理制的核心工作。

有了策划书之后，要在一定范围内召集有关人员共同就策划书提出修改意见和补充意见。真正做到集思广益、博采众长，将好的建议充分收集上来，对策划书作出卓有成效的补充和修正，力求细致、具体。对会涉及的细节，要逐一推敲，真正使策划书充实、完善起来。

3. 实施

这一阶段主要是以上一阶段完成的网络广告策划书为蓝本，领导专业技术人员进行具体的网络广告设计、创作，制作各种形式的网络广告作品，并对广告作品进行事前测定与评价。在网络广告策划中，设计一个能全面检测的测试方案对广告最后效果的发挥起保障作用。测试的内容主要包括对技术的测试和对网络广告内容的检测：技术的测试主要是检查广告能否在网络传输技术和接受技术上行得通；对内容的测试是检测网络广告内容与站点是否匹配、与法律是否冲突。

所以在网络广告策划中，第二阶段和第三阶段的工作并不是截然分开的，实际操作中很多时候决策与计划的工作会一直伴随到广告正式实施发布的前一秒钟，而这也是网络广告自身特点所要求的。

4. 评价总结

网络广告策划的评价与总结，主要是指对网络广告发布后的传播效果和促销效果进行测定评估，是网络广告活动最后的一个环节。网络广告是一种新型的广告形式，所以尚没有一个统一的测评标准。但网络广告的效果评估有不同于一般广告效果评估的特点：如易统计性、及时性、经济性等。

9.4 网络广告效果

一、网络广告效果评价方法

网络广告最为得意之处，就在于其可测量性，因而可以制定准确的收费标准，如基于广告显示次数的 CPM 计价法，或者基于广告所产生效果的 CPC（每点击成本）或 CPA（每行动成本）计价法。但是，随着 banner 点击率从最初辉煌时期的30%降低到0.5%以下，如果仍然按照可测量的反馈信息来评价网络广告，显然不能充分反映真实的效果。

网络广告的效果评价关系到网络媒体和广告主的直接利益，也影响到整个行业的正常发展。以下从定性和定量的不同角度介绍三种基本的评价网络广告的效果的方法。

1. 对比分析法

无论是 banner 还是邮件广告，由于都涉及点击率或者回应率以外的效果。因此，除了可以准确跟踪统计的技术指标外，利用比较传统的对比分析法仍然具有现实意义。当然，不同的网络广告形式，对比的内容和方法也不一样。

对于 E-mail 广告来说，除了产生直接反应之外，利用 E-mail 还可以有其他方面的作用。例如，E-mail 营销有助于我们与顾客保持联系，并影响其对我们的产品或服务的印象。顾客没有点击 E-mail 并不意味着不会增加将来购买的可能性或者增加品牌忠诚度，从定性的角度考虑，较好的评价方法是关注 E-mail 营销带给人们的思考和感觉。这种评价方式也就是采用对比研究的方法：将那些收到 E-mail 的顾客的态度和没有收到 E-mail 的顾客作对比，这是评价 E-mail 营销对顾客产生影响的典型的经验判断法。利用这种方法，也可以比较不同类型的 E-mail 对顾客所产生的效果。

有调查表明，对于标志广告或者按钮广告，除了增加直接点击以外，广告的效果通常表现在品牌形象方面。这也就是为什么许多广告主不顾点击率低的现实，而仍然选择标志广告的主要原因。当然，品牌形象的提升很难随时获得可以量化的指标，不过同样可以利用传统的对比分析法，对网络广告投放前后的品牌形象进行调查对比。

2. 加权计算法

所谓加权计算法就是对投放网络广告后的一定时间内，对网络广告产生效果的不同层面赋予权重，以判别不同广告所产生效果之间的差异。这种方法实际上是对不同广告形式、不同投放媒体或者不同投放周期等情况下的广告效果的比较，而不仅仅反映某次广告投放所产生的效果。

显然，加权计算法要建立在对广告效果有基本监测统计手段的基础之上。

下面以一个例子来说明：

第一种情况，假定在 A 网站投放的 banner 广告在一个月内获得的效果为：产品销售 200 件（次），点击数量 10 000 次；

第二种情况，假定在 B 网站投放的 banner 广告在一个月内获得的效果为：产品销售 240 件（次），点击数量 6 000 次；

如何判断这两次广告投放效果的区别呢？可以为产品销售和获得的点击分别赋予权重，根据一般的统计数字，每 100 次点击可形成 2 次实际购买，那么可以将实际购买的权重设为 1.00，每次点击的权重为 0.02，由此可以计算上述两种情况下，广告主可以获得的总价值。

第一种情况，总价值为：$200\times1.00+10\ 000\times0.02=400$

第二种情况，总价值为：$240\times1.00+6\ 000\times0.02=360$

可见，虽然第二种情况获得的直接销售比第一种情况要多，但从长远来看，第一种情况更有价值。这个例子说明，网络广告的效果除了反映在直接购买之外，对品牌形象或者产品的认知同样重要。

权重的设定对加权计算法最后结果影响较大，比如，假定每次点击的权重增加到 0.05，则结果就不一样。如何决定权重，需要在大量统计资料分析的前提下，对用户浏览数量与实际购买之间的比例有一个相对准确的统计结果。

3. 点击率与转化率

点击率是网络广告最基本的评价指标，也是反映网络广告最直接、最有说服力的量化指标。不过，随着人们对网络广告了解的深入，点击它的人反而越来越少，除非特别有创意或者有吸引力的广告。造成这种状况的原因可能是多方面的，如网页上广告的数量太多而无暇顾及，浏览者浏览广告之后已经形成一定的印象无须点击广告，或者仅仅记下链接的网址，在其他时候才访问该网站等。因此，平均不到 1% 的点击率已经不能充分反映网络广告的真正效果。

于是，对点击以外的效果评价问题显得重要起来，与点击率相关的另一个指标——转化率，被用来反映那些观看而没有点击广告所产生的效果。

“转化率”最早由美国的网络广告调查公司 AdKnowledge 在 2000 年第三季度网络广告调查报告中提出，AdKnowledge 将“转化”定义为受网络广告影响而形成的购买、注册或者信息需求。正如该公司高级副总裁 David Zinman 所说，“这项研究表明浏览而没有点击广告同样具有巨大的意义，营销人员更应该关注那些占浏览者总数 99% 的没有点击广告的浏览者”。

AdKnowledge 的调查表明，尽管没有点击广告，但是，全部转化率中的 32% 是在观看广告之后形成的。该调查还发现了一个有趣的现象：随着时间的推移，由点击广告形成的转化率在降低，而观看网络广告形成的转化率却在上升。点击广告的转化率从 30 分钟内的 61% 下降到 30 天内的 8%，而由观看广告的转化率则由 11% 上升到 38%。

这一组数字对增强网络广告的信心具有很大意义，但问题是，转化率怎么来监测，在操作中还有一定的难度，大概仍然要参照上述第一种对比分析法。

二、影响网络广告效果的因素

充分认识直接影响网络广告效果的因素，并采取相应的措施尽可能地增强网络广告的效果是非常必要的。根据《2008 奥运营销策略研究报告》的调研数据显示，广告创意和视觉效果对网络广告效果以及品牌认知影响很大。有六成的网民认为，广告创意是最直接影响网络广告效果的因素。同时，还有 23.5% 和 8.6% 的网民分别认为视觉效果和广告形式也是影响网络广告效果的最重要因素。

1. 广告创意

网络广告创意是广告人员对确定的广告主题进行的整体构思活动，为了让网络广告达到最佳的宣传效果，根据网络媒体的特点，充分发挥想象力和创造力，提出有利于创造优秀甚至杰出广告作品的构思。创意策略以研究产品概念、目标消费者、广告信息和传播媒介为前提，是广告活动的灵魂，也是一则广告是否成功的关键。网络广告的形式越来越丰富，只有在网络广告设计中保持独特的创意，才能够很好地吸引浏览者，达到广告应有的效果。

2. 视觉效果

走在都市的街道，你一定会被琳琅满目的广告牌所吸引，特别是巨幅广告的突出效果，使你不得不对那色彩以及文字看上一眼，虽然很多时候你是无意的，但那种冲击效果已经被你所接受、所记忆。而当我们漫步于网络的时候呢？你也会被吸引的，比如一张美女图片、一张精美的风景画、一个精致的产品图片等。

企业要充分展示自己的风采及产品特性，给浏览信息的人留下深刻的印象，使企业在众多的同行中脱颖而出而让人产生深刻的记忆，视觉效果有着重要的作用。

一个网络广告怎样才算是有一个好的视觉效果？一个最简单的判别方法是，看它三眼：第一眼，看是否抢眼；第二眼，看是否顺眼；第三眼，看是否养眼。其实，这三眼就是广告给你的第一印象，浏览者能否接受这个广告，很大程度上由这第一印象所决定。

要使网络广告的页面具有视觉效果，首先要看整个页面的颜色是否协调，千万不可给人刺眼的感觉；其次要看页面上的文字是否易于阅读，文字太细、颜色太浅、页面太长，都是有违设计的“美学原则”；再次要看图片，图片太大、太多、太模糊都会惹来浏览者的反感；最后要看“动”与“静”是否配合得当，无节制地滥用 Flash、动态 GIF、滚动字幕等效果就会让人眼花缭乱。同样，死气沉沉、毫无生气的页面也会让人感到乏味。

3. 网络广告形式

目前，网络广告形式多样、种类繁多。新的广告形式还在不断涌现。不同的网络广告其效果也不尽相同。Neilson/NetRatings 调用了 Dynamic 市场调查公司的市场资料数据库，分析了近 800 家公司资料，获得了 88 万份调查回复。结果发现：大长方形广告和通栏广告在获取用户注意力方面效果最佳；长方形广告和大长方形广告最适合于发布信息内容及赞助合作广告；长方形广告、大长方形广告和摩天大楼广告在让用户产生好感和购买倾向方面最具有说服力；通栏广告是最能体现价低值高的广告形式；richmedia 广告投资收益率（ROI）较之其他广告更高。

4. 投放媒体

为了获得最佳的营销效果，除了免费的网络广告之外，通常还需要在其他访问量大的网站或者潜在顾客集中的网站购买广告空间，这时就需要选择合适的网络媒体。选择合适的网络媒体，用尽可能少的投入获得尽可能大的效果。

●阅读资料

提高网络广告效果的 9 个方法

1. 网页上方比下方效果好

统计表明，许多访客不愿意通过拖动滚动条来获取内容，因而放在网页上方和网页下方的广告所能获得的点击率是不同的。放在网页上方的广告点击率通常可达到 3.5 % ~4%。

2. 广告面积越大越好

通常网络广告的标准大小有468×60、150×68和88×31三种常用规格。显而易见的是，一个大的广告图形更容易吸引用户的注意。因而不同大小的横幅价格也各异。

3. 经常更换图片

研究表明，当同一个图片放置一段时间以后，点击率开始下降。而当更换图片以后，点击率又会增加。所以保持新鲜感是吸引访客的一个好办法。

4. 采用合适的语句

广告中使用的文字必须能够引起访客的好奇和兴趣，可以是召唤性的，如“click here”，也可以是时间性的，如“最后机会”，还可以是“free”之类的词语，这种看起来落俗套的词语却能够起到戏剧性的效果。

5. 使广告靠近网站最主要内容

通常综合网站都会有“WHAT”“NEW”或者发布网站自身新闻的位置，这往往是一个网站中最吸引人的部分。因此，广告如果放在这个位置附近，会吸引更多的注意。

6. 将广告链接到一个特定的页面，而不是客户网站的首页

没有人喜欢要七弯八绕才能获取自己所需的内容，因此广告应该链接到你最想宣传的那个页面。

7. 适当运用动画图片

统计表明动画图片的吸引力比静止画面高三倍。但是如果动画图片应用不当则会引起相反的效果，如过于花哨或文件过大会影响下载速度。所以通常广告商会限制图片的大小。

8. 不可忽视纯文字的作用

在电子邮件杂志中可以放置纯文字广告，由于纯文字广告通常可以表现100字左右的文字内容，而且几乎不影响下载速度，所以措词得当的纯文字广告甚至可获得高达12%的点击率。

9. 选择合适的广告网站

即使CPT价格一样，在人流量不同的网站做广告其效果也会完全不同。高人流量的网站使你获得所需效果的时间大大缩短，从而为你赢得了时间。

（资料来源：http：//www.clickvalue.cn/bbs/thread-96-1-2.html）

●技能训练

1. 案例分析：请对“润妍”网络广告进行分析评价。

创造惊人点击率的“润妍”网络广告

在网络经济时代，宝洁同样走在了前列。在大多数广告主还在迟疑观望网络广告的时候，宝洁已经开始尝试网络广告并取得了较好的投放效果。

宝洁公司润妍洗发水在2000年末在国内著名生活服务类网站投放的cascading logo的网络广告的单日点击率最高达到了35.97%，创造了网络广告投放的奇迹。

这次宝洁公司润妍洗发水网络广告投放的代理商是知名的网络广告代理公司Media999，下面就将Media999的策划思路概括如下，成功因素便蕴藏其中，希望能给同行带来启发。

润妍品牌背景资料与市场分析

“润妍”倍黑中草药洗润发系列产品是宝洁公司在全球的第一个针对东方人发质发色设计

的中草药配方洗润发产品，能为秀发提供全面的、从内到外的滋润，并逐渐加深秀发的自然黑色。润妍认为在新千年，美发产品的潮流将会转向，自然黑亮之美已卷土重来。

中国女性崇尚自然之美和传统之美，她们从不矫揉造作。因为她们认为，内在美才是最重要的，外在美只是内在美的外露与表现。因此，她们更喜欢自己天然的黑头发，更喜欢选择自然的发型。由此，在染发潮之后，一股秉承传统之美又融合现代气息的自然之风已渐渐飘来。

在此形势下，宝洁推出了专为东方女性设计的“润妍”倍黑中草药洗润发系列产品。与“润妍”有相似特点的同类产品和品牌在市场上已有很多，而“润妍”在这一市场上尚不属于强势品牌。但从这些品牌和产品的广告表现上来看，诉求大多不是很清晰。而“润妍”表现东方女性的自然之美的诉求概念显高屋建瓴之势。

广告策略

(1) 广告目标：目前“润妍”品牌尚处于市场导入期，所以其营销传播主要以品牌形象宣传为主，以提升品牌的认知度为目标。

(2) 品牌目标消费群的定位和特征描述：率真、年轻的便装美人和忙碌而心情平和的成熟女性。

(3) 品牌传播概念：专为女性设计、表现东方女性的自然之美。

网络广告企划

(1) 网络广告的目标：提高“润妍”品牌产品的知名度；通过在线推广，增加“润妍”品牌网站访客量与注册用户数；通过在线推广，获取线下推广活动（润妍女性俱乐部、润妍女性电影专场）的参加人数。

(2) 网络广告的媒介策略：

①媒体选择标准：

具有较高的目标受众比例；具有较高的品牌知名度，形成品牌互补；广告表现的可承载性；广告效果的可监控性；合理的媒体采购价格。

②媒体选择范围：

一是知名综合门户网站的相关频道。利用综合性网站的大流量优势，在短时间内提高品牌知名度和产品知晓度，并能有效形成“话题效应”，对活动起到推波助澜的作用。

二是区域性覆盖网站。利用区域性覆盖网站的地区影响力（所列网站分别覆盖华东、华南和西南等地区），有效地将广告信息深入传达到目标受众人群中，实现广告信息的深度覆盖的要求。

三是知名女性垂直网站。利用这些女性垂直网站的受众集中特征，辅以高频次的广告播放，极有针对性地向精确目标受众传递广告信息，有效地提高了广告到达率。

③网络媒体投放的区域：以大中城市为主。

(3) 网络广告的表现策略：

①网络广告表现形式：目前影响网络广告效果的最直接的因素就是网络广告的表现形式。这次“润妍”的网络广告创意的表现可谓独具匠心，利用了多种软件技术，对多种网络广告表现形式进行组合，形成了新的网络广告表现形式：鼠标触动的下拉 banner、banner 与 cascading logo 和鼠标触动的结合、互动式 flash banner 等。

②网络广告的创意说明：首先，这是一个适合东方人用的品牌，又有中草药倍黑成分，所

以从设计的角度只用了黑、白、灰、绿这几种色，但以黑、灰为主，这样画面显得很干净，有东方味道。其次，广告创意采用一个具有东方风韵的黑发少女来演绎东方黑发的魅力。通过flash技术，飘落的树叶（“润妍”的标志）、飘扬的黑发和少女的明眸将“尽洗铅华，崇尚自然真我的东方纯美”表现得淋漓尽致。

网络广告监测

由于网站所使用的网络广告管理系统不一致，对各类网络广告形式监测的技术支持标准不统一，造成从媒体网站端无法实现全部形式的实时监测。由于此次使用的网络广告形式，种类多，形式较新颖，所以Medla999在媒体计划方面，除了利用可以支持大部分banner的实时监测的Adforce网络广告管理系统外，还通过对“润妍”品牌网站的访客来源的监测，来获取对Text Link / Cascading Logo等广告形式的监测数据。

综上所述，要达到好的网络广告效果，会涉及诸多方面的问题，而这次“润妍”网络广告效果的取得，有三点至关重要：首先，网络广告互动性和精准性的实现前提是对网络广告的受众研究；其次，针对网络广告目标消费群进行的媒介选择；再次，创新的网络广告表现形式。

2. 某出版社出版了一本新书《网络营销》，请你广泛应用网络广告的策略和方法，充分利用网络广告对此书进行营销，并制订完整的策划方案。

●课后练习

1. 通过网络调研，找出新浪、网易等综合门户网站的网络广告形式及其报价。
2. 根据学院的特性，制订广东工程职业技术学院的网络广告方案。

模块十 网络营销管理

●学习目标

1. 掌握网络品牌的建立与推广方式
2. 掌握网络营销效果评价体系
3. 掌握网络客户关系管理的基本规律和方法
4. 熟悉网络营销管理基础

●引入案例

从事网络营销工作，其实时时都离不开网络营销管理，只是这些工作可能是零散的，不够系统的，有时也是缺乏针对性的。比如，对网站流量的统计分析、对于网络广告效果的跟踪控制、对于网站的优化设计、对于主要竞争者的研究、对于网站链接的管理等，这些都与网络营销管理相关。但任何一项工作或者若干工作的组合并不代表开展了完整的网络营销管理，研究网络营销管理的作用就在于将这些管理工作系统化、规范化。

10.1 实施网络营销的组织准备

在传统管理模式下，企业组织是以劳动分工和职能专业化为基础建立的，组织内的部门划分非常细，各部门的专业化程度较高。这种组织形式及与其相伴的业务流程适应于市场相对稳定的环境，而在网络介入企业经营活动以后，这种企业组织已显现出不适应性。因而企业必须建立适合网络营销运作的企业组织结构并对业务流程进行重构。

一、现行企业组织结构的缺陷

现行企业的组织结构大都是基于职能部门的专业化模式。为了能保持对专业化分工后的职能部门进行有效管理、协调和控制，企业的组织是按等级制构成的，特点是决策权集中、管理层较多、职能部门独立、有较明显和严格的等级。上述特点的组织适合于稳定的环境、大规模的生产、以产品为导向的时代，它以各部门的简单重复劳动来赢得整个部门的效率。这种方式无疑是企业管理所需要的，但也无疑降低了效率，特别是在现代信息社会中，在有大量的信息需要处理的情况下，一项工作花在检查、核对、协调上的时间大大增加，从而降低了由原来分工所带来的效率。

二、重建网络时代的营销组织体系

企业在引入网络营销活动后，其相应的业务流程发生了很大改变，此时的营销活动和营销管理也与传统时代大不相同。如果企业沿袭传统的组织体系，难免出现无法适应新形势的状况。例如，一般来说，网络营销部门对整个公司的状况、产品、市场等都比较了解，也比较明确公司的发展方向和目标，考虑问题多从营销角度出发；而企业的技术部门是用“技术”说话，他们可能更注重于技术细节，而忽略营销的整体效果，结果反而达不到预期目标。比如，将主页的图像做得非常形象、复杂、漂亮，但由于下载时间过长，给浏览者造成困难。因此，营销部门应和技术部门通力合作，对新的技术工具的优点、缺点及用途有一个大概的了解，技术部门也应积极参与网络营销计划开发的过程，保证能用最新的技术手段更好地实现营销目标。

此外，由于网络营销的众多支持活动都与信息技术部门密切相关，因此，企业必须重新规划营销组织体系，甚至建立新的营销部门。新的营销职能部门必须妥善解决好与信息技术部门的关系问题，必要时必须加强营销部门的技术力量，以适应网络时代的需求。

三、网络营销组织的设计

在企业组织流程的再造过程中，在销售部门和管理部门中将衍生出一个负责网络营销和公司其他部门协调的网络营销管理部门。它区别于传统的营销管理，主要负责解决网上疑问，解答新产品开发，以及网上顾客服务等事宜。无论如何，随着网络营销实践的日益丰富，企业一定会形成与之相适应的企业组织形态。

10.2　网络品牌管理

一、网络品牌的含义和特点

网络品牌这一术语并不陌生，尤其在有关域名保护、网络实名等相关报道中，涉及网络品牌概念的很多，但网络品牌究竟是什么含义，则很难说清楚，也难以找到权威的解释。为了详细说明网络品牌的含义，我们有必要先回顾一下市场营销中品牌的概念。美国市场营销协会对品牌的定义是："品牌（Brand）是一种名称、属性、标记、符号或设计，或是它们的组合运用，其目的是借以辨认某个销售者或某群销售者的产品或服务，并使之同竞争对手的产品和服务区别开来。"

从这个定义来看，主要强调了品牌的可辨识性因素，即企业品牌存在的特征。那么什么是网络品牌呢？简单来说，企业品牌在互联网上的存在即网络品牌。网络品牌有两个方面的含义：一是通过互联网手段建立起来的品牌；二是互联网对网下既有品牌的影响。两者对品牌建设和推广的方式和侧重点有所不同，但目标是一致的，都是为了企业整体形象的创建和提升。相对于传统意义上的企业品牌，网络品牌具有下列特点：

（1）网络品牌是网络营销效果的综合表现。

网络营销的各个环节都与网络品牌有直接或间接的关系，因此，可以认为网络品牌建设和维护存在于网络营销的各个环节，从网站策划、网站建设，到网站推广、顾客关系和在线销售，无不与网络品牌相关。网络品牌是网络营销综合效果的体现，如网络广告策略、搜索引擎营销、供求信息发布、各种网络营销方法等均对网络品牌产生影响。

（2）网络品牌的价值只有通过网络用户才能表现出来。

正如科特勒在《营销管理》一书中所言，"每一个强有力的品牌实际上代表了一组忠诚的顾客"，网络品牌的价值也就意味着企业与互联网用户之间建立起来的和谐关系。网络品牌是建立用户忠诚的一种手段，因此，对顾客关系有效的网络营销方法，对网络品牌营造同样是有效的。如集中了相同品牌爱好者的网络社区，在一些大型企业如化妆品、保健品、汽车行业、航空公司等比较常见，网站的电子刊物、会员通信等也是创建网络品牌的有效方法。

（3）网络品牌体现了为用户提供的信息和服务。

Google 是最成功的网络品牌之一，当我们想到 Google 这个品牌时，头脑中的印象不仅是那个非常简单的网站界面，更主要的是它在搜索方面的优异表现，Google 可以给我们带来满意的搜索效果。可见，有价值的信息和服务才是网络品牌的核心内容。

（4）网络品牌建设是一个长期的过程。

与网站推广、信息发布、在线调研等网络营销活动不同，网络品牌建设不是通过一次活动就可以完成的，不能指望获得立竿见影的效果。从这个角度可以说明，网络营销是一项长期的营销策略，对网络营销效果的评价用一些短期目标并不能全面衡量。

二、网络品牌的建立与推广

网络品牌通常并不是孤立存在的，与多种网络营销方法都有助于网站推广的效果一样，网络品牌往往也是多种网络营销活动所带来的综合结果。网络品牌建立和推广的过程，同时也是网站推广、产品推广、销售促进的过程，所以有时很难说哪种方法是专门用来推广网络品牌的。在实际工作中，许多网络营销策略通常是为了网络营销的综合效果而不仅仅是网络品牌的提升。因此，本书所采用的基本方法是，从各种主要的网络营销方法入手，从中发现其对网络品牌的特殊作用，由此归纳出建立和推广网络品牌的以下六种主要途径：

1. 企业网站中的网络品牌建设

企业网站建设是网络营销的基础，也是网络品牌建设和推广的基础，在企业网站中有许多可以展示和传播品牌的机会，如网站上的企业标志、网页上的内部网络广告、网站上的公司介绍和企业新闻等有关内容。

企业网站所必不可少的要素之一——域名与网络品牌之间也存在着密切的关系。由于英文（或汉语拼音）域名与中文品牌之间并非一一对应，使得域名并不一定能完全反映出网络品牌。这是中文网络品牌的特点。一个中文品牌可能并非只对应一个域名，这也为网络品牌推广带来一定的麻烦，同时也出现了域名保护问题。尽管从用户网站访问的角度来看，一个域名就够了，但实际上，由于域名有不同的后缀（如 .com、.net、.cn、.biz 等），以及品牌谐音的问题，为了不至于造成混乱，对于一些相关的域名采取保护性注册是有必要的，尤其是知名企业。但对于过多的保护性注册，也增加了企业的支出，这些网络品牌资产虽然也有其存在的价值，但无法转化为收益。

2. 电子邮件中的网络品牌建设和传播

作为市场工作的需要，每天都可能会发送大量的电子邮件，其中有一对一的顾客服务邮件，也会有一对多的产品推广或顾客关系信息。通过电子邮件向用户传递信息，也就成为传递网络品牌的一种手段。

电子邮件的组成要素包括：发件人、收件人、邮件主题、邮件正文内容、签名档等。在这些要素中，发件人信息、邮件主题、签名档等都与品牌信息传递直接相关，但往往是容易被忽略的内容。正如传统信函在打开之前首先会看一下发信人信息一样，电子邮件中的发件人信息同样有其重要性。如果仅仅是个人 ID（如名字缩写）而没有显示企业邮箱信息的话，将会降低收件人的信任程度，如果发件人使用的是免费邮箱，那么很可能让收件人在阅读之前随手删除，可见使用免费邮箱对于企业品牌形象有很大的伤害，正规企业，尤其是有一定品牌知名度的企业在此类看似比较小的问题上不能掉以轻心。下面是在电子邮件信息中传播网络品牌信息值得重视的一些要点：

（1）设计一个含有公司品牌标志的电子邮件模板（其作用就像邮政信函中使用的有公司品牌标志的公文纸和信封一样）。这个模板还可以根据不同的部门，或者不同的接收群体的特征进行针对性的设计，也可以为专项推广活动进行专门设计。

（2）电子邮件要素完整，并且体现出企业品牌信息。

（3）为电子邮件设计合理的签名档。

（4）商务活动中使用企业电子邮箱而不是免费邮箱或者个人邮箱。

（5）企业对外联络电子邮件格式要统一。

（6）在电子刊物和会员通信中，应在邮件内容的重要位置出现公司品牌标志。

当然，利用电子邮件传递营销信息时，邮件内容是最基本的，如果离开了这个基础，无论再完美的模板和签名也发挥不了应有的作用。因此，品牌信息的传播是产品促销、顾客服务、顾客关系等网络营销信息的附属内容，只有在保证核心内容的基础上才能获得额外效果。

3. 网络广告中的网络品牌推广

网络广告的作用主要表现在两个方面：品牌推广和产品促销。相对于其他网络品牌推广方法，网络广告在网络品牌推广方面具有针对性和灵活性的特点，可以根据营销策略的需要设计和投放相应的网络广告，如根据不同节日设计相关的形象广告，并采用多种表现形式投放于不同的网络媒体。利用网络广告开展品牌推广可以是长期的计划，也可以是短期的推广，如针对新年、情人节、企业年庆等特殊节日的品牌广告。

4. 通过搜索引擎来提升网络品牌

搜索引擎常被作为网站推广和产品促销的主要手段，但搜索引擎的作用并不限于此，搜索引擎还有更多的网络营销价值，如搜索引擎对网络品牌的营造和提升、网络市场调研、网站优化诊断工具、顾客关系渠道拓展等。根据美国搜索引擎营销专业机构SEMPO发表于2004年12月份的一项调查：北美地区搜索引擎营销应用状况研究表明，企业采用搜索引擎营销的首要目标是品牌推广。根据SEMPO的调查结果，在北美地区的搜索引擎营销应用中，61%的企业认为采用搜索引擎营销的首要目标是品牌认知，尤其是大型企业，更加注重搜索引擎对品牌推广的价值，搜索引擎营销的价值其次体现在在线产品销售方面（58%），位居第三位的是为其他渠道销售提供支持（54%）。2006年1月初，SEMPO的北美地区搜索引擎营销应用状况2005年度调查报告得出了类似的结论：搜索引擎营销的第一目标仍然是品牌（62%）。

既然搜索引擎和网络品牌联系得这么紧密，那么网站建设就应该提升到很重要的位置上，但遗憾的是，许多企业并没有认识到网站建设和网络品牌建设之间的联系有多大。他们从网站策划、设计到网站建设完毕，始终没有和网络营销很好地联系起来。打开许多公司的网页，是一个很精美的图片或者是莫名其妙的FLASH动画。许多网络设计者强调这体现了企业精神或企业文化，但实际上这种做法完全使得搜索引擎上的网络营销价值大打折扣。网站设计一个漂亮的首页，本身并没有什么不好，但如果因此而让搜索引擎检索不到企业的信息，那就不仅影响了企业形象，更影响了企业网站的网络营销价值。因此，搜索引擎对企业品牌会产生直接影响，用户可以方便地通过搜索引擎获取企业网站的信息，这已经成为建立企业网络品牌的基本策略之一，即网站的搜索引擎可见度对网络品牌产生直接影响。尤其对于大型企业和知名企业，有必要对网站在搜索引擎中的表现给予充分关注。

5. 提供电子刊物和会员通信

电子刊物和会员通信都是许可E-mail营销中内部列表的具体表现形式，这种基于利用注册用户的电子邮箱传递信息的手段对于顾客关系和网络品牌都有显著的效果。2002年10月初，美国一个咨询公司Nielsen Norman Group（NNG）发表了一份有关电子刊物有效性的调查报告，调查表明，电子刊物的网络营销价值非常显著，甚至超过了网站本身，订阅了电子刊物的用户不需要每天浏览网站，便可以了解到企业的有关信息，对于企业品牌形象和增进顾客关系都具有重要价值。但是，即使是用户自愿订阅的邮件列表，也不可能达到100%的阅读率，有些用户虽然还在列表上，对于收到的邮件也不一定阅读。该调查表明，大约27%的邮件从未被用户打开，被完全阅读的邮件只有23%，其他50%的邮件只是部分阅读，或者简单浏览一下。

6. 用“病毒”性营销方法推广网络品牌

“病毒”性营销对于网络品牌推广同样有效。例如，Flash幽默小品是很多上网的用户喜欢的内容之一，一则优秀的作品往往会在很多同事和网友中相互传播，在传播过程中，浏览者不仅欣赏了画面中的内容，同时也会注意到该作品所在网站的信息和创作者的个人信息，这样就达到了品牌传播的目的。除此之外，常见的“病毒”性营销的信息载体还有免费电子邮箱、电子书、节日电子贺卡、在线优惠券、免费软件、在线聊天工具等。

美特斯邦威和森马品牌营销

15～30 岁的青年，作为年轻的时尚服务消费群体，引发了众多商家的广告战、口水战、店面争夺战。如今这场战争已经延伸到了网络上，由实物消费变成了虚拟消费，其中以美特斯邦威和森马品牌最为突出。

那么，美特斯邦威和森马分别以什么来占领网民市场呢？

在过去互联网迅速发展的两年里，在 B2B、B2C、C2C 等电子商务的助推下，不乏有很多传统服装企业开展网络营销取得很大突破的成功案例。然而，虽说这些交易都是通过网络进行的，可交易的对象仅限于实际服装，很少有服装企业会想到在网上卖虚拟服装照样有大的发展前景。可是美特斯邦威和森马就把虚拟服装放到了网上去卖。

比较两者的做法，发现其中的具体做法有异曲同工之妙。作为网络营销的受益者，对于森马来讲，也仅是两年的光景，这要归功于森马对于年轻网民习惯的深刻理解，选择以年轻时尚人群为主体的 1 亿多的 QQ 用户为宣传对象。笔者作为 QQ 成员，也常常会为自己的 QQ 秀换服装，也知道，作为年轻的 QQ 网民，不仅喜欢漂亮的 QQ 形象，也极有品牌意识。而森马正是抓住了 QQ 网民的心理，推出了森马服饰 QQ 秀，让网友体会森马带来的“美、时尚、靓丽”等感觉，并一举大获成功。

同样，作为休闲品牌的美特斯邦威，把目标瞄准了另外一个 100% 的年轻时尚群体——“劲舞”玩家。而且，“劲舞”这款网络游戏同时在线人数高达几十万人，并不亚于 QQ 秀平台，这对于美特斯邦威来讲，拓展形象、提升品牌、促进销售有更多的可操作空间。因为“劲舞”里面跳舞的女孩子所穿的衣服相比 QQ 秀更真实，游戏中所展示的是立体服装，消费者能够想象出来自己穿上它会是什么效果。

在实际市场运作中，美特斯邦威更把营销开展到了网下，消费者只要购买美特斯邦威的衣服，就可得到赠送的劲舞服装；然后美特斯邦威给劲舞所属的游戏公司返利。这是一项双赢的合作，对双方都有很大的好处。在劲舞商城里添加一个美特斯邦威专区就可以让玩劲舞的玩家知道这一活动。

此外，美特斯邦威一方面是利用现有的 taobao、paipai 等 B2C 平台；另一方面还自己在网络上建服装专卖店，这个网络平台的构成包括：网络销售平台、自主广告平台、服装业咨询平台、互动平台，平台之间相互联系，引入了商务即时通信系统。各平台之间相互提供支持，成为一个立体的全效营销平台。如今的美特斯邦威，已于 2008 年 8 月 28 日成功上市，对于未来的发展，依旧野心勃勃。公司董事长周成建希望用上市募集资金开始 B2C 网络建设以及渠道拓展。

随着越来越多的品牌服装企业涉足网络营销，势必会对传统的网下营销造成不小的冲击。企业只有参照森马和美特斯邦威的做法，及早改变营销方法，抢夺网络营销高地，才不至于在以后的市场竞争中处于被动挨打的劣势。

10.3 客户关系管理

随着互联网的迅猛发展，网络虚拟市场的不断成熟，世界经济正在进入网络经济时代。各个企业所提供的产品和服务的差异越来越小，以生产为中心、销售为目的的市场战略逐渐被以客户为中心的营销战略所取代。谁能把握客户需求的动态，加强与客户的联系，有效地发现潜在客户，谁就能在激烈的竞争中立于不败之地。以客户为中心的客户关系管理已成为企业实施网络营销、取得竞争优势的核心。

一、客户关系管理概述

客户关系管理，英文名是 Customer Relationship Management，简称 CRM。客户关系管理是一种旨在改善企业与客户之间关系的新型管理机制，它实施于企业的市场营销、销售、服务与技术支持等与客户相关的领域。客户关系管理的目标是一方面通过提供更快速和周到的优质服务吸引和保持更多的客户；另一方面通过对业务流程的全面管理来降低企业的成本。客户关系管理既是一种概念，也是一套管理软件和技术，利用客户关系管理系统，企业能收集、跟踪和分析每一个客户的信息，从而知道什么样的客户需要什么样的产品和服务，真正做到一对一营销，同时还能观察和分析客户行为对企业收益的影响，使企业与客户的关系及企业利润最优化。

1. 客户关系管理的作用

客户关系管理通过采集客户的各种信息，分析客户的信息，掌握客户的真正需求，把销售、营销和客户服务整合到一起，使整个企业协同起来满足客户的需要，不断改善客户的关系，提高客户的满意度和忠诚度，并从现有的客户中获取更大的利润。因此，实施客户关系管理，能够提升企业的竞争能力。具体作用表现如下：

（1）提高客户的满意度和忠诚度，增加客户保持率。

（2）识别利润贡献度高的客户并采取相应的策略，确保客户关系的可持续发展。

（3）提供针对性的市场分析数据。

（4）保持并增强现有的市场渠道，挖掘新的市场资源。

（5）提高服务人员的生产效率，培养高素质的服务代表。

（6）提高效率。

通过采用信息技术，可以提高业务流程的自动化程度，实现企业范围内的信息共享，提高企业员工的工作能力，并有效减少培训需求，使企业内部能够更高效地运转。

（7）扩展市场。

通过新的业务模式（电话、传真、网络等）扩大企业经营活动范围，提供个性化的产品和服务，把握新的市场机会，占领更多的市场份额。

（8）保留客户。

客户可以选择自己喜欢的方式同企业进行交流，方便地获取信息以得到更好的服务。客户的满意度得到提高，就可帮助企业保留更多的老客户，并更好地吸引新客户。

（9）能够对市场活动进行规划、评估，对整个活动进行360度的透视。

(10) 能够对各种销售活动进行跟踪，并对跟踪结果进行评判，找出客户企业决策的关键人，从而大大缩短了销售循环周期。增加销售额和客户满意度，降低销售和服务成本，缩短销售周期，增加企业市场利润。

(11) 通过销售、市场营销和客户服务活动的集成，优化业务流程，避免多个不协调的客户因接触点而产生的差错，降低费用，提高信誉。

2. 客户关系管理的功能

(1) 销售管理。

这一部分将主要包括基础信息的收集、整理和销售活动的管理，如产品、客户、联系人、业务描述、时间规划、销售机会、订单、报价、销售人员、费用等大量事项，销售自动化将是这一部分的主要指导思想。

(2) 客户管理最好将客户作为销售管理中的主要线索，给予特别的关注。

主要包括建立客户基本信息档案、与客户保持互动和一致性等内容。如与此客户相关的基本活动与历史记录、联系人的详细信息、客户的类型与关系描述以及客户的内部机构设置等方面。

(3) 营销分析。

通过建模技术、数据挖掘、数据仓库等手段，对市场活动和任务进行全面分析和管理，并产生报表。主要包括工作流程自动化、活动和任务跟踪管理以及预算和收入分析管理等内容，如高价值客户挖掘、针对性的市场活动、促销设计、任务进展和调整以及活动绩效和投资回报等。如基于 Web 的营销活动可以使客户主动地以自己喜欢的方式，在方便的时间、地点和环境下查看他们需要的或可能需要的信息，形成更好的客户体验。而企业在获取商机和客户需求信息后，及时与销售部门合作对这些商业活动进行跟踪，以激活潜在的各类消费并进行市场分析研究或与相关人员共享信息，进一步改进产品和服务，从速从优地满足客户需求。

(4) 客户服务。

客户服务必须能够积极主动地处理客户各种类型的询问、信息咨询、投诉、订单请求、订单执行情况反馈，且能提供高质量的现场服务和其他相关的服务。同时 CRM 中的客户服务中心已经远远超出了传统的电话呼叫中心的服务范围，正在向可以处理各种通信媒介的客户服务中心演变，电话互动与 E-mail、传真、网站以及其他任何客户喜欢使用的方式相互整合，满足更多客户的要求。

(5) 网站支持。

由于电子商务的快速发展，CRM 在网站支持方面将大显身手。这一部分主要包括记录访问网站的客户信息、自动化获取线索、智能化跟踪和互动以及在线产品或服务的定制配置等主要内容。

二、网络营销中的客户服务

1. 网络客户服务产生的背景

(1) 客户需求特征正在发生巨大转变。

在模块三中，我们已经对网上消费者的行为进行了深入的分析。随着技术的发展，生产力得到不断提高，产品丰富多样，并且 Internet 的普及使全球化的大市场逐步代替了区域市场，客户拥有了更大的选择余地。在此基础上，客户的需求特征趋向于多样化和个性化。客户只购买他们认为需要或喜欢的产品，客户对产品以及服务的满意程度成为其购买的主要动力。

（2）对于企业来说，市场竞争变得异常激烈。

随着信息技术的不断完善，行业内产品的差别越来越不明显。企业在产品技术相差无几的市场情况下，只有与客户建立和保持一种长期的、良好的合作关系，掌握客户资源，赢得客户信任，分析客户需求，依靠优质服务来提高客户的满意度和忠诚度，才能在留住老客户的基础上争取更多的新客户，才能生存下来并不断壮大实力。

（3）网络技术的发展，特别是互联网在企业中的广泛应用和在客户中的迅速普及，为企业提供了最佳的服务平台。

首先，通过网络，企业可以运用先进的技术随时了解不同客户的需求，并可以在最短时间内提供满足其特殊需求的产品和服务，从而大大提高了客户服务的质量。其次，网络在企业客户服务中的应用，可以大大节省服务成本，企业可以在竞争中获得成本优势。总之，网络客户服务的实施可以说是各种服务方式中最有效、最及时的，同时又是最廉价的。

2. 网络客户服务的特点

（1）客户寻求服务的主动性增强。

以前，客户多是被动地接受企业所提供的服务，而且多是售后服务，如售后维修、定期保养等。在网络客户服务中，客户不仅可以被动地接受服务，而且可以主动地向企业寻求服务，服务内容丰富多彩。客户不但可以在企业的网站中自助寻找这些服务，还可以利用 E-mail 等手段直接与企业相关负责人进行联系，获得相关服务。

（2）客户对服务的感知度增强。

服务的不可感知性包括两层含义：一是服务与实体商品相比较，许多情况下都是无形无质的，让人不能触摸或凭视觉感到其存在；二是企业向客户提供服务时，客户很难察觉，或是要经过一段时间后，才能感觉到利益的存在。服务的这一特征决定客户购买服务前，不能以对待实物商品的办法如触摸、尝试、嗅闻、聆听等去判断服务的优劣，而只能以搜索信息的办法，参考多方意见及自身的历史体验来作出判断。在网络客户服务中，由于上面提到的客户寻求服务的主动性增强，客户自己可以通过获得服务的难易程度、响应时间和信息准确度等指标，比较容易地衡量服务的质量，因此增强了客户对自己寻求服务的感知度。

（3）突破时空的不可分离性。

传统服务的不可分离性包括空间的不可分离性和时间的不可分离性。服务空间的不可分离性是由于服务通常是一个过程或一系列的活动，在此过程中客户与提供者必须直接发生关系。时间的不可分离性是指服务的生产过程与消费过程必须同时进行，服务人员提供服务给客户的同时，也正是客户消费、享用服务的过程，生产与消费服务在时间上不可分离。

网络客户服务则借助互联网突破了这种时空的界限。在网络客户服务中，企业可以根据大多数客户的需求，建立一个数据库来存储客户的服务要求（也就是常说的 FAQ），并将这个数据库链接到企业的网站上等其他客户需要时提供给他们。客户享受服务时，也不必与企业服务人员直接接触，他们在家中或其他可以接入互联网的地方登录相应网站就可以了。总之，网络客户服务突破了服务时空的不可分离性，使企业客户服务上升到了一个崭新的阶段。

(4) 提供更高层次的服务。

在网络时代，客户的需求层次已经不仅仅停留在了解企业的产品和服务方面，他们还需要企业为客户提供关于企业各个方面的信息，包括产品的研发、生产过程，企业的经营状况、公司人员情况、公司信誉等。这些需要企业为客户提供更加全面的服务内容。另外，互联网为客户带来了消费的新体验。客户可以在家或公司通过网络在几分钟，甚至几秒钟内完成购买。购买的便捷，促使客户对企业提供的客户服务也提出了更高的要求。企业必须不断缩短服务的反应时间，降低客户得到服务的难度，提高服务的质量，为客户提供更加周到的服务体系。总之，企业在互联网中进行网络客户服务，能够提供更高层次的客户服务。

(5) 服务效益提高。

网络客户服务在提高服务水平的同时，也降低了客户服务成本，提高了客户服务效益。以前，在售前阶段，企业为了使更多的客户了解企业以及产品，必须通过传统媒体或印刷大量宣传册，这些方法势必需要大量的人力、物力和财力；在销售阶段，企业必须开设店铺，聘用大量服务人员为客户提供购买服务；在售后服务阶段，企业也必须投入大量人力来进行产品的维修和保养等，这些都需要高额的成本投入。

在网络客户服务方式下，这些投入大大降低。在售前阶段，企业可以通过网络宣传企业和产品，这与传统方式相比，费用极低；在销售阶段，企业可以通过网络商店进行销售，为客户提供服务的不再是大量的服务人员，取而代之的是自动化的销售系统，在提高服务质量的同时，也大大降低了支付给服务人员的费用；在售后阶段，企业通过网络可以为客户提供远程技术帮助，客户可以通过这种帮助自我修复产品，从而降低了企业进行维修的费用。

三、CRM 应用系统

1. CRM 应用系统的结构

从逻辑模型的角度来讲，一个完整的 CRM 系统可以分为界面层、功能层和支持层三个层次。

(1) 界面层是 CRM 系统同用户进行交互、获取或输入信息的接口。通过提供直观的、简便易用的界面，用户可以方便地操作。

(2) 功能层由执行 CRM 基本功能的各个功能模块构成，如销售自动化功能模块、营销自动化功能模块、客户支持与服务功能模块、呼叫中心功能模块、电子商务功能模块以及辅助决策功能模块。

(3) 支持层则是指 CRM 系统所用到的数据库管理系统、网络通信协议、操作系统等，是保证整个 CRM 系统正常运行的基础。

2. CRM 应用系统的功能模块

不同的企业对 CRM 系统有不同的要求，相同的开发商所提供的客户关系管理系统的功能也有所不同。从大的方面划分，CRM 系统的功能主要包括销售、营销、客户服务与支持、呼叫中心、电子商务和辅助决策等。

(1) 销售功能模块。

客户管理。主要功能包括客户基本信息的收集，与客户相关的基本活动和活动历史的记录和查询，联系人的选择，以及销售合同的生成等。

联系人管理。主要功能包括识别并评价客户的联系人，联系人概况的记录、存储和检索，以及跟踪同联系人的联系，如时间、类型、任务描述等。

潜在客户管理。主要功能包括业务线索的记录、升级和分配，销售机会的升级和分配，以及潜在客户的跟踪。

销售管理。主要功能包括组织和浏览销售信息，产生各销售业务的阶段报告，对销售业务给出策略上的支持，根据利润、领域、优先级、时间、状态等标准辅助用户制定关于将要进行的活动、业务等方面的报告，销售费用管理，销售佣金管理以及销售技巧查询。

产品管理。主要功能包括产品批号管理，产品序列号管理，产品有效期管理，产品规模和型号管理，客户组合产品配置管理，以及产品组合分析。

订单管理。主要功能包括订单的处理，订单的确认，订单状态管理（包括取消、付款、发货等多种状态）以及订单出库和订单查询等。

移动销售。主要功能是辅助专业销售人员链接到企业的客户数据库中，完成销售现场的工作。同时，它还使用大量的同步技术，全面支撑掌上型计算设备的使用。

电话销售。主要功能包括电话本与生成电话列表；把电话号码分配到销售员；记录电话细节并安排回电；电话录音的同时给出书写器，用户可做记录；电话统计和报告；自动拨号。

销售伙伴。主要提供销售技术和应用系统，支持企业同第三方销售伙伴（中间商、代理商、分销商和增值业务销售商）的业务联系。

（2）营销功能模块。

营销活动管理。主要是支持企业的营销活动，辅助营销人员完成市场研究以及营销策略的制定等活动。例如，营销资料管理、市场分析模型、市场预测模型、产品和价格配置器和渠道管理系统等。

营销内容管理。主要是用来记录营销活动的具体内容，检查营销活动的执行情况，评估营销活动的收益。

营销分析。主要是用来分析营销的活动和方式方法，支持营销数据库的整理、控制和筛选，就结果及特别问题及时作出报告和分析，以便进一步改进营销策略。

（3）客户服务与支持功能模块。

客户合同管理。用来创建和管理客户服务合同，主要目的是保证客户服务的水平和质量，并可使企业跟踪保修单和合同的续订日期，安排预防性的维护活动。

客户服务管理。主要是用来对客户意见、问题或投诉以及售后服务等信息进行管理，主要记录客户的所有意见、问题或投诉情况，对每项意见、问题或投诉的全过程进行处理跟踪，对售后服务的全过程进行记录，包括上门服务、电话支持等，并将一些标准的解决方案存入数据库，予以共享。

客户关怀管理。主要用来记载客户关怀的基本情况，并能提醒业务人员按时实施客户关怀，另外，还能提供相关的参考意见。

现场服务管理。主要包含现场服务派遣、现有客户管理、客户关系生命周期管理、服务工程师档案和地域管理等功能。

移动现场服务管理。这一功能提供了一个移动的服务解决方案，以支持移动计算、网络计算和数据信息同步。利用无线设备可实现现场服务分配，保证服务工程师能实时地获得关于服务、产品和客户的信息，并可与派遣总部保持密切联系。

(4) 呼叫中心功能模块。

电话管理员。主要包括呼入呼出电话处理、互联网回呼、呼叫中心运营管理、图形用户界面软件电话、应用系统弹出屏幕、友好电话转移、路由选择等。

语音集成服务。支持大部分交互式语音应答系统。

报表统计分析。提供了很多图形化分析报表，可进行呼叫时长分析、等候时长分析、呼入呼叫汇总分析、坐席负载率分析、呼叫接失率分析、呼叫传送率分析、坐席绩效对比分析等。

管理分析工具。进行实时的性能指数和趋势分析，将呼叫中心和坐席的实际表现与设定的目标相比较，确定需要改进的区域。

代理执行服务。支持传真、打印机、电话和 E-mail 等，自动将客户所需的信息和资料发给客户。可选用不同配置使发给客户的资料有针对性。

自动拨号服务。管理所有的预拨电话，等接通的电话才转接给坐席人员。

市场活动支持服务。管理电话营销、电话销售、电话服务等。

呼入呼出调度管理。根据来电的数量和坐席人员的服务水平为坐席人员分配不同的呼入呼出电话，提高了客户服务水平和坐席人员的生产率。

多渠道接入服务。提供与 Internet 和其他渠道的链接服务，充分利用话务员的工作间隙，收看 E-mail、回信等。

(5) 电子商务功能模块。

电子商店。使企业能建立和维护网上商店，从而在网络上销售产品和提供服务。

电子营销。使企业能建立和维护营销网站，实施基于 Internet 的营销方案。

电子支付。支持企业和客户实现在线支付环节。

电子服务支持。允许客户通过网络提出服务请求、查询常见问题、检查订单状态，实现网上的自助服务。

(6) 辅助决策功能模块。

一般的统计分析功能。有销售管理统计，营销管理统计，客户服务与支持管理统计。

决策支持系统。CRM 中的决策支持系统（Decision Support System，DSS）是建立在数据仓库技术、数据挖掘技术以及联机分析处理技术基础之上的。客户关系管理中的决策支持系统并不能够替代决策者本身，它的主要功能是提高决策者的决策效率，帮助企业的决策者强化洞察力。

此外，在 CRM 的解决方案中，用计算机模仿人的思考和行为来进行商业活动，即商业智能的应用（Business Intelligence，BI）非常普遍。它实质上是一种帮助企业进行自动化集成管理的决策支持软件。它可以把企业的销售数据、财务数据、客户数据和库存数据等所有数据包容到一起，利用专家系统、神经网络、遗传算法以及智能代理等工具进行不同层次的数据挖掘，以提取决策支持信息。

3. CRM 应用系统的特点

一个完整的 CRM 应用系统应当具有如下特点：

(1) 综合性。

CRM 应用系统必须综合企业客户服务、销售和营销行为优化和自动化的要求，能够在统一的信息库下开展有效的客户交流管理，使得交易流程管理成为综合性的业务操作方式。完整意义上的 CRM 系统不仅使企业拥有灵活有效的客户交流平台，而且使企业具备综合处理客户业务的基本能力，从而实现基于 Internet 和电子商务应用的新型客户管理模式。

(2) 集成性。

在电子商务背景下，CRM 系统应该具有与其他企业及应用系统（ERP、SCM 等）的集成能力。对于企业来说，只有实现了前后端应用系统的完全整合，才能真正实现客户价值的创造。例如，CRM 的销售自动化子系统能够及时向 ERP 系统传送产品数量和交货日期等信息，而营销自动化和在线销售功能则使 ERP 的订单与配置功能发挥出最大潜力，使客户可以真正按需配置产品，并实现现场订购。因此，CRM 解决方案必须具备强大的工作流引擎，以确保各部门、各系统的工作流程无缝衔接。

(3) 智能化。

成熟的 CRM 系统不仅能完全实现商业流程的自动化，而且还能为管理者、决策者提供强大的支持。CRM 系统拥有大量有关客户的信息，通过数据仓库的建设和数据挖掘，可以对市场和客户进行深度分析，使企业具备商业智能的动态决策和分析能力，从而提高管理者经营决策的有效性。

(4) 高技术含量。

先进的 CRM 系统必须充分借助现代信息技术，实现对各种客户关系的有效互动和优化管理。从技术应用的角度看，CRM 应用系统是一个多技术的复杂集成体。它所涉及的技术不仅包括各种功能应用所需要的数据仓库、网络、语音、多媒体等多种先进信息技术，而且这些不同的技术标准和不同规则的功能模块要被整合成为一个统一的客户关系管理应用环境，还需要不同类型的资源和专门的技术支持。

10.4 网络营销效果评价

网络营销整体效果是通过各种方法的综合作用产生的，整体效果如何、是否实现了网络营销计划的目标，除了对各种具体方法所进行的评估之外，还需要通过对网络营销效果进行综合评价来检验。网络营销效果综合评价是对一个时期网络营销活动的总结，也是制定下一阶段网络营销策略的依据；同时，通过对网站访问统计数据的分析，还可以提供很多有助于增强网络营销效果的信息。

一、网络营销效果评价的定义

网络营销评价是指通过借助一定的定量化和定性化的指标，对开展网络营销网站的各个方面进行评价，以期总结和改善企业的网络营销活动。

作为一个企业或机构时常要面对营销计划的效果评价问题，或者面对网络营销队伍的工作总结问题。因而，在外部专门机构的网络营销评价迅速发展的同时，企业自身的网络营销评价工作也得到了空前的发展，投资商和 CEO 们逐渐意识到电子商务、网络营销也不例外，那就是：要见效益，不能仅仅停留在报纸杂志等媒体炒作的层次上，更为重要的是每个网络营销人员都想改善他们的网站。当然，各网站采取的评价方法各不相同，制定的评价指标也不一致，即使是自称最权威、最公正的专职评价机构，其评价结果也有所不同。尽管如此，这并没有影响专门从事网站评价的那些网站的发展，评价结果的价值正日益体现出来。

二、网络营销评价的实施步骤

1. 确立网络营销总体目标

为了评估企业网站的工作情况，必须确定具体营销要达到的总体目标。否则，网络营销经理无法确定什么意味着成功。这就是说，有关部门、人员应对企业营销目标达成共识。在网络营销计划书中必须清晰界定：建设商业网站的目的是什么、网站希望吸引的浏览者是什么人、利用网络想完成什么工作、网站建设者能为网站付出的是什么、一般的维护费用有多少等问题。如果目标不明确，营销人员工作起来会感到不知所措。

2. 确定评估指标体系

对于已定的网络营销目标，怎样才算是执行成功呢？用哪些指标来评估网络营销活动才能说明它达到了预期的目标，是成功的呢？这就要确定评估网络营销是否成功的指标体系。

3. 选择评估网络营销工作的基准点

评估网络营销计划执行的过程实际上是一个相对比较的过程，这样就需要选择一个比较的基点。比如说，网络营销人员只告诉自己的上司，一天有 2 000 人进入企业的网站，但其上司并不能从 2 000 这个绝对数值上来判断网络营销是否成功。只有在知道竞争对手同期的访问量或上个月或去年同期的访问量等基准点数值之后才能作出正确判断。基准点的选择可以有多种形式，如比较自己与竞争对手，比较现在与过去，比较网络与其他的营销媒体等。

4. 比较网络营销效果与目标

有了上两步的评估指标和基准点后，网络营销人员就可以将网络营销的执行结果和设定的网络营销目标进行比较，以判断网络营销计划与实施是否成功，还有哪些目标与执行效果存在差距。

5. 得出评估结论与改进措施

企业决策者需要的最终结果是隐藏在数字背后的信息，而不是数字。网络营销人员要通过数字的量化分析，评价已做的网络营销努力是否成功，提高营销资源配置是否需要优化及怎样优化，哪些地方需要改进等可付诸行动的结论。这样才能使营销工作更富有效率，更节约成本。

三、网络营销效果综合评价指标体系

1. 网站设计的评价

网站建设是网络营销的基础，是网络营销信息传递的主要渠道之一，因此在网络营销中，对于企业网站的设计应该给予合理的评价。对企业网站的评价包括几个方面的内容：网站优化设计合理、网站内容和功能完整、网站服务具有有效性、网站具有可信性等。由于对企业网站设计还难以用量化的指标来评价，因此只能在一定程度上给予定性评估：

（1）关于企业网站优化设计的评价内容主要包括：网站设计对用户阅读习惯的合理性；网站结构对搜索引擎抓取信息的合理性；有网站导航/网站帮助；有网站地图；网站链接有效；网页下载速度；每个网页都有合适的标题；静态网页与动态网页的应用合理；网页设计 META 标签中的关键词和网站描述合理。

（2）网站内容和功能的评价内容主要包括：网站基本信息完整，如公司介绍、联系方式、服务承诺等；网站信息及时、有效；产品信息详尽；查找产品信息方便；网站功能运行正常；用户注册/退出方便；体现出网站的促销功能；具备网站的各项网络营销功能；是否采用弹出广告等对用户造成骚扰的功能。

（3）关于网站服务有效性的主要评价内容：网站帮助系统；详尽的 FAQ；网站公布多渠道的顾客咨询方式；提供会员通信；建立会员社区。

（4）关于网站可信性的主要评价内容：网站介绍明确说明了企业的基本状况；网站具有必需的法定证书；网站公布多渠道的顾客咨询方式；网站信息及时、有效；公布服务承诺；有合理的个人信息保护声明；网站内容、功能、服务满足用户的一般需要。

在上述企业网站评价内容中，有些指标如网站联系方式等出现在一个以上的类别中，这主要是为了使该项类别的内容比较完整，在实际中进行定量评估时，可剔除重复的指标，并根据本企业的实际状况，建立合理的企业网站评价指标体系。此外，除了用网络营销的观点对企业网站进行评价之外，企业网站还应满足一般优秀网站都具备的基本要求，如网页下载速度快、无错误链接、对不同浏览器的适应性、图片和字体颜色有较好的视觉效果等。

2. 网站推广的评价

网站推广的力度在一定程度上说明了网络营销的力度以及网络营销人员为之付出劳动的多少，而且可以进行量化。这些指标主要有以下几点：

（1）登记搜索引擎的数量和排名。

虽然搜索引擎对网站流量的作用在日益减小，但仍不能否定在搜索引擎登记的重要性，搜索引擎对于新增加访问者仍然有着不可替代的作用。一般来说，登记的搜索引擎越多，对增加访问越有效果。另外，搜索引擎的排名也很重要，虽然在搜索引擎注册了，但排名在十几名之后或者在几百名之后，同样起不到大作用。

（2）在其他网站链接的数量。

在其他网站链接的数量越多，对搜索结果排名越有利，而且访问者还可以直接从链接的网页进入你的网站。实践证明，在其他网站做链接对网站推广起到了重要的作用。

（3）注册用户的数量。

网站访问量是网络营销取得效果的基础，也在一定程度上反映了获得顾客的潜在能力，其中最重要的指标之一是注册用户数量，因为注册用户资料是重要的网络营销资源，是开展内部列表 E-mail 营销的基础之一，拥有尽可能多的注册用户数量并合理应用这些资源已经成为企业重要的竞争手段。

（4）网站的实际社会知名度。

网站的知名度越高，表明网站推广的效果越好，它在某种程度上反映了网站的地位和它对企业的影响力。网络营销与传统营销是一个整合的过程，它不能取代传统营销。特别是在利用传统营销方式推广企业的网站、推广企业的网络营销理念时，这些推广效果也要纳入网络营销的范畴。

3. 网站访问量的评价

在网络营销评价方法中，网站访问统计分析是重要的方法之一，通过网站访问统计报告，不仅可以了解网络营销所取得的效果，而且可以从统计数字中发现许多有说服力的问题。网站访问量统计分析无论对于某项具体的网络营销活动还是总体效果都有参考价值，也是网络营销评价体系中最具有说服力的量化指标。虽然获得用户访问并非网络营销的最终目标，不过，访问量直接关系到网络营销的最终效果，因此网站访问量指标可以看作是网络营销的中间效果。网站访问量指标可以根据网站流量统计报告获得，其中最有价值的指标包括下列几项：

（1）独立访问者数量。

独立访问者数量描述了网站访问者的总体状况，指在一定统计周期内访问网站的独立访问者的数量，每一个固定的访问者只代表一个唯一的用户，无论他访问这个网站多少次。独立访问者越多，说明网站推广越有成效，也意味着网络营销的效果卓有成效，因此这是最有说服力的评价指标之一。一些机构的网站流量的排名通常都是依据独立访问者数量得出的，不过由于不同调查机构对统计指标的定义和调查方法不同，对同一网站监测得出的具体数字并不一致。

（2）页面浏览数。

在一定统计周期内所有访问者浏览的页面数量。如果一个访问者浏览同一页面三次，那么网页浏览数就计算为三个。不过，页面浏览指标本身也有很多疑问，因为一个页面所包含的信息可能有很大差别，一个简单的页面也许只有几行文字，或者一个图片，而一个复杂的页面可能包含几十幅图片和几十屏文字，同样的内容，在不同的网站往往页面数不同，这取决于设计人员的偏好等因素。因此页面浏览指标对同一个网站进行评估有价值，而在不同网站之间比较时说服力就会有所降低。

（3）每个访问者的页面浏览数。

这是一个平均数，即在一定时间内全部页面浏览数与所有访问者相除的结果，即一个用户浏览的网页数量。这一指标表明了访问者对网站内容或者产品信息感兴趣的程度。如果大多数访问者的页面浏览数仅为一个网页，表明用户对网站显然没有多大兴趣，这样的访问者通常也不会成为有价值的用户。

（4）每个访问者的平均停留时间。

通过对每个浏览者访问的平均停留时间（包括每个浏览者在网站的停留时间与浏览者在每个页面的平均时间）的分析，可以得出许多有价值的结论。每个浏览者在网站的停留时间是指所有浏览者在你的网站上的停留时间与全部浏览者数相除的平均数，如果许多浏览者在20～30秒内离开企业网站，很可能是由于企业的网站内容贫乏或存在其他设计缺陷，也可能是由于企业的页面下载速度太慢。

可见，浏览者停留时间的长短反映了企业网站的内容对浏览者的吸引力的大小；而浏览者在每个页面的平均时间，主要指浏览者在企业的网站上停留的总时间与企业的网站页面总数之比，这个指标说明了网站内容对浏览者的有效性，如果网络营销者发现许多浏览者在某些页面停留的时间比较长，那么可能需要网络营销者对其他页面进行更新改造。

●阅读资料

医疗网络营销的流程控制

医疗服务的关键是医患沟通，现代医疗服务的突出特点是在加强医疗质量的基础上，创造性地突出了市场营销与经营管理理念。中国民营医疗板块的快速发展，更是将市场营销工作发挥到极致。

网络营销作为更具互动性和更贴近医疗营销的方式和手段，其优势主要来自以数据营销为基础，在每个环节逐步总结和分析，并影响下一环节效果，打破了传统营销方式中死投入、等产出的被动局面。因此，流程控制对医疗网络营销尤为重要。

流程控制的基本认识

流程控制的意义在于，在整个网络营销过程中，实施阶段化分解，因此网络营销具备新的特点：通过营销前、中、后三个阶段，对每个过程分阶段策划、总结、分析，并影响下一阶段效果；通过对每个阶段的控制与协调，确保实现产出利益最大化。

医疗网络营销三步走

医疗网络营销活动包括搭建网络营销平台、获取网络营销流量并转化为商机、网络患者远程回访与到院接待三个过程：

一、搭建网络营销平台

就像开店必须有店铺，开厂必须有厂房，搭建医院网络营销平台的第一步就是必须要有独立的网络营销平台。网络营销平台是连接医院和网络患者的桥梁。这个平台包括医院网站、行业网站内的医院介绍、黄页网站上的企业名片等。

医院网络营销平台主要的职能就是医疗信息展示与在线沟通互动。医院提供医疗信息资讯以及本医院优势特点查询、问答与预约服务。因此可以认为搭建网络营销平台是医院营销过程的第一步。

二、通过推广获得有意向网民的访问

没有人来访问，网络平台就毫无价值。医院网络营销活动过程的第二步就是通过多种途径推广网站及服务资讯并获得潜在网络患者的访问。每个独立IP相当于一个网络访问患者，这是医疗网络营销活动的关键，通过采取一些推广手段，使得网络营销平台得到潜在网络患者的关注、浏览、查阅、咨询、预约，这使得医院的网络营销平台具备了营销功能。没有访问患者，网络营销就毫无意义。

网站的推广方式是多样的。从网络患者的登录行为来看，主要分两个方式：直接输入网址登录和通过第三方网络链接点击登录。第三方网络链接点击包括搜索引擎搜索结果、网络广告、第三方推荐等多种形式。

从营销角度来看，成本控制是必须的。因此，网络患者的登录，可分为免费IP和付费IP。免费IP包括通过搜索引擎自然搜索结果、友情链接、第三方免费推荐等方式。需要注意的是，免费IP并不等于零成本，免费IP的获取也包含了人力成本或资金成本，像免费信息发布、搜索引擎优化等，必须有专职人员在操作，甚至一些医院是通过购买第三方服务的方式获得这些免费IP资源的。付费IP是指通常意义的网络广告，它包括文字、图片、搜索引擎、关键词等多种形式，甚至包括专题购买合作等大资金的投入。

三、转化率是医院网络营销的关键

IP转化为每个有名有姓的咨询、预约和就诊，是网络营销产生实际效果最关键的过程。它包括着陆页优化、转化工具应用、互动沟通处理三个小环节。

着陆页是指每个IP访问医院网站的第一个页面。着陆页是否满足访问患者的需求（对病种的了解、对页面美观度的欣赏、对相关链接的推荐等）是医院能否得到认同的第一步。这时候，着陆页代表着整个医院网站的门脸，而医院网站给访问患者的感受，代表整个医院所给予患者的形象。因此着陆页优化必须从患者体验出发，结合心理学特征，在文章内容提供、网站链接导航、网页UI设计、站点内容设计、站点交互设计等方面实现最优。

着陆页优化使得患者第一时间远程获得所需信息，并决定了患者是否进一步使用医院所提供的转化工具。

转化工具是网络患者与医院建立直接联系的通道。转化工具，是指促进访问患者与医院进行沟通，并采取下一步有效措施的方式。比如，通过在线QQ医生、咨询页面、BBS实现远程咨询、通过填写预约信息或者直接通过网站所提供的电话拨打人工咨询等。另外，一些辅助性转化工具包括注册会员、邮件列表、用户评论、电子地图等，也能进一步提高转化效果。

近几年的实践表明，医疗服务行业对转化工具的重视和应用，已成为整个互联网技术在行业应用的典型案例。同时也说明，转化率是医院在网络营销过程中最值得投入的环节。

医疗网络营销流程控制的共识

一、抓住患者需求

流程控制就是将医院开展网络营销的现实需求进行细分，在网络营销实践中按阶段、分步骤予以实施。如果对于医院开展网络营销的需求没有明确的认识，不进行科学细分，那么就不能对网络营销的举措进行客观的投入分析和效果评估，很容易出现投入大于产出、回报低于期望甚至是资源浪费的局面。

不同地域、不同规模、不同科室的需求是不一样的。医院开展网络营销，往往千头万绪，流程控制中抓住患者需求可帮助医院有条不紊、按部就班地实施网络营销。

从早期以建立网站的名片式需求，到目前火爆的以网络推广为主流的流量式需求，再到基于门诊量导向的效果式需求，需求心理在不断变化，体现了医疗行业对网络营销的认识也在逐步加深，并回归到营销的基本诉求。

二、访问IP成本控制

网络营销成本包括人力成本和资金成本。成本控制主要体现在投入规划及成本核算。成本核算是评估网络营销成功与否的重要参数，成本控制有利于提升网络营销投资回报率，对医院开展网络营销工作进行客观可测的评价。

搭建网络营销平台的投入包括调研分析、技术外包（部分技术外包）、服务器与带宽费用、维护费用等。这部分的投入因不同医院规模而异，而且相当部分的资金是分阶段长期投入，因此必须在这个环节做好预算。

获取访问IP是网络营销中主要的投入方向。当前网络营销市场上的产品主要集中在提供广告服务，为医院供应潜在患者（访问IP）。每个IP的成本控制非常重要，创新推广渠道，提高有效访问IP，降低和杜绝访问泡沫是提高效率、降低成本的主要方式。

三、门诊量控制

门诊量是衡量开展网络营销成败与否的主要衡量指标之一，是市场营销工作在医疗服务领域可以控制的最后一道环节（收益与市场营销之间的关系是间接关系，不是直接关系）。因此，门诊量的多少是整个网络营销三个过程中始终要挂钩并建立动态衡量的指标。一切网络营销以门诊量为目标，在搭建网络平台的人性化方面，在分析网民与患者贴切度方面，在获得有效 IP 并开展互动沟通方面，必须通过获得认可、提供咨询、开展预约与到诊接待（网络患者优惠与到院接）等方面下工夫。因此说，门诊量控制贯穿整个医院网络营销的始终。

因此，门诊量控制必须在内容控制、IP 控制、转化控制和服务控制等多个方面设置考核指标。内容控制包括平台规划是否人性化、信息发布是否符合医学常识、页面长度与字体大小是否合适等方面；访问 IP 控制包括流量统计分析（来路、分布）、广告效果分析（回头客、访问量与浏览量之比）等方面；门诊量控制包括咨询量、预约量、门诊分诊登记、现金收入等方面的控制。另有辅助性的控制，如服务控制，包括业务流程控制、服务手段控制、客户满意度分析等方面。

（资料来源：http：//www. em－cn. com/network_marketing/2009/180556. shtml）

●技能训练

构建一个知名网站的网络营销评价指标体系。

●课后练习

1. 网络营销评价对于企业开展网络营销有何重要意义？
2. 网络营销管理中应注意哪些具体问题？
3. 客户关系管理能给企业带来什么？

参考文献

1. ［美］J. Cataudella，B. Sawyer，D. Greely. 网上商店行销指南. 孙昕等译. 北京：清华大学出版社，2000
2. 刘光峰等. 实战网络营销——理论与实践. 北京：清华大学出版社，2000
3. 梅绍祖等. 网络营销. 北京：人民邮电出版社，2001
4. 钱旭潮，汪群. 网络营销与管理. 北京：北京大学出版社，2002
5. 孔伟成，陈水芬. 网络营销. 北京：高等教育出版社，2002
6. 尚晓春. 网络营销策划. 南京：东南大学出版社，2002
7. 彭纯宪. 网络营销. 北京：高等教育出版社，2003
8. 薛辛光. 网络营销学. 北京：电子工业出版社，2003
9. 曲学军，刘喜敏. 网络营销. 大连：大连理工大学出版社，2003
10. 吕英斌，储节旺. 网络营销案例评析. 北京：清华大学出版社，北方交通大学出版社，2004
11. 冯英健. 网络营销基础与实践. 北京：清华大学出版社，2004
12. 瞿鹏志. 网络营销（第2版）. 北京：高等教育出版社，2004
13. 祖强，李宇红等. 网络营销. 北京：清华大学出版社，2004
14. 钱东人等. 网络营销. 北京：高等教育出版社，2004
15. 沈凤池. 网络营销. 北京：清华大学出版社，2005
16. 张涛. 网络营销. 广州：广东高等教育出版社，2006
17. ［美］菲利普·科特勒. 营销管理. 梅汝和，梅清豪，周安柱译. 北京：中国人民大学出版社，2004
18. 谢声等. 现代市场营销实训教程. 广州：暨南大学出版社，2006
19. ［美］拉菲·默罕默德，罗伯特·菲谢尔，伯纳德·杰沃斯基，戈登·帕蒂德. 网络营销. 王刊良译. 北京：中国财政经济出版社，2007
20. 段建，王雁. 网络营销技术基础. 北京：机械工业出版社，2006
21. 彭奏平. 网络营销. 北京：清华大学出版社，2008
22. 王宜. 赢在网络营销——经典案例与成功法则. 北京：人民邮电出版社，2008
23. 冯建英. 网络营销基础与实践（第3版）. 北京：清华大学出版社，2007
24. 俞立平. 网络营销. 北京：中国时代经济出版社，2006